Jumalan kirkkaus

seurakunnassa

Hengen miekka -kirjasarja:

1 *Toimiva rukous*
2 *Hengen tunteminen*
3 *Jumalan hallintavalta*
4 *Elävä usko*
5 *Jumalan kirkkaus seurakunnassa*
6 *Palveleminen Hengessä*
7 *Isän tunteminen*
8 *Kadotettujen tavoittaminen*
9 *Jumalan tunteminen*
10 *Pojan tunteminen*
11 *Pelastus armosta*
12 *Palvonta Hengessä ja totuudessa*

www.swordofthespirit.co.uk

Copyright © 2017 Colin Dye
ISBN: 978-1-898444-10-7

Ensimmäinen painos
Kensington Temple
KT Summit House
100 Hanger Lane
London, W5 1EZ

Kaikki oikeudet pidätetään. Tämän julkaisun tai sen osan jäljentäminen tai tallentaminen ilman tekijän kirjallista lupaa painamalla, monistamalla, äänittämällä, sähköisesti tai muulla tavoin on tekijänoikeuslain mukaisesti kielletty.

Raamatun lainaukset ovat vuoden 1992 käännöksestä, ellei toisin mainittu.

Suomennos: Christina Kotisaari
Taitto: Marko Joensuu
Kansi: Yewhung Chin

Hengen miekka

Jumalan kirkkaus seurakunnassa

Colin Dye

Sisällysluettelo

Johdanto		7
1	Jumalan kirkkaus	11
2	Kristuksen seurakunta	23
3	Kokoontuminen	35
4	Yhteyden kokeminen	55
5	Seurakunnasta käytettyjä kielikuvia	65
6	Seurakunta, valtakunta, Israel ja valtio	81
7	Seurakuntaan kuuluminen	103
8	Johtajuus seurakunnassa	123
9	Toimiva seurakunta	145
10	Seurakunnan sakramentit	161
11	Soluseurakunta	185
12	Seurakuntaverkostot	199
13	Lopun ajan seurakunta	213

Johdanto

Maailmassa on vain hyvin harvoja ihmisiä, jotka eivät ole kuulleet "seurakunnasta", mutta silti lähes kaikilla ihmisillä on eri käsitys siitä, mikä seurakunta tai kirkko on. Useimmat ihmiset tuntuvat ajattelevan, että se tarkoittaa kirkkorakennusta tai kirkkokuntaa. Monet uskovat taas olettavat sen tarkoittavan joukkoa kokouksia tai jumalanpalveluksia.

Jopa niillä ihmisillä, jotka tietävät "seurakunnan" tarkoittavan "ihmisiä" ja jotka ovat kuulleet "Kristuksen ruumiista", on usein hyvinkin erilaisia käsityksiä siitä, millainen seurakunnan tulisi olla ja mitä sen tulisi tehdä. Joidenkin hengellisten johtajien mielestä ylistäminen on seurakunnan tärkein tehtävä, jotkut saarnaajat taas pitävät tiukasti kiinni siitä, että vain evankelioivalla työllä on merkitystä, ja jotkut papit sitä vastoin keskittävät kaiken huomionsa vähäosaisten ihmisten auttamiseen käytännöllisillä tavoilla.

Erilaisissa seurakunnissa vierailemisen seurauksena meidän on pian vaikea uskoa, että ne kaikki ovat osa samaa Jumalan seurakuntaa, sillä havaitsemme seuraavia asioita: monet johtajat käyttävät liturgisia vaatteita, kun taas toiset pukeutuvat rennosti; jotkut papit lukevat kaiken sanomansa jostakin kirjasta, kun taas toiset tuntuvat keksivän sanansa lennosta; useimmat kokoukset ovat ohi 40 minuutissa, mutta jotkut kestävät useita tunteja; jotkut papit laulavat vieläkin vanhahtavia yksiäänisiä veisuja, kun taas toiset laulavat kielillä ja niin edelleen. Tämä kaikki voi tuntua hirvittävän hämmentävältä.

Samalla alueella sijaitsevien – tai joskus jopa saman kirkkokunnan eri – seurakuntien välillä on valitettavan paljon epäluuloja ja jopa kilpailua. Uskovat kyllä usein ymmärtävät,

Jumalan kirkkaus seurakunnassa

että alueen muissakin seurakunnissa käy aitoja kristittyjä – he eivät vain voi ymmärtää, miten se on mahdollista!

Jos kerran seurakunta on Jumalalle tärkeä, meidän tulisi pyrkiä ymmärtämään sitä koskevia tavallisimpia raamatullisia periaatteita. Siten voimme vähintäänkin olla selvillä siitä, mitkä asiat johtuvat kulttuurista tai mieltymyksistä ja mitkä asiat ovat puhtaasti opillisia.

Jeesus ei esimerkiksi niinkään välitä siitä, pidämmekö ennemmin kaavamaisesta vai spontaanista puhetavasta, keskiaikaisista veisuista vai nykyaikaisista lauluista tai kaavuista vai tavallisista vaatteista. Jos kuitenkin eristämme itsemme muista, kieltäydymme toimimasta Kristuksen ruumiina tässä maailmassa tai rajoitamme asenteillamme Hengen toimintaa, teemme asioita, joista hänellä todellakin on painava sanansa sanottavana.

Tämä kirja on tarkoitettu uskoville, jotka ovat valmiit laittamaan syrjään omat käsityksensä seurakunnasta ja opiskelemaan Jumalan Sanaa saadakseen Jumalalta ilmestyksen siitä, mikä Jumalan seurakunta on. Meidän täytyy tietää, mikä hänen näkynsä ja tarkoituksensa seurakunnalle on.

Oppimisen tueksi on myös olemassa oheismateriaalia, jonka löydät vastaavasta *Sword of the Spirit Student's Handbook* -käsikirjasta sekä nettisivulta *www.swordofthespirit.co.uk* (englanninkielisenä, suom. huom.). Käsikirjassa on täydentävää opetusta tämän kirjan jokaisesta luvusta sekä keskustelunaiheita ja tietovisoja. Kun rekisteröidyt nettisivulle, saat käyttöösi lisää tietovisoja ja kokeita. Nettisivulta löydät myös tämän kirjan tekstin, jossa on linkit kaikkiin tekstissä esiintyviin Raamatun jakeisiin sekä ääni- ja videotiedostoja. Nämä lisämateriaalit auttavat sinua kertaamaan, painamaan mieleesi ja soveltamaan tässä kirjassa oppimiasi asioita.

Voit myös käyttää *Student's Handbook* -käsikirjaa pienryhmissä. Valitse rukoillen ne osiot, joiden uskot parhaiten soveltuvan omalle ryhmällesi. Joissakin tapaamisissa voitte siis käyttää kaikkea käsikirjan materiaalia ja toisissa vain osia

Johdanto

siitä. Käytäthän maalaisjärkeäsi ja hengellistä näkökykyäsi. Voit myös vapaasti kopioida sen sivuja ja jakaa niitä johtamillesi ryhmille.

Rukoukseni on, että päästyäsi tämän kirjan loppuun ymmärtäisit, että Jumalan tahto on aina ollut ilmaista kirkkautensa seurakunnassa ja Jeesuksessa Kristuksessa – ja että ymmärtäisit, että hän ilmaisee kirkkautensa seurakunnassa niin, että kaikki maailman kansat tulevat valoon. Rukoilen myös, että oppisit tietämään, kuinka sinä voit työskennellä yhdessä hänen kanssaan, jotta tämä kaikki toteutuisi omalla paikkakunnallasi.

Colin Dye

Osa 1

Jumalan kirkkaus

Monet nykyajan uskovat eivät oleta, että heidän täytyisi tutkia Vanhaa testamenttia voidakseen ymmärtää seurakunnan merkityksen. He ajattelevat, että Uudesta testamentista, ja erityisesti Uuden testamentin kirjeistä, löytyy kaikki, mitä heidän täytyy tietää siitä, mikä Jumalan suunnitelma seurakuntaa varten on.

Tällainen lähestymistapa keskittyy kuitenkin liian herkästi vain pieniin yksityiskohtiin ja jättää siten laajemman kuvan huomiotta. Seurakunnalla on äärimmäisen merkittävä osa siinä tarkoituksessa, joka Jumalalla on ihmisiä varten. Meiltä jää kuitenkin paljon ymmärtämättä, jos emme kiinnitä huomiota Vanhan testamentin ennakoiviin kuvauksiin seurakunnasta tai niihin moninaisiin tapoihin, joilla Jumala on läpi sukupolvien toiminut suhteessa kansaansa.

Emme esimerkiksi voi ymmärtää Uuden testamentin opetusta seurakunnasta "Jumalan asumuksena/rakennuksena", jos emme tiedä mitään Vanhan testamentin pyhäkköteltasta tai temppelistä. Emme voi käsittää Paavalin viittausta "morsiameen", jos olemme täysin tietämättömiä niistä Vanhan testamentin kohdista, joissa puhutaan "rakkaasta". Emmekä voi myöskään täysin ymmärtää ehtoollisen merkitystä, jos emme koskaan ole perehtyneet juutalaisten pääsiäiseen.

Uskovien tulisi ennen kaikkea pyrkiä ymmärtämään seurakunnan tarkoitusta ja päämäärää, ja vasta sitten perehtyä kaikkiin siihen liittyviin yksityiskohtiin. On esimerkiksi hyödytöntä osata määritellä apostolin ominaisuudet tai luetella diakonin tehtävät, jos ei ensin ole ymmärretty sitä, miksi Jumala on antanut seurakunnalle apostoleja ja diakoneja ja mikä heidän pieni osansa Jumalan ikuisessa suunnitelmassa

Jumalan kirkkaus seurakunnassa

on. Yksinkertaisesti sanottuna voidaan todeta, että aivan kaiken – mitä tahansa seurakuntaan liittyvää näkökulmaa koskevan – raamatullisen opetuksen ainoa tarkoitus on tuoda kunniaa Jumalalle ja tuoda hänen kirkkauttaan julki maailmassa ja maailmalle – sekä taivaallisille valloille ja voimille. Kuten Efesolaiskirjeen jakeista 3:8–21 voidaan havaita, jos seurakunnan päätarkoitusta ei käsitetä ja pidetä mielessä, käy aivan liian helposti niin, että tasapaino katoaa ja jotakin tiettyä pientä seurakuntaelämän tai opin osa-aluetta aletaan ylikorostaa.

Jumalan tarkoitus
Tämän *Hengen miekka* -kirjasarjan osan nimi on otettu Efesolaiskirjeen luvusta 3, jossa Paavali ilmoittaa Jumalan iankaikkisen suunnitelman ihmiskunnalle. Tuon ilmoituksen huipentuma on hänen rukouksensa "olkoon ylistys seurakunnassa". (Vuoden 1938 käännöksessä "kunnia seurakunnassa", kun taas englanninkielisessä käännöksessä on käytetty sanaa *glory*, kirkkaus (tai kunnia). Suom. huom.) Luettuamme Efesolaiskirjeen luvun 3 meidän tulisi kyetä ymmärtämään, että – kaikkina aikoina ja ikuisuuteen asti – hänen kirkkautensa loisto, sekä maan päällä että taivaissa, on ehdottoman keskeinen osa Jumalan tahtoa. Havaitsemme myös, että kyse on "kirkkaudesta seurakunnassa, Kristuksessa Jeesuksessa".

On kuitenkin mahdotonta ymmärtää Efesolaiskirjeen luvussa 3 esitellyn tarkoituksemme täyttä merkitystä, jos emme ole jollakin tavalla tietoisia siitä, mitä Jumalan kirkkaudesta opetetaan Vanhassa testamentissa.

Useimmat helluntai- ja vapaiden suuntien uskovat tietävät, että Jumalan kirkkaus tai kunnia on yksi Raamatun suurista teemoista. Tämän vuoksi jumalanpalveluksissakin voidaan usein kuulla ihmisten huutavan "kunnia!", palavissa rukouksissa anotaan "kirkkauden" ilmestymistä ja kirkkaudesta tai kunniasta myös lauletaan useissa lauluissa ja virsissä.

Jumalan kirkkaus

Haluamme, että Jumala kirkastetaan, ja haluamme kokea hänen kirkkautensa. Jotkut nykyajan uskovat tuntuvat kuitenkin unohtavan, että Raamatussa kirkkaus liittyy tiiviisti yhteen uhraamisen kanssa. Havaitsemme esimerkiksi, että:

- 2. Mooseksen kirjan luvussa 24 kerrotaan, että 70 vanhinta näki Jumalan kirkkauden Siinain vuorella – uhraamisen jälkeen

- 3. Mooseksen kirjan jakeissa 9:6–24 kuvataan, kuinka Jumalan kirkkaus ilmestyi säännöllisesti erämaan pyhäkköteltassa – uhraamisen aikana

- 2. Mooseksen kirjan jakeissa 40:29–35 ilmoitetaan, mikä oli ainoa sisäänpääsyreitti pyhäkkötelttaan – polttouhrialttari

- 1. Kuninkaiden kirjan jakeissa 8:1–11 kerrotaan, että Jumalan kirkkaus täytti Jerusalemin temppelin – sen jälkeen, kun ensin oli uhrattu lukuisia uhreja

- Heprealaiskirjeen jakeessa 1:3 todetaan, että Jeesus oli aina Jumalan sädehtivä kirkkaus – mutta kohdat Joh. 7:39, 12:23–28, 13:31, 17:5 ja Hepr. 2:9 osoittavat, että vasta hänen uhrikuolemansa ristillä todella ilmaisi Jumalan kirkkauden

- Roomalaiskirjeen jakeesta 8:18 opitaan, että meidän täytyy olla osallisia Jeesuksen uhrin kärsimyksistä – jos haluamme olla osallisia hänen kirkkaudestaan.

Kirkkaus on suosittu sana – uhraaminen taas ei. Sana "kirkkaus" kuulostaa upealta, kun sanomme sen – mutta sana "uhraaminen" kuristaa usein kurkkuamme. Molemmat sanat ymmärretään usein väärin, mutta niiden – ja niiden välisen yhteyden – ymmärtäminen oikein on ehdottoman tärkeää, jos todella haluamme käsittää seurakunnan päätarkoituksen ja laittaa seurakuntaelämän pienet yksityiskohdat oikeaan asiayhteyteensä.

Jumalan kirkkaus seurakunnassa

Kirkkaus

Hepreankielinen sana kirkkaudelle on *kabod*, ja sanatarkasti se tarkoittaa "raskasta" tai "painoa". Joissakin yhteyksissä sillä kuvataan aineellista vaurautta, fyysistä loistoa tai henkilön hyvää mainetta – kuten kohdissa Est. 5:11 ja Job. 19:9. Se on myös harvoissa tapauksissa runollinen tapa kuvata jonkin kansan sotureita tai jonkun henkilön sielua.

Yleisimmin sanaa *kabod* käytetään kuitenkin, kun puhutaan Jumalasta. Tämä havaitaan esimerkiksi kohdissa 2. Moos. 16:7; 4. Moos. 14:10,21; 5. Moos. 5:24; 1. Kun. 8:11; 2. Aik. 7:1–3; Ps. 19:1, 113:4; Jes. 35:2, 60:1–2 ja Hes. 10:4 ja 43:2.

Ilmausta "Jumalan kirkkaus" käytetään Vanhassa testamentissa kahdella eri tavalla:

◆ rinnakkaisena sanontatapana ilmaukselle "Jumalan nimi", joka viittaa Jumalan luontoon, jonka hän itse ilmoittaa itsestään

◆ kuvaamaan Jumalan läsnäolon näkyvää ilmestymistä kansalleen.

Tämä tarkoittaa, että Jumalan kirkkaus osoittaa ihmisille – sekä valloille ja voimille – täsmälleen, missä Jumala on, ja tarkalleen, millainen hän on.

Nämä molemmat kirkkauteen liittyvät puolet täyttyivät Uudessa testamentissa täydellisesti Jeesuksessa. Hän oli paitsi täydellinen ilmoitus Jumalan luonteesta, myös selkein mahdollinen Jumalan läsnäolon ilmentymä.

Nykyään on seurakunnan tehtävä sekä osoittaa maailmalle Jumalan pyhä luonne että näyttäytyä maailmalle – ja taivaallisille voimille – paikkana, jossa Jumala asuu. Jos siis haluamme ymmärtää tarkasti seurakuntaa, meillä täytyy olla edes perustiedot siitä, mitä kirkkaus on.

Doxa

Uuden testamentin puolella kirkkaudesta käytetään kreikan kielen sanaa *doxa*. Kuten sana *kabod*, myös *doxa* voi viitata inhimilliseen kunniaan, mutta yleensä sillä kuvataan – armona

Jumalan kirkkaus

ja voimallisina tekoina ilmenevää – ilmestystä Jumalan luonnosta. Tästä voidaan havaita esimerkkejä kohdissa Luuk. 9:32; Joh. 2:11, 17:24; Room. 16:27; 1. Kor. 11:7 ja 2. Kor. 4:4–6.

Vielä tarkemmin sanottuna sanalla *doxa* kuvataan Uudessa testamentissa ennen kaikkea Jumalan luonteen ja läsnäolon ilmenemistä Jeesuksessa Kristuksessa sekä hänen toiminnassaan. Hän on jumalallisen kirkkauden säteily – kuten jae Hepr. 1:3 osoittaa (v. 1938 käännös).

Doxa tarkoittaa kaikkea samaa kuin *kabod*, mutta siihen sisältyy lisäksi kuvaus täydellisestä täyttymyksestä ja mahtavasta voimasta. Sanaan *doxa* myös liittyy ajatus kirkkaasta valosta, valkeudesta ja loistosta – tämä havaitaan esimerkiksi kohdissa Ap. t. 22:11 ja 1. Kor. 15:40. Jeesuksessa ilmenevä Jumalan kirkkaus osoittaa Isän häikäisevän ylivertaisuuden ja hänen kuninkaallisen arvovaltansa täyden laajuuden. Onkin selvää, että myös meidän aikamme seurakunnassa Jumalan kirkkauden tulisi tuoda esiin tätä samaa ylivertaisuutta ja arvovaltaa – mutta se on mahdollista ainoastaan "Jeesuksessa Kristuksessa".

Tämänkaltainen kirkkaus ilmeni Johanneksen evankeliumin jakeissa 2:1–12, joissa Jeesus ilmensi Jumalan armoa ja voimaa muuttamalla veden viiniksi. Se havaittiin myös näkyvällä tavalla Johanneksen evankeliumin jakeissa 11:1–44, joissa Lasarus hämmennystä herättävällä tavalla nousi kuolleista. Se loisti myös kirkkaana Jeesuksen muodonmuutoksessa, ylösnousemuksessa ja taivaaseen astumisessa. Jumalan kirkkaus ei kuitenkaan missään tilanteessa ollut niin häikäisevää kuin Golgatalla, sillä siellä – uhripaikalla – nähtiin täydellinen ilmoitus Jumalan luonnosta, suurin mahdollinen osoitus hänen armostaan ja rakkaudestaan, ylivertaisin ilmentymä hänen ehdottomasta pyhyydestään ja täydellinen näyttö hänen kauneudestaan, voimastaan ja arvovallastaan.

Kun uskovat nykyään laulavat tai rukoilevat Jumalan kirkkauden ilmestymistä, he itse asiassa pyytävät, että maailma näkisi Jumalan pyhyyden, armon ja voiman. Nämä voidaan kuitenkin nähdä ainoastaan "seurakunnassa" – minkä

Jumalan kirkkaus seurakunnassa

vuoksi Paavali rukoileekin: "Olkoon ylistys (tai kunnia tai kirkkaus: ks. kommentti edellä, suom. huom.) seurakunnassa, ja Kristuksessa Jeesuksessa kautta kaikkien sukupolvien, aina ja ikuisesti."

Aina kun laulamme "kirkasta nimesi" tai vastaavaa, anomme sitä, että Jumalan luonto, kauneus ja herruus paljastuisivat maailmalle. Ne voivat kuitenkin ainoastaan tulla näkyviin seurakunnassa ja seurakunnan kautta. Jos Jumalan kirkkaus ei näy seurakunnassa, maailma ei voi koskaan nähdä sitä missään muuallakaan.

Aina kun huudamme "kirkkautta" tai "kunniaa", tiivistämme itse asiassa yhteen sanaan kaiken, mitä Jumala on. Emmekä voi olla olematta suunniltamme ihmetyksestä, kun ymmärrämme, että juuri tämä kirkkaus on päämäärämme.

Päämääränä kirkkaus

Ensimmäisen Korinttolaiskirjeen jae 11:7 osoittaa, että ihminen luotiin Jumalan kuvaksi ja kunniaksi. (Englanninkielisessä käännöksessä tässäkin käytetään kunniasta sanaa *glory*, joka toisaalla on käännetty sanalla "kirkkaus". Suom. huom.) Tämä tarkoittaa, että meidän ihmisten on yhdessä tarkoitettu olevan täydellinen ilmentymä Jumalan luonnosta ja läsnäolosta. Roomalaiskirjeen jae 3:23 muistuttaa meitä siitä, että itsessämme emme mitenkään kykene saavuttamaan tätä kirkasta päämäärää.

Jeesus kuitenkin täytti tämän tarkoituksen ja hänen uhrinsa vuoksi kaikkien ihmisten on nyt mahdollista sekä kokea että ilmentää Jumalan kirkkautta. Tämä on tehty selväksi Heprealaiskirjeen jakeissa 2:6–10.

Jeesus kirkastettiin paikassa, jossa hän antoi korkeimman mahdollisen uhrin. Juuri ristillä hänet kruunattiin valtavalla kirkkaudella palkkiona hänen vapaaehtoisesta kuolemastaan. Hänen rakkaudentäyteinen uhrinsa teki mahdolliseksi sen, että me voimme nähdä Jumalan kirkkauden ja heijastaa sitä sekä alkaa muuttua aina vain enemmän Jumalan kaltaiseksi ja täyttyä enenevissä määrin hänen kirkkaudellaan. Ristin

Jumalan kirkkaus

tähden Jumalan kirkkaus, joka nähtiin Jeesuksen Kristuksen kasvoilla, voidaan nyt nähdä seurakunnassa – ja seurakunta voi nyt heijastaa sitä.

Jumalan kirkkaus on seurakunnan tarkoitus ja päämäärä. Meidät luotiin ilmentämään Jumalan luontoa ja läsnäoloa näkyvällä tavalla. Itsessämme emme siihen kykene, mutta Kristuksen kuolema teki sen mahdolliseksi. Kirkkaus on seurakunnan syntymäoikeus. Jumalan pyhän luonteen kauneutta ja kuninkuutta tarjotaan seurakunnalle. Mutta iloitessamme siitä meidän täytyy muistaa, että se on ristin kirkkautta: kirkkautta, joka saadaan uhrissa ja uhrin kautta.

Kirkkauden kaipaus
Yksi Vanhan testamentin profeettojen hartaita rukouksia oli, että eräänä päivänä Jumalan kirkkaus täyttäisi tai peittäisi koko maailman. Jumala itse lupasi näin tapahtuvan, kuten havaitaan kohdissa 4. Moos. 14:21 ja Hab. 2:14.

Hesekielin kirjan jakeissa 43:1–5 ennustetaan tuosta päivästä ja jakeissa 39:21–29 tehdään selväksi, että Jumalan kirkkaudella on vaikutusta kaikkiin kansoihin, ei vain juutalaisiin. Merkille pantavaa on, että näissä molemmissa kohdissa myös viitataan siihen, että Hengellä on oleva merkittävä rooli, kun Jumalan kirkkaus tehdään näkyväksi kaikille kansoille.

Jesajan kirjan kohdassa 59:21–66:24 kuvataan sitä aikaa, jolloin kaikki kansat saavat nähdä Jumalan kirkkauden. Siinä myös osoitetaan, että Hengen voitelu on keskeistä tässä Jumalan armon, voiman ja läsnäolon ilmestymisessä. (Huomionarvoista on, että tämä on toinen niistä ainoastaan kahdesta Vanhan testamentin kohdasta, jossa Henkeä kutsutaan nimellä Pyhä Henki – nimellä, jolla seurakunta hänet tuntee.)

Onkin helppoa havaita, että Jesajan kirjan lukujen 60–66 ennustus koskee seurakuntaa – pyhiä ihmisiä, jotka ovat Herran sovittamia ja jotka on lähetetty kansojen pariin julistamaan Jumalan kirkkautta ja kunniaa pakanoille. Kaikki Uuden testamentin tarkka opetus koskien lähetystyötä, evankeliumin

Jumalan kirkkaus seurakunnassa

levittämistä, kansojen tekemistä opetuslapsiksi, pakanoiden tavoittamista jne. on vain sen suunnitelman täyttymys, jonka raamit muotoiltiin jo tämän kaltaisissa Vanhan testamentin kohdissa.

Jumalan ikuisen ja mahtavan suunnitelman päätarkoitus on aina ollut, että hänen seurakuntansa täyttäisi hänen maailmansa hänen kirkkaudellaan. Hän kaipaa sitä, että me yhdessä ilmentäisimme hänen luontoaan ja läsnäoloaan, säteilisimme hänen pyhyyttään ja rakkauttaan ja osoittaisimme hänen arvovaltaansa, täydellisyyttään ja voimaansa. Emme saa kuitenkaan unohtaa, että kaiken Jumalan kirkkautta koskevan vanhatestamentillisen opetuksen ydin on siinä, että Jumalan kirkkaus tulee näkyväksi ainoastaan siellä, missä on epäitsekästä uhrautumista – kuten oli Golgatalla.

Kirkkaus uhraamisessa ja uhrin kautta

Uhraaminen alkoi Jumalasta. Hän uhrasi ensimmäisen uhrin. Hän vuodatti ensimmäisen veren. Hän kärsi ensimmäisen menetyksen. Ensimmäisen Mooseksen kirjan jakeissa 3:16–21 Jumala itse tappoi ja nylki nahat joistakin täydellisistä, juuri aiemmin luomistaan eläimistä.

Tämä tapaus opettaa meille paljon uhraamisesta, mutta – tämän kirjan aihetta koskien – on ennen kaikkea huomioitava se seikka, että jumalallista uhraamista motivoivat aina armo ja rakkaus, eivät lakihenkisyys tai velvollisuudentunto. Puutarhassa Jumala asetti uhraamisen normiksi korkean henkilökohtaisen hinnan, ja tätä normia ihmiset noudattivat antaessaan hänelle parhaansa siitä, mitä heillä oli, kiitoksella, ylistyksellä, antautumisella, palvonnalla, ihailulla ja sitoutumisella. Tästä voidaan lukea esimerkiksi kohdissa 1. Moos. 4:3–5, 8:20–9:17, 22:1–19 ja 2. Moos. 5:1–5.

Myöhemmin erämaassa Jumala asetti määräykset rituaalisista veriuhreista, joita hänen kansansa sitten myös uskollisesti noudatti satojen vuosien ajan. Veriuhrit painottivat Jumalan armontäyteistä tahtoa ottaa ensimmäinen askel ja kansan täydellistä riippuvuutta Jumalasta.

Jumalan kirkkaus

Käytännön teot
Kun aikaa kului, ihmiset alkoivat väärinkäyttää tätä järjestelmää – kuten armoakin niin usein väärinkäytetään. Sen myötä kasvoi tietoisuus siitä, ettei se ole lopullinen ratkaisu. Profeetat alkoivat vedota uudenlaisen uhraamisen puolesta, johon kuului käytännön tekoja vertauskuvallisten eleiden lisäksi ja henkilökohtaisia periaatteita eikä ainoastaan lakihenkisiä rituaaleja.

Kohdissa Ps. 50:8–23, 51:16–19; Sananl. 15:8, 21:27; Jes. 1:11–20, 58:1–14, 66:1–4,18–21; Jer. 6:20, 7:21–28; Dan. 2:38–43; Hoos. 8:11–13, Aam. 5:21–24 ja Miika 6:6–8 kuvataan tätä kriittistä käännettä profeettojen tietoisuudessa siitä, mikä Jumalan tahto on. Näiden kohtien kaltaisiin profeetallisiin ilmoituksiin pohjautuu myös suurin osa Uuden testamentin käytännöllisestä opetuksesta siitä, millaista seurakuntaelämän tulisi olla.

Alettiin siis ymmärtää, että uhraamisessa oli kyse paitsi rituaalista – joka oli esikuva Kristuksessa saamastamme sovituksesta – myös jatkuvasta pyhästä elämäntavasta. Tämä uusi merkitys saavutti huipentumansa Herran palvelijan neljässä laulussa kohdissa Jes. 42:1–9, 49:1–6, 50:4–11 ja 52:13–53:12. Niissä kuvataan henkilöä, jonka kuolema on sovitusuhri muiden ihmisten edestä ja jonka elämää hallitsevat rakkaus, oikeudenmukaisuus, nöyryys, kärsimys ja itsensä uhraaminen.

Nämä laulut ennustavat Jeesuksesta. Itse asiassa kaikki Vanhan testamentin uhrit ennustavat profeetallisesti hänestä, sillä ne ilmaisevat tarvetta, jonka vain hän voi täysin tyydyttää. Ne kuvaavat uskoa, joka voi kohdistua ainoastaan häneen, ja niissä vaaditaan elämäntapaa, joka on mahdollinen vain hänen avullaan.

Vaikka Vanhan testamentin aikaan uhrattiinkin sijaisuhreja, täytyi palvojien aina uhratessaan myös kieltää itseltään jotain Jumalan edessä – heidän täytyi antaa paras osa siitä, mitä heillä oli. Tämä asia on tärkeä muistaa myös nykyajan seurakunnissa. Vaikka Jeesus kuolikin puolestamme ja kantoi

Jumalan kirkkaus seurakunnassa

näin syntimme, palautti ihmisten välisen yhteyden ja avasi meille tien Jumalan luo, itsensä kieltäminen on silti edelleen "rituaali", jota vaaditaan niiltä, joiden elämää hän hallitsee.

Hedelmän tuottamisen salaisuus

Uhraaminen on keskeinen asia Jeesuksen opetuksissa. Heti kun opetuslapset ymmärsivät, että Jeesus on Kristus, hän selitti heille, mitä se tarkoittaa – Matt. 16:21; Mark. 8:31–32 ja Luuk. 9:22. Kun opetuslapset protestoivat, Jeesus nuhteli heitä ja kertoi heille, että jumalallinen vaatimus uhrata itsensä koski myös heitä – Matt. 16:24; Mark. 8:34 ja Luuk. 9:23. Ja kun kaksitoista opetuslasta tästä huolimatta jäivät Jeesuksen luo, Jeesus avasi heille pienen kurkistusaukon tulevaan kirkkauteen – kohdissa Matt. 16:27 ja Luuk. 9:26.

Tämän jälkeen ei kulunut montaakaan päivää, kun Isä mahtavalla tavalla vahvisti Jeesuksen sanat kirkastusvuoren tapahtumissa.

Kun Jeesuksen lopullisen uhrin aika lähestyi, hän opetti vielä selvemmin itsensä uhraamisesta. Tämä havaitaan kohdissa Matt. 20:25–27; Mark. 10:41–45; Luuk. 22:24–27; Matt. 21:1–11; Mark. 11:1–11; Luuk. 19:28–38; Joh. 12:12–16; Mark. 12:28–34; Mark. 12:41–44; Matt. 26:6–13; Mark. 14:3–9 ja Joh. 12:1–8 ja 13:1–16.

Kaikista tärkeimmän asian Jeesus opetti Johanneksen evankeliumin jakeissa 12:23–33: vain uhraamalla itsensä on mahdollista tuottaa hedelmää. Ennen kuin mikään siemen voi moninkertaistua, sen täytyy ensin kuolla ja lakata olemasta. Jos siemen pyrkii säilyttämään oman itsenäisen olemassaolonsa, se jää vain yhdeksi jyväksi, mutta jos se kuolee ja katoaa, se tuottaa runsaan sadon. Jeesus sovelsi tätä periaatetta niin itseensä kuin kaikkiin seuraajiinsakin. Hän kylvi elämänsä uskoa synnyttäväksi siemeneksi, ja hänen kuolemansa oli uskoa synnyttävä uhri, joka vaadittiin tulevan sadon tähden. Jälleen kerran voidaan havaita, kuinka Raamatussa puhutaan kirkkauden yhteydessä itsensä uhraamisesta.

Jumalan kirkkaus

Itsesuojelu – se, ettei anna itsestään mitään – ei johda mihinkään muuhun kuin oman itsen säilymiseen. Itsensä uhraaminen taas saa aikaan kasvua, kirkkautta ja hedelmän kantamista. Kutsumuksemme seurakunnassa on kuolla itsellemme muiden ihmisten tähden. Tämä on sitä armoa ja rakkautta, jota Jumala kaipaa nähdä kansassaan – ja se on myös yksi seurakunnan kasvun salaisuus.

Usko yhdistettiin ensimmäisen kerran uhraamiseen Abelin tuoman uhrin yhteydessä – 1. Moos. 4:3–5 ja Hepr. 11:4. Sen jälkeen uskoa on aina vaadittu, kun "itseä" on tarjottu uhrina Jumalalle. Kun panemme uskossa alttiiksi kaiken, saamme huomata, ettei "itsen" kuoleminen koskaan olekaan kaiken loppu. Risti saattaa olla seurakunnan tai kirkon yleismaailmallinen symboli, mutta meidän silmiemme edessä on aina tyhjä hauta. Jumalalliset, epäitsekkäät, armosta ja rakkaudesta kumpuavat itsensä uhraamisen teot saavat aina aikaan kasvua ja kirkkautta seurakunnassa.

Jumala kohottaa seurakuntansa tässä elämässä ihmeellisiin uusiin rakastamisen ulottuvuuksiin. Hän on siunaava seurakuntaa omalla luonteellaan ja läsnäolollaan. Hän on käyttävä seurakuntaa osoittaakseen maailmalle pyhyytensä ja rakkautensa. Hän on paljastava arvovaltansa, täydellisyytensä ja voimansa seurakunnan kautta. Jumalan kirkkaus on täyttävä sen pikkuruisen alueen maailmassa, jossa me olemme. Seurakunnassa on oleva kirkkautta, jonka kansakuntamme ihmiset saavat nähdä.

Tämän kirjan seuraavissa luvuissa keskitytään siihen, mitä seurakunnasta opetetaan Uudessa testamentissa – siis kaikkiin seurakuntaa koskeviin pieniin yksityiskohtiin. Pidä kuitenkin seuraavia osia lukiessasi mielessäsi kokonaiskuva ja muista, että joka ikinen yksityiskohta on annettu, jotta Jumalan kirkkaus ja kunnia loistaisivat seurakunnassa niin, että kaikki kansat saisivat ne nähdä.

Hengelliset johtajat ovat usein eri mieltä seurakuntaelämän ja -opin eri osa-alueista. Aina kun kohtaamme tällaisen ristiriitatilanteen, meidän täytyy muistuttaa itseämme siitä,

Jumalan kirkkaus seurakunnassa

että Jumalan kirkkaus ilmenee uhraamisessa. Yleissääntö on selkeä: kasvu ja kirkkaus kumpuavat palvelemisesta ja uhraamisesta. Kaiken, mitä ajattelemme seurakunnasta, täytyy nousta tästä perusperiaatteesta.

Osa 2

Kristuksen seurakunta

Jokainen uskova tietää, että seurakunta on "Kristuksen seurakunta". Se kuuluu hänelle, se on "hänen" seurakuntansa – on siis vain hyvin harvoin oikein viitata siihen "minun" tai "meidän" seurakuntana.

Kaikki uskovat eivät kuitenkaan ymmärrä, että Jeesus ei – tarkalleen ottaen – opettanut lähes mitään "seurakunnasta". Kaikissa opetuksissaan hän mainitsee sen itse asiassa vain kahdesti – kohdissa Matt. 16:18 ja 18:17. Vaikka Jeesus ei opetuksissaan mainitsekaan seurakuntaa nimeltä, on tietenkin selvää, että suurin osa hänen opetuksestaan on tarkoitettu juuri seurakunnalle.

Matteuksen evankeliumin jae 16:18 on erittäin tunnettu. Se sisältää Jeesuksen kuuluisan lupauksen, että hän rakentaa seurakuntansa (v. 1938 käännös) kallion kaltaiselle perustukselle. Tuo perustus oli Pietarin tunnustus, että Jeesus on Kristus, elävän Jumalan Poika – että kauan odotettu Messias ja mahtava ihmeitä tekevä Jumala olivat läsnä yhdessä, heidän keskellään elävässä persoonassa.

On tärkeää ymmärtää, että "kallio", johon Jeesus tässä jakeessa viittaa, ei tarkoittanut Pietaria itsessään, vaan sitä ilmoitusta Kristuksesta, jonka Isä antoi Pietarille. Lisäksi on tärkeää ymmärtää, että rakentaja on Jeesus. Tässä jakeessa hän lupaa rakentaa *oman* seurakuntansa – ja hän lupaa myös rakentavansa sen niin vahvaksi, etteivät tuonelan portit voi sitä voittaa.

Kaupungin portit olivat paikka, johon kaupungin neuvosto kokoontui puimaan kaupunkinsa asioita. Jeesus siis tarkoittaa, että mitkään kuoleman ja tuonelan päätökset tai suunnitelmat eivät voi voittaa seurakuntaa. Portit oli myös tarkoitettu

Jumalan kirkkaus seurakunnassa

puolustautumista, ei hyökkäämistä varten. Yksikään armeija ei käy toisen armeijan kimppuun portit aseenaan. Hyökkäyksen kohteena oleva armeija sen sijaan piiloutuu porttien taakse ja toivoo, että portit ovat tarpeeksi vahvat pitämään vihollisen ulkopuolella.

Tästä voidaan päätellä, että Jeesus haluaa seurakuntansa olevan pohjimmiltaan hyökkäävä seurakunta, joka iskee tuonelan porteille tarkoituksenaan pelastaa ne, jotka ovat vankeina porttien takana. Tuonelan portit eivät voi voittaa sitä – ne eivät kykene kestämään seurakunnan hyökkäystä.

Kuten edellä havaittiin, Vanhassa testamentissa annetaan ymmärtää, että seurakunnan tehtävä on mennä kaikkien kansojen luo ja täyttää maa Jumalan kirkkaudella. Tämä Matteuksen evankeliumin jae 16:18 taas osoittaa, että seurakunnan tulisi olla tunnettu sotaisasta, hyökkäävästä luonteestaan. Voidaankin olettaa, että nämä käsitykset yhdessä ovat perustana Uudessa testamentissa esiintyvälle yksityiskohtaisemmalle seurakuntaa koskevalle opetukselle.

Kristuksen rukous *oman* seurakuntansa puolesta

Jeesuksen rukous opetuslastensa puolesta Johanneksen evankeliumin luvussa 17 paljastaa, mikä hänen sydämensä kaipaus oli juuri ennen hänen kuolemaansa. Se antaa erinomaisen käsityksen siitä, mikä seurakunnan tehtävä maan päällä on. Se on jälleen kerran yleiskatsaus, jonka avulla saamme monipuolisen käsityksen siitä, mikä Jumalan tahto on. Seurakuntaelämän ja -opin yksityiskohtia, joita tarkastellaan myöhemmin tässä kirjassa, pitäisi aina käsitellä tässä "yleisessä" asiayhteydessä, eikä siis tutkia erillisinä seikkoina.

Vaikkei Johanneksen evankeliumin luvussa 17 suoraan viitatakaan "seurakuntaan", on jälkikäteen tarkasteltuna – sekä aiemmin lukemiemme Vanhan testamentin kohtien valossa – täysin selvää, että Jeesus rukoilee siinä seurakuntansa puolesta.

Kristuksen seurakunta

Jeesus anoo rukouksessaan, että seuraavat viisi pääpiirrettä leimaisivat seurakuntaa:

◆ Jumalan kirkkaus

◆ Jumalan Sana

◆ Jumalan ilo

◆ yhtä oleminen Jumalan rakkaudessa

◆ oleminen Jumalan lähettämänä maailmassa.

Jumalan kirkkauden esiintuoja
Emme varmastikaan ylläty siitä, että kirkkaus on yksi Kristuksen rukouksen päätaakoista. Hän mainitsee rukouksessaan sanat "kirkkaus" tai "kirkastaa" kahdeksan kertaa – jakeissa 1, 4, 5, 10, 22 ja 24.

Jeesus rukoilee, että Jumala ilmoittaisi itsensä niin, että hänen kauneutensa, kuninkuutensa, arvovaltansa ja pyhyytensä näkyisivät selkeästi seurakunnassa ja seurakunnan keskellä. Tiedämme, että Uuden testamentin aikaan Jumala ilmoitti itsensä Jeesuksessa: kohta Joh. 1:14 paljastaa tämän. Kaikki ihmiset eivät kuitenkaan tunnistaneet Jeesuksessa Jumalan kirkkautta, ja nekään, jotka tunnistivat, eivät olleet varmoja siitä, kuinka heidän pitäisi asiaan suhtautua – kuten havaitaan kirkastusvuoren tapahtumista.

Tiedämme myös, että nykyään Jumalan kirkkauden tulisi loistaa "seurakunnassa". Vaikka Roomalaiskirjeen jae 8:21 on useissa englanninkielisissä käännöksissä esitetty sanoilla "Jumalan lasten kirkas/loistava vapaus", sen tarkka käännös puhuu "Jumalan lasten kirkkauden vapaudesta" (kuten v. 1938 käännös, suom. huom.). Tällä viitataan siihen vapautukseen tai vapauteen, jota koemme, kun Jumalan kirkkaus ilmenee keskellämme. Juuri tätä Jeesus rukoilee Johanneksen evankeliumin jakeessa 17:24.

Kuten ei Jeesuksenkaan aikana, kaikki eivät meidänkään aikanamme tunnista Jumalan kirkkautta, kun se ilmestyy, ja – kuten kirkastusvuoren tapahtumista havaitaan – jotkut

Jumalan kirkkaus seurakunnassa

niistä, jotka tunnistavat, eivät silti tiedä, kuinka heidän pitäisi siihen suhtautua. Emme saa kuitenkaan koskaan unohtaa, että Jumalan kirkkauden tulisi loistaa seurakunnassa Kristuksessa Jeesuksessa, ja juuri se saa aikaan yhteyttä seurakunnassa (j. 17:22) ja antaa ilmoituksen Jumalasta maailmalle (j. 17:23).

Tällä kirkkauden painottamisella on neljä merkittävää seurausta nykyajan seurakunnalle. Se tarkoittaa, että:

◆ se, mitä maailma ymmärtää Jumalasta riippuu siitä, mitä se seurakunnassa näkee Jumalasta, hänen asenteistaan ja hänen teoistaan.

◆ Jumalan kirkkaus ilmenee ihmisissä. Se ei ole aavemaista kajastusta tai keskiaikainen sädekehä, vaan jotain käytännöllistä ja toimivaa, joka tulee näkyviin uskovien elämässä, kun he yhdessä ylistävät, tekevät työtä ja palvelevat.

◆ seurakunnan jokaisen jäsenen täytyy lakkaamatta kokea ristin merkitys omassa elämässään. Lisäksi jokaisen yksittäisen seurakunnan sekä kaikkien seurakuntien yhdessä täytyy kokea se – kuten jakeet 2. Kor. 4:7–12 tekevät selväksi.

◆ yhtä oleminen seurakunnan sisällä ja ulospäin maailmaan suuntautuva työ ovat molemmat ehdottoman keskeinen osa sitä tarkoitusta, joka Jeesuksella on meitä varten. Ne eivät ole vaihtoehtoisia painotuksia, joista voidaan valita mieluinen, vaan ne ovat erottamaton lopputulos, joka on seurausta Jumalan kirkkauden läsnäolosta.

Jotkut hengelliset johtajat ovat sitä mieltä, että seurakunnan tulisi keskittyä olemaan yhtä, koska se kirkastaa Jumalaa. Toiset taas väittävät tiukasti, että meidän tulisi ennen kaikkea keskittyä ulospäin suuntautuvaan työhön, koska se juuri kirkastaa Jumalaa. Johanneksen evankeliumin luvussa 17 Jeesus kuitenkin rukoilee aivan päinvastaisesti. Hän antaa ymmärtää, että meidän tulisi keskittyä Jumalan kirkkauden tuntemiseen – ja että juuri se saa aikaan niin yhteyden kuin tavoittavan työn tekemisenkin.

En tällä tarkoita, että olisi väärin painottaa ulospäin suuntautuvaa työtä ja yhteyden vaalimista, vaan ainoastaan sitä, että jos painotamme yhtä tai toista, sen tulisi kummuta siitä, että olemme saaneet ensin kokea elämää mullistavalla tavalla Jumalan läsnäolon, kauneuden, kuninkuuden ja voiman ja sitten halunneet vastata siihen rakkaudella, armolla ja itsemme uhraamisella. Tämän vuoksi risti on aina kautta aikojen ollut keskeinen asia kaikilla seurakuntaelämän osa-alueilla – olipa kyse sitten ylistyksestä, jumalanpalveluksista tai kirkkojen arkkitehtuurista.

Jumalan Sanan ohjaama
Jeesus mainitsee Johanneksen evankeliumin luvun 17 rukouksessaan Jumalan Sanan tai sanat viisi kertaa – jakeissa 6, 8, 14, 17 ja 20. Jeesuksen rukous osoittaa, että hän haluaa Sanan olevan keskeisessä asemassa seurakunnassa. Juuri Jumalan sanojen tulisi määritellä seurakuntaelämän kaikkia osa-alueita, ei inhimillisten ajatusten tai tapojen. Johanneksen evankeliumin luvusta 17 voidaan nostaa esiin viisi Sanaa ja seurakuntaa koskevaa seikkaa:

1. Seurakunta on Jumalan Sanan vartija
Jae 6 antaa ymmärtää, että seurakunnan täytyy "ottaa omakseen" tai "pitää" Sana. Kyseisessä jakeessa käytetty kreikan kielen verbi *tereo* tarkoittaa "vartioida" tai "pitää turvassa" pikemmin kuin "noudattaa". Tästä voidaan päätellä, että seurakunnalla on erityinen velvollisuus varjella Jumalan Sanaa ja pitää huolta, ettei kukaan peukaloi sitä, muuta sitä, lisää siihen mitään tai ota siitä mitään pois.

Tämä ei tarkoita sitä, että meidän täytyisi lukea ainoastaan yhtä tiettyä raamatunkäännöstä ja tulkita jokaista jaetta mahdollisimman yksinkertaisella tavalla. Sen sijaan se tarkoittaa sitä, että meidän tulee pyrkiä kaikin voimin ymmärtämään niitä historiallisia, kulttuurillisia ja uskonnollisia puitteita,

Jumalan kirkkaus seurakunnassa

joissa Sana annettiin, jotta kykenisimme samaistumaan siihen oikealla tavalla oman aikamme ympäristössä.

2. Seurakunta kuuntelee kaikkia Jumalan sanoja
Jae 14 osoittaa, että "Jumalan Sana" ei tarkoita ainoastaan kirjoitettua Raamatun sanaa, vaan sillä viitataan myös profeetallisessa innoituksessa puhuttuihin Jumalan sanoihin. Jeesus ei rohkaissut seurakuntaa ainoastaan tukeutumaan Vanhaan testamenttiin, vaan myös kaikkiin niihin Jumalan sanoihin, jotka Jeesus sille "antaa".

Seurakunnan täytyy kuunnella hyvin tarkkaavaisesti Pyhää Henkeä, jotta se erottaisi, mitä Jumalan sanoja Jeesus juuri meidän aikanamme sille antaa. Nämä sanat eivät koskaan ole ristiriidassa Raamatun kanssa. Niiden tehtävä on nostaa esiin sellaisia puolia Jumalan Sanan koko totuudesta, joita tarvitsemme juuri omassa tilanteessamme – ne eivät siis yleensä ole samoja seikkoja, jotka joskus menneisyydessä ovat erityisellä tavalla puhutelleet ihmisiä.

3. Jumalan Sana pyhittää seurakunnan
Jakeessa 17 todetaan, että Jumalan Sanan yksi tehtävä on pyhittää. Kreikan kielen verbi *hagiazo* tarkoittaa "erottaa", ja sitä tutkitaan tarkemmin *Hengen miekka* -kirjasarjan osassa 6, *Palveleminen Hengessä*.

Kun seurakunta antaa Jumalan Sanan hallita, ohjata ja johtaa sitä, se erottautuu yhä enenevissä määrin maallisista ajattelutavoista ja asenteista ja omistautuu yhä enemmän Jumalalle ja hänen asenteilleen ja teoilleen.

4. Sana on koko totuus
Jakeet 17 ja 19 osoittavat, että Jumalan Sana on "totuus". Näissä jakeissa käytetty kreikan kielen sana *aletheia* tarkoittaa kaiken pohjalla olevaa todellisuutta. Se ei viittaa ainoastaan johonkin tiettyyn objektiiviseen ja eettiseen totuuteen, vaan totuuteen sen koko täyteydessä ja laajuudessa.

Tästä voidaan päätellä, että Jumalan Sana ei vain ole "totta", vaan se on "koko totuus". Se ei ole yksi totuus monien muiden joukossa. Se on totuus, jonka rinnalla ei ole mitään toista totuutta.

5. Sana on elintärkeä osa seurakunnan työtä

Jae 20 paljastaa, että Jumalan Sanalla on keskeinen tehtävä siinä, että ihmiset tulevat Jeesuksen luo ja uskovat häneen. Sanaa ei vain tule varjella, opiskella, julistaa ja opettaa, vaan se on myös osa seurakunnan tekemää työtä.

Koska juuri Jumalan Sana saa ihmiset tulemaan Jeesuksen luo ja uskomaan häneen, meidän täytyy pitää huoli siitä, että hänen Sanansa on keskeisellä paikalla kaikessa palvelutyössämme. Tämä ei taaskaan tarkoita sitä, että viljelisimme ainoastaan jonkin tietyn raamatunkäännöksen suoria lainauksia vaan pikemminkin sitä, että annamme Jeesuksen ohjata meitä Hengen kautta ja jaamme niitä sanoja, jotka hän meille antaa tiettyä henkilöä tai tilannetta varten.

Täynnä Jumalan iloa

Jakeessa 13 Jeesus rukoilee, että hänen ilonsa täyttäisi hänen opetuslapsensa. Hän ei rukoillut, että he olisivat iloisia tai että *heidän* ilonsa lisääntyisi, vaan että he olisivat täysin täynnä *hänen* iloaan.

Jeesus oli usein aiemminkin puhunut samasta asiasta – esimerkiksi jakeissa 15:11 ja 16:24 – ja Johannes Kastaja todisti (Joh. 3:29), että hänen ilonsa oli tullut täydelliseksi, koska hän oli saanut kuulla "sulhasen" äänen.

Kreikan kielen "iloa" tarkoittava sana *chara* on läheistä sukua kreikan kielen "armoa" tarkoittavalle sanalle *charis*. Ilon ja armon yhteinen nimittäjä on mielihyvä, ja Uudesta testamentista voidaan havaita, että kun ihmiset saivat kokea Jumalan armoa, heidän luonnollinen reaktionsa oli tuntea iloa. Voidaankin sanoa, että Jumala on mielissään saadessaan antaa – eli saadessaan antaa armoaan – ja että me olemme mielissämme – tai täynnä iloa – saadessamme kokea hänen armoaan.

Jumalan kirkkaus seurakunnassa

Koska seurakunta on olemassa ainoastaan Jumalan armon kautta ja vuoksi, onkin johdonmukaista, että ilon tulisi olla yksi meidän ominaispiirteistämme. Myös Uuden testamentin seurakunnat olivat täynnä Jumalan iloa – kuten havaitaan esimerkiksi kohdissa Ap. t. 8:8, 13:52, 15:3; Room. 15:13; 2. Kor. 8:2; Fil. 1:4,25; 1. Tess. 1:6, 3:9; 2. Tim. 1:4; Hepr. 13:17; 1. Piet. 1:8; 1. Joh. 1:4; 2. Joh. 12 ja 3. Joh. 4.

Edellä todettiin, että Jesajan kirjan luvut 60–66 ennustavat seurakunnasta. Jakeissa 60:5, 61:3 ja 61:7 opetetaan, että ikuinen ilo täyttää Jumalan kansan sydämet. Jakeissa 60:7 ja 61:3 tämä ilo liitetään Jumalan kirkkauteen ja jakeet 61:10–11 osoittavat lopullisesti, että ilo on seurausta armosta. (Jesajan kirjan jakeita 61:10–11 voidaan pitää yhtenä Vanhan testamentin selkeimpinä seurakuntaa kuvaavista kohdista juuri sen vuoksi, että niissä viitataan iloon, armoon, pelastukseen, pyhitykseen, morsiameen ja siihen, että "kaikki kansat" saavat nähdä Jumalan.)

Yhtä Jumalan rakkaudessa
Johanneksen evankeliumin luvussa 17 Jeesus rukoilee neljä kertaa, että hänen opetuslapsensa olisivat täydellisesti yhtä Jumalan rakkaudessa – jakeissa 11, 21, 22 ja 23. Kyseisissä jakeissa on käytetty kreikan kielen sanaa *hen*, joka tarkoittaa "yksi". Tästä voidaan päätellä, että Jeesus tarkoittaa "yhdeksi tulemista" – yhteen liittymistä pikemmin kuin yhtä, joka on jo itsessään kokonaisuus.

Jeesus rukoilee, että hänen omansa olisivat "yhtä, niin kuin me olemme yhtä". Yhteyden malli tulee siis Isän ja Pojan välisestä suhteesta, jota Jeesus kuvaa jakeissa Joh. 1:1, 8:24,28, 10:38, 14:9–11 ja 17:21–23.

Useimmat seurakuntien johtajat painottavat jotakin yhtä Jeesuksen rukoilemaan yhteyteen liittyvää puolta. He saattavat esimerkiksi painottaa, että:

◆ Jumalan ykseys tarkoittaa sitä, että seurakuntien täytyy liittyä yhteen kaikilla mahdollisilla tavoilla

Kristuksen seurakunta

◆ kolmiyhteisen Jumalan monimuotoisuus tarkoittaa sitä, että myös erilaisille seurakunnille ja traditioille täytyy olla tilaa

◆ yhteyden on tarkoitus vaikuttaa evankeliointiin niin, että kaikilla seurakunnilla olisi palvelutyössään sama yhteinen tavoite

◆ Jeesuksen rukous on vaatimus, että kaikkien uskovien pitäisi toimia sopuisasti yhdessä

◆ Johanneksen evankeliumin jakeet 14:11–12 tarkoittavat, että jos olemme yhtä, se näkyy siinä, että teemme ihmeellisiä tekoja.

Yhteen niputettuina nämä eri painotukset ovatkin tosia ja hyödyllisiä. Niillä on kuitenkin yksi heikkous: ne kaikki kasaavat vastuun yhteyden luomisesta ihmisten harteille. Koska Jeesus kuitenkin rukoilee Isältä ihmisten välistä yhteyttä, on aiheellista vetää se johtopäätös, että seurakunnan yhteys on jumalallista tekoa pikemmin kuin inhimillisen ponnistelun tulosta. Jae 17:22 osoittaa, että yhteys tulee Isältä Pojalle ja häneltä seurakunnalle.

Useimmat hengelliset johtajat tuntuvat ajattelevan, että yhteys on jokin mystinen liitto, joka voi täysin toteutua vasta Jeesuksen paluun jälkeen, mutta tällainen näkökulma ei pidä paikkaansa. Jakeessa 23 ilmaistaan, että "he ovat täydellisesti yhtä". Siinä käytetty kreikan kielen verbi teleioo tarkoittaa, että yhteys on kaikenkattavaa ja täydellistä. Verbi on passiivissa, eli joku muu vaikuttaa sen, että uskovat ovat yhtä – he eivät saa sitä itse aikaan. Jakeessa käytetty aikamuoto taas viittaa nykyiseen pikemmin kuin johonkin tulevaan. Yhteys ei siis ole ainoastaan varattu taivasta varten, vaan se on tarkoitettu tätä hetkeä varten, jotta maailmamme joutuisi väistämättä miettimään suhtautumistaan Jeesukseen.

Myöhemmin tässä kirjassa opitaan lisää siitä, kuinka tätä seurakunnan yhteyttä kuvataan useimmiten jollakin aineellisella tavalla. Seurakuntaa kutsutaan esimerkiksi "ruumiiksi", "rakennukseksi", "temppeliksi", "morsiameksi" ja

Jumalan kirkkaus seurakunnassa

"viinipuuksi". Tässä kohdassa riittää kuitenkin ymmärtää, että yhteyden tulisi olla ominaista seurakunnalle ja että tämän yhteyden tulisi olla:

- ◆ tarpeeksi näkyvää, jotta se haastaisi maailman uskomaan Jeesukseen
- ◆ Jumalaan perustuvaa
- ◆ Jumalan aikaansaamaa.

Jeesuksen rukous täydentää myös sen, mitä hän viimeisellä aterialla opetti näkyvästä, muiden puolesta uhrautuvasta rakkaudesta (j. 13:34-35 ja 15:12-17). Tällaisen rakkauden lopputulos (j. 13:35) muistuttaa hyvin paljon sitä, mitä Jeesus myös rukouksessaan ilmaisi siitä, mitä halusi yhteyden saavan aikaan (j. 17:21-23). Tämän perusteella voidaan vähintäänkin olettaa, että uhrautuvan rakkauden ja yhtä olemisen välillä on olemassa jonkinlainen yhteys.

Lähetetty maailmaan

Kaikki, mitä tähän mennessä on havaittu seurakunnasta, puhuu sen puolesta, että keskeinen osa seurakunnan tarkoitusta on mennä kaikkien maailman kansojen luo. Myös Jeesuksen rukous painottaa samaa asiaa.

Jeesus mainitsee rukouksessaan sanan "maailma" 19 kertaa ja opettaa neljä seurakuntaa koskevaa seikkaa:

- ◆ Seurakunta on lähetetty maailmaan – samanlaisella näkyvällä tavalla, jolla Isä lähetti Jeesuksen maailmaan. Seurakunnalle on annettu tehtäväksi mennä maailmaan samoin kuin Jeesus meni, elää maailmassa kuten Jeesus eli ja haastaa maailma samalla tavalla kuin Jeesus teki.

- ◆ Seurakunta on maailmassa muttei maailmasta. Seurakunta on kutsuttu olemaan vahvasti osallisena maailmasta ja maailmaan. Samalla se on kuitenkin myös kutsuttu olemaan varsin erillään maailmasta, niin ettei maailma vaikuttaisi siihen.

- ◆ Maailma vihaa seurakuntaa. Maailma ei rakasta

Kristuksen seurakunta

seurakuntaa eikä hurraa sille, kun se osoittaa Jumalan rakkautta. Maailma sitä vastoin vihaa ja vainoaa sitä ankarasti. Tätä vastustusta tarkastellaan *Hengen miekka* -kirjasarjan osassa 4, *Jumalan hallintavalta*.

◆ Jumala varjelee seurakunnan pahalta. Edellä mainittu kreikan sana *tereo*, "varjella", esiintyy myös jakeissa 6, 11, 12 ja 15. Ymmärrämme siis, että Jumala vartioi seurakuntaa: hän sallii joitakin vihollisen hyökkäyksiä, mutta hän varjelee meitä niiden keskellä.

Edellä todettiin, että kohta Matt. 16:18 antaa ymmärtää, että seurakunnan luonne on ennen kaikkea hyökkäävä ja että tuonelan portit eivät voi estää seurakunnan hyökkäyksiä. Tämä sama totuus ilmaistaan eri sanoin kohdassa 17:15, jossa luvataan, että saamme kokea varjelusta silloin, kun menemme maailmaan mukanamme Jumalan sana ja rakkaus.

Jumalan Sana painottaa toistuvasti läpi koko Raamatun, että seurakunta on kutsuttu menemään kaikkien kansojen luo ja täyttämään maailma Jumalan kirkkaudella. Myös Jeesus tekee Johanneksen evankeliumin luvussa 17 kiistattoman selväksi, että seurakunta todella on lähetetty maailmaan, jotta maailma uskoisi ja jotta Jumalan kirkkaus ilmestyisi. Seurakunta, jonka keskeinen tavoite ei ole tavoittaa ihmisiä, ei todellisuudessa ole hänen seurakuntansa lainkaan.

Tämä perusperiaate täytyy pitää lakkaamatta mielessä, kun tutkitaan yksityiskohtaisempaa Uuden testamentin opetusta seurakunnan opista, rakenteesta, elämästä ja tarkoituksesta.

# Osa 3

Kokoontuminen

Englannin kielen sanalla *church*, "kirkko" tai "seurakunta", on useita eri merkityksiä. (Englanninkielisessä teoksessa käytetään ainoastaan sanaa *church*, mutta käännös "seurakunta" ei täysin kata kaikkia kyseiseen sanaan sisältyviä merkityksiä, minkä vuoksi tässä kirjassa käytetään toisinaan myös sanaa "kirkko". Suom. huom.) Sanakirjassa kirkko määritellään usein "kristilliseen jumalanpalvelukseen pyhitetyksi isohkoksi rakennukseksi", ja useimpien ihmisten mieleen piirtyykin heti rakennuksen kuva, kun he kuulevat sanan "kirkko".

Toiset taas käyttävät sanaa "kirkko", kun he puhuvat kristillisestä kokouksesta. He saattavat siksi kysyä "menetkö huomenna kirkkoon?", vaikka heidän todellisuudessa olikin tarkoitus kysyä "menetkö kokoukseen tai jumalanpalvelukseen?".

Jotkut uskovat mieltävät, että "kirkko" tarkoittaa tiettyä kirkkokuntaa. Tämä saa heidät kysymään: "Mihin kirkkoon kuulut? Luterilaiseen, katoliseen, helluntaikirkkoon, …?" Jotkut saattavat jopa ajatella, että "kirkko" tarkoittaa palvelutyötä, jota työhön vihityt ja palkatut ihmiset tekevät, jolloin he saattavat sanoa, että joku hakeutuu "kirkon töihin".

Suomen kielen sana "kirkko" on peräisin Bysantin sanasta *kurike*, joka tarkoittaa "Herralle kuuluva". Uudessa testamentissa kirkosta/seurakunnasta käytetään kuitenkin kreikan kielen sanaa *ekklesia*, joka sanatarkasti tarkoittaa "kutsuttu ulos".

Sana ekklesia muodostuu kahdesta kreikan kielen sanasta: *ek*, "ulos jostakin", ja *klesis*, "kutsumus". Se muistuttaa läheisesti nimeä, jolla Jeesus kutsui Pyhää Henkeä. Johanneksen evankeliumin luvuissa 13–17 Jeesus viittaa viisi kertaa Henkeen nimellä *Parakletos*, mikä tarkoittaa "kutsuttu vierelle".

Jumalan kirkkaus seurakunnassa

Ajatus siitä, että "Jumala kutsuu", liittyy siis jollakin keskeisellä tavalla sekä Henkeen että seurakuntaan – eli myös meidän elämäämme Hengessä ja meidän elämäämme seurakunnan keskellä. Tätä Hengen ja seurakunnan välistä suhdetta tarkastellaan hieman myöhemmin tässä kirjassa.

Ekklesia

Kreikan kielen sana *ekklesia* esiintyy Uudessa testamentissa yli sata kertaa, ja yleisimmin siitä käytetään ilmausta "Jumalan seurakunta" – ks. esim. Ap. t. 20:28; 1. Kor. 1:2, 11:22, 15:9; 2. Kor. 1:1; Gal. 1:13; 1. Tess. 2:14 ja 1. Tim. 3:15. Siitä käytetty ilmaus osoittaa, että Jumala on kutsunut seurakunnan, että seurakunta kuuluu hänelle ja että kyse on hänen seurakunnastaan.

Kreikkalainen tausta

Kun Jeesus sanoi kohdassa Matt. 16:18, että hän "rakentaisi *ekklesiansa*", hän ei keksinyt jotakin uutta sanaa, jota hänen opetuslapsensa eivät koskaan aiemmin olleet kuulleet. Sen sijaan hän käytti jokapäiväistä sanaa, jonka merkityksen hänen opetuslapsensa ymmärsivät täysin, ja otti sen omien tarkoitusperiensä palvelukseen. Jos todella halutaan ymmärtää oikein, mitä Uusi testamentti opettaa seurakunnasta, on välttämätöntä ensin tutustua siihen, mitä kaikkea sana *ekklesia* tuohon aikaan tarkoitti.

Sanaa *ekklesia* käytettiin sen ajan Kreikassa tietyn kaupungin äänioikeutetuista. Sanansaattaja, *kerux*, kutsui kaikki kaupungin vapaat miehet koolle neuvostoon, jossa sitten väiteltiin ja äänestettiin. Tätä kokoontumista kutsuttiin kansankokoukseksi, eli *ekklesiaksi*. Kun Uudessa testamentissa puhutaan evankeliumin julistamisesta, sillä tarkoitetaan "kuuluttaa sanansaattajan lailla". Siitä käytetty verbi on *kerusso* ja sanoman sisältö *kerugma*.

Edellä todettiin, että sana *ekklesia* tarkoittaa sanatarkasti "kutsuttu ulos", mikä viittaa siihen kutsuun, jolla sanansaattaja kutsui kaupunkilaisia. Siihen aikaan *ekklesia* kuitenkin

Kokoontuminen

tarkoitti juurikin sitä "kokoontumista" tai "tapaamista", johon sanansaattaja ihmiset kutsui.

Jos nykyään halutaan tavoittaa mahdollisimman tarkasti sanaan *ekklesia* sisältyvät merkitykset, voitaisiin seurakuntaa kutsua ilmauksella "Jumalan koolle kutsuma kokoontuminen" tai "Jumalan kokous". Meidät on kutsuttu ulos maailmasta kokoontumaan yhteen ja elämään suhteessa Jeesuksen kanssa.

Kreikassa jokaisen kaupungin *ekklesialla* oli rajaton valta. Se valitsi ja erotti tuomarit, kenraalit ja muut sotilaalliset johtajat. Se oli myös vastuussa kaikkien sotilaallisten toimien johtamisesta. Se keräsi varat ja määräsi, mitä sotaretkiä varoilla tuettiin. Se julisti sodat ja solmi rauhat. Se nimitti kaikille sotajoukoille omat tehtävänsä ja lähetti ne sitten pois kaupungista taistelemaan kaupungin puolesta.

Kun tämä tausta otetaan huomioon, on Jeesuksen kohdan Matt. 16:18 sanoma vielä selkeämpi. On selvää, että myös Jeesuksen *ekklesia* käyttäytyy aivan samoin kuin kaikki muutkin *ekklesiat*, ja pohjimmiltaan se on siis luonteeltaan sotaisa. Jos tätä perusperiaatetta ei ymmärretä, on vaikea ymmärtää oikein mitään muutakaan, mitä Uusi testamentti opettaa seurakunnasta.

Mielenkiintoinen seikka on, että jokainen kreikkalainen *ekklesia* aloitettiin rukoilemalla ja uhraamalla, ja että kaikilla vapailla kansalaisilla oli samat oikeudet ja velvollisuudet. Yhtäkään jäsentä ei pidetty toista tärkeämpänä. En halua vetää liian pitkälle meneviä johtopäätöksiä kreikkalaiseen demokratiaan liittyvistä ajatuksista, mutta voidaan havaita, että osa niistä on selvästi samoja, jotka löytyvät myös sanan *ekklesia* taustalta Uudessa testamentissa. Sen vuoksi voidaankin olettaa, että samankaltaisia periaatteita kuuluu myös Jeesuksen koolle kutsumaan kokoontumiseen, Jumalan hallitsemaan seurakuntaan.

Jumalan kirkkaus seurakunnassa

Vanhatestamentillinen tausta

Uuden testamentin käsitykset *ekklesiasta* muotoutuivat siis osaltaan hellenistisen yhteiskunnan ajatusten perusteella, mutta sitäkin suurempi vaikutus niihin oli heprealaisilla kirjoituksilla. Vanhan testamentin kreikankielisessä versiossa, Septuagintassa, sanaa *ekklesia* käytettiin, kun viitattiin Israelin "seurakuntaan". Se oli käännetty heprean kielen sanasta *qahal*, ja sana *qahal* taas oli johdettu verbistä "kutsua koolle". Sanatarkasti *qahal* merkitsee "koolle kutsuttu joukko".

Israelilaiset olivat Jumalan lunastama kansa. Heidät oli vapautettu orjuudesta ja kutsuttu pois Egyptistä. Jumala johdatti heidät luvattuun maahan, jossa hänen oli määrä hallita heitä. Juuri se, että heidät oli lunastettu, oli heidän yhteen kokoontumisensa syy.

Useissa raamatunkäännöksissä on valitettavasti käännetty sekä sana *qahal* että toinen heprean kielen sana, *edah*, sanalla "seurakunta". Sana *qahal* viittaa kuitenkin "kansaan", joka on kutsuttu yhteen, kun taas sana *edah* viittaa "tapahtumaan".

Sana *qahal* esiintyy Vanhassa testamentissa lähes 130 kertaa, ja se on asiayhteydestä riippuen käännetty eri tavoin. Siitä käytetään sanoja:

- ♦ seurakunta, kansa tai väki – esimerkiksi kohdissa 3. Moos. 16:17,33; 4. Moos. 10:7, 20:10; 1. Kun. 8:14; 1. Aik. 29:20; 2. Aik. 6:3; Esra 2:64; Ps. 22:22 ja Joel 2:16

- ♦ Israelin yhteisö, koko Israel, yhteinen kokous, yhteen kokoontuminen jne. – 1. Moos. 49:6; 2. Moos. 12:6; 4. Moos. 14:5; 5. Moos. 5:22; Tuom. 20:2 ja Jer. 50:9

- ♦ (suuri) joukko, monet – 1. Moos. 35:11; 4. Moos. 22:4 ja Jer. 31:8.

Englanninkielisissä raamatunkäännöksissä *qahal* on yleensä käännetty ylistyksen ja rukouksen yhteydessä sanalla "seurakunta", hallinnollisten asioiden yhteydessä sanalla "kokoontuminen" ja sotilaallisessa yhteydessä sanalla "joukko tai komppania". Suomenkielinen vuoden 1992 käännös mukailee tätä samaa mallia, vaikka edellä mainituissa

Kokoontuminen

raamatunkohdissa onkin käytetty useaa eri suomenkielistä sanaa (Suom. huom.). Siitä, että raamatunkääntäjät eivät ole kääntäneet sanaa *qahal* joka kohdassa samalla sanalla, voidaan päätellä, että he ovat selvästi ymmärtäneet niitä eri puolia, joita seurakuntaan liittyy.

Kaikissa edellä mainituissa kohdissa esiintyy kuitenkin sama sana ja sama Jumalan kansa. Heidät oli kutsuttu koolle Jumalan eteen ylistämään, järjestämään hallinnolliset asiansa ja sotimaan. Meidänkin täytyy jollakin tavalla sisällyttää kaikki nämä sanojen *ekklesia* ja *qahal* raamatulliset merkitykset omaan käsityksemme siitä, mikä seurakunta on.

Apostolien tekojen jakeessa 7:38 Israelin kansaa kutsutaan "seurakunnaksi erämaassa" (v. 1938 käännös), ja edellisen valossa voidaankin päätellä, että tämä ei ollut kielikuva vaan täsmällinen tapa kuvata yhteen kokoontunutta Jumalan kansaa. Israelin ja seurakunnan välistä suhdetta käsitellään tarkemmin tämän kirjan osassa 6, mutta tässä kohtaa voidaan Vanhan testamentin "seurakunnan" pohjalta oppia seuraavat neljä Jumalan seurakuntaa koskevaa totuutta:

1. Koottu yhteen maailmasta

Hoosean kirjan jakeissa 11:1–12 kuvataan hyvin sitä, kuinka Israelia rakastettiin ja kuinka se kutsuttiin Egyptistä. Jumala kutsui Israelin kansan, kokosi sen Egyptistä ja vei sen luvattuun maahan.

◆ Israelilaiset vapautettiin Egyptin orjuudesta.

◆ He kulkivat Punaisenmeren vesien läpi.

◆ Heitä koeteltiin, ja he kohtasivat kiusauksia erämaassa.

◆ He kukistivat vihollisensa.

◆ He astuivat sisään Kanaaninmaahan.

Kaikki nämä kohdat ovat esikuva siitä, kuinka seurakunta hengellisesti kootaan orjuudesta ja synnistä – lunastuksen, kasteen, vahvistumisen ja hengellisen sodankäynnin kautta – luvattuun perintöosaansa ja kirkkaaseen päämääräänsä.

Jumalan kirkkaus seurakunnassa

Tiedämme, että Israelin "pelastuminen" oli täysin ja ehdottomasti Jumalan ansiota – se perustui hänen armoonsa. Israelilaiset eivät voineet itse vapauttaa itseään orjuudesta. He eivät voineet kulkea Punaisenmeren läpi tai kukistaa Faaraon joukkoja omin voimin. He eivät olisi voineet selvitä erämaassa ilman Jumalan johdatusta ja huolenpitoa, ja niin edelleen.

Täysin sama koskee myös seurakuntaa. Jumala on meidänkin koolle kutsuja. Hän rakastaa meitä ja on kutsunut meidät maailmasta. Valtavan suuren armonsa tähden hän kokosi meidät luokseen. Ilman hänen rakkauttaan, ehdotonta väliintuloaan, pelastustaan, voimaansa, johdatustaan ja huolenpitoaan seurakuntaa ei voisi olla olemassa.

Tästä voidaan päätellä, että näitä samoja ajatuksia – kutsumista, armoa ja täydellistä riippuvuutta Jumalasta – korostetaan varmasti myös seurakuntaa koskevassa opetuksessa Uudessa testamentissa.

2. Koottu yhteen
Jumala kutsui Israelin muodostamaan yhteisön, kansan. Aabrahamin pojat ja tyttäret koottiin yhteen, ja heidän kokemuksensa Jumalasta oli pääosin yhdessä koettua.

♦ Israelilaiset lähtivät Egyptistä yhdessä.

♦ He kulkivat Punaisenmeren läpi yhdessä.

♦ He söivät ja joivat yhdessä.

♦ He kulkivat erämaassa yhdessä.

♦ He kohtasivat vihollisensa yhdessä.

♦ He kohtasivat Jumalaa yhdessä.

♦ He astuivat sisään Kanaaninmaahan yhdessä.

Sama koskee myös seurakuntaa. Pelastus ja Jumalan kutsu eivät ole ainoastaan ihmisen yksityisasioita. Me olemme veljiä ja sisaria Kristuksessa. Olemme uusi kansa, ruumis, rakennus ja niin edelleen. Uuden testamentin kirjeetkin on kirjoitettu joukoille ihmisiä, jotka olivat kokoontuneet yhteen johonkin

Kokoontuminen

tiettyyn paikkaan. Ilman tällaista vahvaa yhteisöllisyyttä seurakunnan on täysin turhaa kokoontua yhteen.

Onkin siis täysin odotettavissa, että rakastavia ihmissuhteita, yhteyttä, muista ihmisistä huolehtimista käytännöllisellä tavalla, anteeksiantoa ja keskinäistä toisten hyväksymistä painotetaan seurakuntaa koskevassa opetuksessa myös Uudessa testamentissa.

3. Koottu elämään suhteessa

Israelin kansaa ei vain koottu yhteen ilman mitään tarkoitusta. Heidät kutsuttiin tulemaan yhteen, jotta he voisivat nauttia suhteesta Jumalan kanssa. Heidät kutsuttiin hänen lapsikseen, hänen kansakseen, hänen kansakunnakseen.

Tämän suhteen perustana olivat Jumalan liitot Aabrahamin ja Mooseksen kanssa 1. Mooseksen kirjan luvussa 17 ja 2. Mooseksen kirjan luvussa 6. Näissä molemmissa raamatunkohdissa Jumala lupasi tehdä Israelista oman kansansa ja olla israelilaisten Jumala. Hän lupasi myös asua heidän keskellään. Siitä olivat merkkinä tulipatsas, pyhäköteltta ja temppeli.

Sama koskee myös seurakuntaa. Jeesus on Immanuel, "Jumala meidän kanssamme". Pyhä Henki on kutsuttu kulkemaan vierellämme, olemaan kanssamme. Kaiken perustana on sekä henkilökohtainen että yhteisöllinen suhteemme Jumalan kanssa.

Jeesus "kutsui" ensimmäisen kerran 12 opetuslapsen joukon siitä syystä, että he voisivat olla "hänen kanssaan" (Mark. 3:13). Heidät yhdessä kutsuttiin astumaan suhteeseen Jeesuksen kanssa. Tästä suhteesta versoi myöhemmin myös se, että heidät voitiin lähettää vastustamaan vihollista.

Voidaankin siis olettaa, että myös Uuden testamentin seurakuntaa koskevassa opetuksessa painotetaan sitä, että jumalasuhteemme tulisi olla ensimmäisenä arvoasteikollamme sekä sitä, kuinka tärkeää on kokoontua yhteen rukoilemaan, ylistämään, palvomaan ja kokemaan yhteyttä.

Jumalan kirkkaus seurakunnassa

4. Koottu yhteen tiettyä päämäärää varten
Aabrahamin kutsu 1. Mooseksen kirjan jakeissa 17:1-8 sisälsi lupauksen, tarkoituksen, perinnön ja päämäärän. Tästä kerrotaan myös Heprealaiskirjeen jakeessa 11:8. Myös kansansa Jumala kutsui sellaiselle matkalle, jolla oli selkeästi määritelty päämäärä - luvattu Kanaaninmaa.

Sama koskee myös seurakuntaa. Meidät on koottu "Egyptistämme", jotta lähtisimme matkalle kohti luvattua perintöosaamme - josta näemme pienen vilauksen jakeessa 1. Tim. 6:12. Olemme Jumalan perillisiä, kanssaperillisiä Kristuksen kanssa, ja olemme saaneet Pyhän Hengen vakuudeksi iankaikkisesta elämästämme.

Tiedämme, että seurakunta on koottu yhteen "kirkasta" tarkoitusta varten. Meidän täytyykin alkaa nähdä itsemme oikealla tavalla - nähdä, että meidät on koottu yhteen osana Jumalan ikuista suunnitelmaa. Jumala kutsuu itselleen yhden kansan, joka koostuu kaikkiin kansakuntiin kuuluvista ihmisistä ja jonka päämääränä on kirkkaus. Mekin olemme osa juuri tätä.

Jollakin ihmeellisellä tavalla, jota emme voi täysin ymmärtää tai käsittää, risti yhdistää meidät miljooniin ja taas miljooniin, kaikissa maissa kaikkialla maailmassa asuviin uskoviin. Me olemme myös yhtä niiden lukemattomien veljien ja sisarten kanssa, jotka ovat kerääntyneet Jumalan Karitsan valtaistuimen ympärille - niiden uskovien kanssa, jotka jo ovat hänen kirkkaudessaan hänen taivaallisessa valtakunnassaan.

Jumala vie meitä vääjäämättä kohti ihmeellistä lopullista päämäärää, josta kerrotaan Efesolaiskirjeen jakeessa 4:13. Aivan kuten Israelin lapsetkin tiesivät, että he saavuttaisivat Luvatun maan, samoin myös seurakunta pääsee yhteen ja samaan uskoon ja Jumalan Pojan tuntemiseen. Me saavutamme aikuisuuden, Kristuksen täyteyttä vastaavan kypsyyden. Jumala on täyttävä meidät kaikella täyteydellään. Ja meidät liitetään yhteen kaiken taivaassa ja maan päällä olevan kanssa yhdeksi ruumiiksi, jonka pää on Jeesus Kristus.

Kokoontuminen

Ekklesian ilmenemismuotoja

Edellä kerrotun perusteella voidaan todeta, että Uuden testamentin aikaan oli jo ennestään tunnettua, että Jumalan kansaa kutsuttiin *ekklesiaksi*. Siihen sisältyi myös ajatus siitä, että Jumala oli valmistamassa kansaa, joka toisi hänelle kunniaa ja jonka välityksellä hän voisi osoittaa rakkauttaan, armoaan ja voimaansa kaikille kansoille.

Sanalla *ekklesia* ei Uudessa testamentissa kuitenkaan viitattu seurakuntaan ainoastaan yhdellä tavalla, vaan kolmella, toisiaan täydentävällä tavalla. Sillä saatettiin tarkoittaa:

◆ maailmanlaajuista seurakuntaa

◆ paikallisia seurakuntia

◆ kodeissa kokoontuvia seurakuntia.

On hyvä sisäistää edes yksi näistä *ekklesian* merkityksistä, mutta vain ymmärtämällä kaikki kolme merkitystä voidaan täydellisesti käsittää, mikä seurakunta on.

Maailmanlaajuinen seurakunta

Maailmanlaajuinen seurakunta koostuu kaikista aidoista kristityistä kaikkialla – sekä maan päällä että taivaassa. Se on kaikkien uskovien joukko, johon kuuluvat sekä elävät että kuolleet – joita myös kutsutaan nimillä "taisteleva seurakunta" (*ekklesia militans*) (=elävät) ja "riemuitseva seurakunta" (*ekklesia triumphans*) (=kuolleet).

Tämä tarkoittaa, ettei minkään yksittäisen seurakunnan kokoontumista tai mitään yhtä kirkkokuntaa maan päällä voida oikeutetusti pitää maailmanlaajuisena seurakuntana. Maailmanlaajuinen seurakunta on näkymätön. Sillä ei ole omaa ilmenemismuotoa, vaan se tulee näkyväksi maan päällä kaikkien paikallisten ja kaikkien kodeissa kokoontuvien seurakuntien kautta.

Maailmanlaajuiseen seurakuntaan viitataan esimerkiksi kohdissa 1. Kor. 10:32, 12:28; Ef. 1:22, 3:10,21, 5:23–27,32; Fil. 3:6; Kol. 1:18,24 ja 1. Tim. 3:15.

Jumalan kirkkaus seurakunnassa

Paikalliset seurakunnat
Vaikka Uudessa testamentissa ei mainitakaan käsitettä "paikallisseurakunta", uskovia kutsuttiin usein tietyn paikkakunnan tai kaupungin *ekklesiaksi* – esimerkiksi Efeson seurakunnaksi tai Korintin seurakunnaksi. Jotkut näistä kaupunkiseurakunnista olivat valtavia, joten ne väistämättä koostuivat useista eri "yhteisöistä" tai "kodeissa kokoontuvista" seurakunnista. Paikallisseurakunnista voidaan lukea esimerkiksi kohdissa Ap. t. 13:1; Room. 16:1; 1. Kor. 1:2, 16:19; Gal. 1:2; Kol. 4:16; 1. Tess. 1:1 ja Ilm. 2:1–3:22.

On tärkeää huomata, ettei Uuden testamentin aikainen "paikallisseurakunta" vastaa meidän aikamme käsitystä siitä, mikä paikallisseurakunta on. Nykyajan paikallisseurakunnat eivät yleensä ole oman kaupunki- tai maalaisalueensa yksi yhteinen seurakunta, vaan pikemminkin pienempiä *ekklesia*-yksiköitä, jotka valitettavasti usein myös toimivat itsenäisesti, erossa useimmista muista oman paikkakuntansa seurakunnista. Näin ei ollut Uuden testamentin aikaan. Siihen aikaan kaupungin tai jonkin alueen kaikki seurakunnat toimivat yhdessä. Juuri yhdessä ne muodostivat oman alueensa seurakunnan.

Kun Paavali esimerkiksi kirjoitti Korintin seurakunnalle, kirje ei ollut tarkoitettu pienelle yhteisölle, joka kokoontui keskenään jollakin pimeällä sivukujalla ja palveli vain oman katunsa asukkaita. Paavali kirjoitti kirjeensä suurkaupungin laajalle levittäytyneelle seurakunnalle, johon kuului useita pienempiä seurakuntia, jotka kokoontuivat monissa eri paikoissa ympäri kaupunkia. Korintin paikallisseurakuntaan kuuluivat kaikki kaupungin seurakunnat.

Tämän kirjan osassa 12 tarkastellaan sitä, kuinka tämä *ekklesian* "paikallisseurakunta"-ilmenemismuoto voidaan saada aikaan seurakuntaverkostojen kautta ja kuinka se voi vahvistaa Kristuksen ruumista omana aikanamme.

Kokoontuminen

Kodeissa kokoontuvat seurakunnat
Kotitaloudet olivat Uuden testamentin aikaan nykyistä suurempia, ja niitä pidettiin omina itsenäisinä yhteisöinään. Olikin siis luonnollista, että seurakunnat kehittyivät näiden jo olemassa olevien sosiaalisten raamien sisään. Uuden testamentin aikaan ei myöskään ollut virallisia kirkkorakennuksia, joten oli itsestään selvää, että uskovat tapasivat toisiaan kodeissa.

Näitä *ekklesian* kodeissa kokoontuvia muotoja voidaan hyvällä syyllä kutsua "seurakuntayhteisöiksi". Niistä löytyy mainintoja kohdissa Room. 16:5; 1. Kor. 16:19; Kol. 4:15 ja Filem. 1:2.

Nämä muutamat viittaukset "kodeissa kokoontuviin seurakuntiin" ovat tärkeä Hengen todistus siitä, että Jeesus kaipaa saada nähdä, että seurakunta on läsnä kaikkein pienimissäkin yhteisöissä – että seurakunta murtautuu yhteiskunnan kaikkiin kolkkiin ja ilmenee niissä uskottavina kristillisinä yhteisöinä. "Seurakuntayhteisöt" toimivat kaikessa tavalla, joka heijasti kaikkia sanaan *ekklesia* sisältyviä merkityksiä: niillä oli johtajat, ja ne tekivät kaikkea sitä, mitä seurakuntien kuuluukin tehdä. Ne olivat omillaan toimivia *ekklesia*-yksiköitä, mutta ne eivät olleet itsenäisiä tai eristäytyneitä seurakuntia vaan toisistaan riippuvaisia suuremman kokonaisuuden osia – ne olivat aina osa oman kaupunkinsa tai alueensa seurakuntaa. On hyvinkin mahdollista, että tietyn kaupunki- tai alueellisen seurakunnan johto myös koostui kodeissa kokoontuvien seurakuntien johtajista.

Nykyiset "paikallisseurakuntamme" muistuttavat siis yleisellä tasolla paljon enemmän Uuden testamentin ajan "kodeissa kokoontuvia seurakuntia" kuin Uuden testamentin ajan "kaupunkiseurakuntia" tai tietyn alueen mukaan nimettyjä seurakuntia.

Meidän on tärkeä ymmärtää nämä eroavaisuudet, jotta emme pyri soveltamaan Uuden testamentin ajan kaupunkiseurakuntien periaatteita ja toimintatapoja

Jumalan kirkkaus seurakunnassa

nykyajan paikallisseurakuntiimme. Esimerkiksi ensimmäinen Korinttolaiskirje kirjoitettiin koko Korintin seurakunnalle, kaikille Korintin uskoville, eli joukolle toisistaan riippuvaisia kodeissa kokoontuvia seurakuntia. Sen opetuksia sovelletaan nykyään kuitenkin yleensä paikallisseurakuntiin, jotka – toisin kuin Uuden testamentin "tietyn paikkakunnan seurakunnat" – ovat pitkälti yksittäisiä, eristäytyneitä ja itsenäisiä seurakuntia. Nykyseurakuntien johtajat hyödyntävätkin jakeen 1. Kor. 11:18 kaltaisia kohtia käsitellessään oman seurakuntansa sisäistä hajaannusta, eivätkä tuodakseen eheyttä eri seurakuntien välillä vallitseviin erimielisyyksiin. Myös jakeiden 1. Kor. 12:1–30 kaltaisia kohtia sovelletaan yleensä seurakuntakohtaisesti pikemmin kuin yleisellä tasolla.

Jokainen maailmanlaajuista tai paikallista seurakuntaa käsittelevä raamatunkohta koskee tietysti myös seurakuntayhteisöjä, mutta yllä mainittujen sovellusten erot ovat väistämättä merkittäviä.

Kaikki tämä korostaa sitä, ettei maan päällä ole olemassa yhtä täydellistä maailmanlaajuisen seurakunnan ilmenemismuotoa – on vain useita seurakunnan maallisia ilmenemismuotoja. Niiden ei koskaan tulisi olla toisiaan poissulkevia, erillisiä tai itsenäisiä – sillä ne kaikki on liitetty Kristukseen ja hänen kauttaan myös toisiinsa.

Kirkkokunnat

On yleisesti tiedossa, ettei Uuden testamentin aikaan ollut olemassa nykyisen kaltaisia kirkkokuntia. Ne kehittyivät vasta kirkkohistorian myöhemmässä vaiheessa. En tarkoita, etteikö niitä pitäisi olla lainkaan, mutta meidän tulisi pitää huoli siitä, että ne mukautuvat Uuden testamentin periaatteisin siitä, mikä *ekklesia* on. Niiden tulisi korostaa Uuden testamentin esittelemiä *ekklesian* piirteitä pikemmin kuin vähätellä niitä.

Edellä havaittiin, että sanaa *ekklesia* käytetään Uudessa testamentissa kolmella pääasiallisella tavalla: sillä viitataan joko maailmanlaajuiseen seurakuntaan, paikallisseurakuntaan tai kodeissa kokoontuvaan seurakuntaan. On tärkeää huomata,

Kokoontuminen

ettei sanalla *ekklesia* koskaan viitata laajan maantieteellisen alueen tai jonkin kokonaisen kansan kaikkiin kristittyihin. Uudessa testamentissa ei siis koskaan mainita minkäänlaista "kansallista seurakuntaa/kirkkoa", eikä sieltä myöskään löydy vastinetta sellaisille nykyään käytössä oleville ilmauksille kuin "Englannin kirkko", "Suomen evankelis-luterilainen kirkko" tai "Helluntaikirkko".

Lähimmäksi osuva viittaus johonkin laajan maantieteellisen alueen seurakuntaan/kirkkoon löytyy Apostolien tekojen jakeesta 9:31, jossa sanotaan: "Niin oli nyt seurakunnalla koko Juudeassa ja Galileassa ja Samariassa rauha" (v. 1938 käännös). Joissakin raamatunkäännöksissä käytetään tässä kohtaa ilmausta "seurakunnilla". Kumpaa ilmausta sitten käytetäänkään, kyseinen jae ei opeta, että sanaa *ekklesia* voitaisiin käyttää laajasta maantieteellisestä alueesta, sillä siinä viitataan itse asiassa Jerusalemin seurakuntaan – se oli vain joutunut hajaantumaan Jerusalemin ympärillä oleville alueille Saulin vainon seurauksena (ks. j. Ap. t. 8:1).

Kuinka meidän sitten tulisi suhtautua nykyajan kirkkokuntiin tai "kansallisiin kirkkoihin"? On selvää, että niistä seuraa joitakin etuja, mutta yhtä lailla selvää on, että niihin liittyy myös tiettyjä vaaroja. Useista seurakunnista koostuvat kansalliset rakenteet voivat todistaa tärkeällä tavalla siitä, että *ekklesia* on paljon yksittäistä paikallisseurakuntaa laajempi kokonaisuus. Pohjimmiltaan on olemassa vain yksi *ekklesia* – yksi seurakunta, jonka pää on Kristus. Jeesus tulee takaisin noutamaan morsianta, ei haaremia! Hänen seurakuntansa koostuu kaikista uskovista kaikkialla, ja kansalliset verkostot tai kirkkokunnat ovat merkittävä todiste tästä Kristuksen ruumiin maailmanlaajuisesta luonteesta. Yksikään kirkkokunta ei kuitenkaan saa missään tapauksessa pitää itseään itsenäisenä, ainoana oikeana tai muita ylempiarvoisena seurakunnan ilmenemismuotona. Kirkkokuntien pitää sen sijaan nähdä itsensä vaatimattomina järjestöinä ja raameina, joiden avulla *ekklesiaa* voidaan ilmaista kaikilla eri tasoilla. Niiden täytyy osoittaa keskinäistä kunnioitusta ja olla riippuvaisia muista

Jumalan kirkkaus seurakunnassa

samankaltaisista rakenteista omalla paikkakunnallaan, omassa maassaan ja jopa maailmanlaajuisesti. Jos tämä ei toteudu, ne aiheuttavat vain hajaannusta ja Kristuksen ruumiin jakautumista.

Joitakin merkkejä seurakuntien erilaisista "suuntauksista" tai "ryhmittymistä" voidaan kuitenkin havaita jo Uudessa testamentissakin. Seurakuntia istuttivat useammat apostoliset johtajat, ja se heijastui väistämättä niihin painotuksiin ja tyyleihin, joita seurakuntien syntyyn, muotoutumiseen ja maantieteelliseen sijaintiin liittyi – Paavalin istuttamat seurakunnat erosivat varmasti jossakin määrin Pietarin istuttamista seurakunnista tai niistä seurakunnista, joita Apostoli Johannes tai Apollos tai joku muu oli ollut istuttamassa. En voi kuitenkaan painottaa liikaa sitä, että näiden eri "suuntausten" välillä ei ollut minkäänlaista hajaannusta, sillä ne kaikki kumpusivat Kristuksen voimasta ja persoonasta – hänestä, joka on seurakunnan pää. Tämän vuoksi sen, mitä Paavali opettaa 1. Korinttolaiskirjeen jakeissa 3:1–4, tulisikin vaikuttaa niin oleellisesti myös käsitykseemme siitä, mitä meidän aikanamme merkitsee se, että olemme *ekklesia* ja toteutamme *ekklesiaa*.

Eri kirkkokuntien tulisi siis ennen kaikkea ilmentää ja edistää koko Kristuksen seurakunnan yhteyttä ja keskittyä vaikuttamaan siihen, että *ekklesia* on näkyvillä kaikilla paikkakunnilla ja kaikissa yhteisöissä.

Ekklesian periaatteita

Yksikään Uuden testamentin seurakunta ei muodostunut pelkästään joukosta epävirallisesti yhteen kokoontuvia kristittyjä. Vaikka suhteet ovatkin ekklesian ydintä, Uuden testamentin seurakunnissa ei ollut kyse ainoastaan vapaamuotoisesta yhdessäolosta suurissa kokoontumispaikoissa tai pienissä kodeissa.

Uuden testamentin seurakuntien pohjalta voidaan tunnistaa neljä raamatullista periaatetta, joita ilman uskovien joukkoa ei voida kutsua seurakunnaksi.

Kokoontuminen

Johtajuus

Vaikka ihmisten aseman ja arvon yhdenvertaisuus ovatkin ehdottoman tärkeitä *ekklesiaan* liittyviä käsitteitä, niiden perusteella ei voida tehdä sitä oletusta, että yhdenvertaisuus koskisi myös ihmisten tehtäviä. Kreikkalaisten kaupunkienkin neuvostot nimittivät jotkut ihmiset tuomareiksi ja jotkut kenraaleiksi, eikä toisia silti pidetty muita tärkeämpinä. Heillä oli eri tehtävät, mutta sama asema ja arvo. Näin tulisi olla myös seurakunnassa.

Johtajuus on elintärkeää *ekklesialle*. Jokaisella ruumiilla on eri osia, joilla on omat tehtävänsä, ja johtajuus on yksi osa, jonka täytyy olla läsnä seurakuntaelämässä. Kristus on "ylin johtaja", ja hän jakaa ihmisille, alemman tason johtajille, vastuun omien jäsentensä hengellisestä huolenpidosta ja hyvinvoinnista. Tämä ei kuitenkaan tarkoita sitä, että johtajilla olisi korkeampi asema kuin muilla jäsenillä tai että heidän arvonsa olisi suurempi kuin muiden jäsenten. Kaikilla on vain omat, erilaiset tehtävänsä. Tätä tarkastellaan lisää tämän kirjan osassa 8.

Asioiden luotettava hoitaminen

Jotta jokin ryhmä voisi olla *ekklesian* aito ilmenemismuoto, sen täytyy ottaa vastuulleen kaikki, mitä Kristus, pää, on seurakunnalle, ruumilleen, antanut tehtäväksi. Ryhmät, jotka kokoontuvat ainoastaan yhtä tai kahta tarkoitusta varten – kuten vaikka evankeliointia, parantamista tai yhteyden kokemista varten – eivät ole oikea seurakunta. Seurakuntana oleminen tarkoittaa kaiken sen tekemistä, mitä tämän kirjan osassa 9 opitaan.

Jäsenistö

Tunnistettavaa seurakuntaa ei voi olla olemassa ilman tunnistettavia jäseniä. Kreikkalaisten kaupunkien neuvostoilla oli kattava lista kaupungin kaikista vapaista miehistä, joilla kaikilla oli tietyt oikeudet, vastuut ja velvollisuudet. *Ekklesiaan* liittyy erittäin vahvasti se käsitys, että kaikki tietävät kuka on

Jumalan kirkkaus seurakunnassa

ja kuka ei ole jäsen kyseisessä kokoontumisessa. Johtajat on kutsuttu opastamaan jäsenet palveluksen työhön, ja se ei olisi mahdollista ilman jonkinlaista näkyvää ja aktiivista jäsenistöä. Täytyy pitää mielessä, että Uuden testamentin uskovat olivat sekä kodissa kokoontuvan seurakunnan, paikallisen seurakunnan että maailmanlaajuisen seurakunnan jäseniä. Meidänkin tulee kaikin keinoin pyrkiä kehittämään ja edistämään tällaista samankaltaista kolmen jäsenyyden mallia.

Kumppanuus
Yksittäinen seurakunta ei koskaan voi olla muusta ruumiista irrotettu, eristäytynyt ryhmä. On olemassa vain "Yksi Seurakunta", ja *ekklesian* jokaisen ilmenemismuodon tulisi toimia yhteistyössä kaikkien muiden jäsenten kanssa. Yhteyden ja yhteistyön edistäminen on *ekklesian* jokaisen todellisen ilmenemismuodon välttämätön tehtävä.

***Ekklesian* haaste**
Edellä kerrotut neljä periaatetta sekä sanaan *ekklesia* liittyvät kreikkalaisesta kulttuurista ja Vanhasta testamentista kumpuavat seikat haastavat useita sellaisia asenteita ja tapoja, jotka ovat yleisiä nykypäivän seurakunnissa. Erityisesti seuraavat kolme tärkeää kohtaa vaativat huolellista perehtymistä, jos halutaan ymmärtää seurakuntaa aidosti raamatullisella tavalla.

Rakennukset
Vaikka useimmat nykyajan uskovat tietävätkin, että "kirkko" tai "seurakunta" ei ole rakennus, monet silti käyttäytyvät ikään kuin rakennus olisi seurakunnan sydän. Liian usein käy niin, että seurakunta toimii ainoastaan rakennuksensa sisällä. Tällainen rakennuskeskeinen ajattelutapa rajoittaa seurakuntaa, sillä rakennuksen koko, muoto ja tilat saattavat sanella joidenkin toimintamuotojen toteuttamistapoja tai jopa estää niiden toteuttamisen. Seurakunta, joka antaa rakennuksensa

Kokoontuminen

määritellä näkynsä, ei voi todellisuudessa olla raamatullinen seurakunta.

Rakennuksia tietenkin tarvitaan länsimaisessa ilmastossamme ja kulttuurissamme, mutta ne ovat vain toiminnan välikappaleita. Ne eivät saisi olla kaiken kunnioituksen kohde, eikä niiden saa antaa korvata seurakunnan todellista identiteettiä. Ei pidä unohtaa, että alkuseurakuntakin pärjäsi ilman seurakunnan tarkoituksiin rakennettuja rakennuksia – eikä monilla Afrikan, Latinalaisen Amerikan ja Aasian nopeasti kasvavilla seurakunnillakaan ole vaikuttavia ja ylellisiä rakennuksia.

Kokoukset
Jotkut nykyajan uskovat sekoittavat keskenään sanat "seurakunta" ja "kokous" samalla tavoin kuin monet raamatunkäännökset sekoittavat sanat *qahal* ja *edah*. Vaikuttaakin usein jopa siltä, että tällaiset uskovat ajattelevat täyttävänsä seurakunnan tarkoituksen sillä, että järjestävät yhä vain enemmän kokouksia.

Jos "seurakunta" kuitenkin rajoittuu pelkkiin kokouksiin, se myös lakkaa olemasta tasan sillä hetkellä, kun kokous loppuu. Juuri näin monet uskovat toimivatkin. Kun he lähtevät kokouksesta (tai rakennuksesta), heillä on tunne, että he ovat lähteneet seurakunnasta – kunnes taas palaavat sinne seuraavan kokouksen alkaessa.

Yhteen kokoontuminen ei kuitenkaan tee meistä *ekklesiaa* – me kokoonnumme yhteen, koska olemme *ekklesia*. Seurakunta on sekä iankaikkinen suhde että joukko maanpäällisiä velvollisuuksia. Jos seurakuntien elämä ja palvelutyö keskittyvät pääasiassa kokouksiin, käy useimmiten niin, että ne menettävät vahvuutensa ja elinvoimansa.

Järjestäytyminen
Seurakunta on elävä yhteisö, joka saa elämänsä Jumalalta eikä ihmisten järjestelyistä. Se on Jumalan seurakunta, ja se on olemassa ainoastaan hänen armostaan, voimastaan ja täysin

Jumalan kirkkaus seurakunnassa

hänen aloitteestaan. Rakennusten ja kokoontumisten tavoin myös järjestäytymisellä täytyy olla oma osansa *ekklesian* toiminnassa, mutta se ei saisi hallita sitä.

Liika järjestäytyminen saa aikaan huonoja toimintatapoja, epäselviä tavoitteita ja kömpelöitä rakenteita. Järjestelmän sanelemat tavoitteet saattavat silloin korvata hengellisiä tavoitteita, ja myös kaupalliset motiivit ja maalliset käytännöt saavat jalansijaa. Kunnianhimo korvaa palvelemisen. Johtajuus järjestetään porrasteisesti talousmaailman mallia mukaillen. Seurakuntakuri sekoitetaan järjestelmän vaatimusten noudattamiseen. Liika järjestäytyminen riistää lopulta seurakunnalta vähä vähältä kaiken elämän ja joustavuuden.

Läpi historian Jumala on lakkaamatta Henkensä kautta puhaltanut raikasta ilmaa seurakuntaansa. Uskovat ovat aina iloinneet tällaisesta hengellisestä uudistumisesta –, mutta ovat sitten lokeroineet sen ja tehneet siitä lopulta jonkinlaisen toimintasuunnitelman. Jumalan suunnitelma seurakunnalle on kuitenkin, että seurakunta voisi jatkuvasti uudistua matkallaan kohti kirkasta päämääräänsä. Rakkautemme erilaisia järjestelmiä ja vanhojen tapojen suojelemista ja säilyttämistä kohtaan hämärtää usein kulkuamme, mutta Jumalan tahto on, että kulkisimme aina eteenpäin hänen kanssaan.

Kristuksen täytyy olla se, joka johtaa *ekklesian* jokaista ilmenemismuotoa – olipa kyse sitten kaikkein pienimmästä kodissa kokoontuvasta seurakunnasta tai kaikkein suurimmasta kaupunkiseurakunnasta. *Ekklesia* on ylin esimerkki Jumalan tahdosta ja tarkoitusperistä maan päällä, ruumis, jonka hän on valinnut kirkkautensa loiston välikappaleeksi, jotta kaikki kansat saisivat nähdä hänen kirkkautensa. Siksi erilaisten hallinnointijärjestelmien tulisi olla olemassa palvellakseen *ekklesiaa* ja helpottaakseen sen toimintaa, ei hallitakseen tai manipuloidakseen sitä tai hankaloittaakseen sen toimintaa.

Yhteen kokoontuneen ja yhteen kokoontuvan seurakunnan tulisi siis aina olla liikkeessä. Sen tulisi aina pyrkiä löytämään

Kokoontuminen

ajankohtaisia tapoja vapauttaa vangittuja, loistaa kirkkautta ja osoittaa rakkautta. Meidän tulisi aina puskea eteenpäin sitä luvattua kirkkauden perintöä kohti, jonka Jumala on meille valmistanut.

Osa 4

Yhteyden kokeminen

Seurakuntaa kutsutaan Uudessa testamentissa yleisimmin kreikan kielen sanalla *ekklesia*, mutta Raamatussa esiintyy myös toinen tärkeä joukko kreikan kielen sanoja, joilla seurakuntaa kuvataan.

Tämän sanajoukon kantasana on *koinos*, joka merkitsee "yleinen" tai "tavallinen". Seurakunnan yhteydessä käytetään myös muita siitä juontuvia sanoja.

Koinonia tarkoittaa "jakamista/yhteyttä, jossa kaikilla on selkeä yhteinen päämäärä". Siitä käytetään usein käännöksiä "yhteys", "keskinäinen yhteys", "yhteinen" ja "jakaa omastaan" – esimerkiksi kohdissa Ap. t. 2:42; Room. 15:26; 2. Kor. 6:14, 9:13 ja Filem. 1:6.

Koinonos tarkoittaa "henkilöä, joka jakaa yhdessä muiden kanssa yhteistä tarkoitusta varten". Uudessa testamentissa siitä käytetään sanoja "kumppani", "osaveli" (v. 1938 käännös) ja "osallinen". Se esiintyy kohdissa Luuk. 5:10; Hepr. 10:33 ja 1. Piet. 5:1.

Koinoneo tarkoittaa "jakaa keskenään", ja se on yleensä käännetty sanoilla "kokea yhteyttä" tai "jakaa omastaan".

Sunkoinonos tarkoittaa "henkilöä, joka jakaa yhdessä muiden kanssa selkeästi määriteltyä yhteistä tarkoitusta varten". Se esiintyy kohdissa Room. 11:17; 1. Kor. 9:23; Fil. 1:7 ja Ilm. 1:9, joissa se on käännetty sanoilla "osallinen" tai "jolla on sama".

Sunkoinoneo tarkoittaa "jakaa keskenään jossakin asiassa tai jotakin asiaa varten". Se on käännetty sanoilla "osallistua", "auttaa", "ottaa osaa" ja "olla osallinen" (v. 1938 käännös). Se esiintyy kohdissa Ef. 5:11; Fil. 4:14 ja Ilm. 18:4.

Jumalan kirkkaus seurakunnassa

Sanasta *koinos* juontuva sanojen joukko osoittaa, että uskovina me olla yhdessä osallisia Jumalan asioista. Tätä on "uskovien yhteys", ja sen vuoksi myös "yhteyden kokeminen" kuvastaa niin hyvin sitä, mistä seurakunnassa on kyse.

Sanan *ekklesia* tavoin myös sana *koinonia* viittaa siihen suhteeseen, joka meillä on – ristin ja Hengen kautta – sekä Jumalan että toistemme kanssa. Jotkut nykyajan uskovat pitävät *koinoniaa* yhtenä seurakunnan toimintamuotona: jonain, mitä harjoitetaan jumalanpalvelusten jälkeen. Yhteyden kokeminen sulkee kuitenkin sisäänsä kaiken, mitä meillä uskovina on, mitä uskovina olemme ja mitä uskovina teemme. Se on vain toinen tapa ilmaista sana "seurakunta".

Mitä on yhteyden kokeminen?

Kuten todettu, monien ihmisten käsitys "seurakunnasta" eroaa hyvinkin paljon sanan *ekklesia* merkityksestä, ja sama pätee myös "yhteyden kokemiseen" ja *koinoniaan*. Saattaa hyvinkin olla, että puhe yhteyden kokemisesta nostaa mieliimme kuvan, joka ei lähimainkaan vastaa sitä merkitystä, joka sanalla *koinonia* on Uudessa testamentissa.

Yksinkertaisin tapa selventää raamatullista yhteyden kokemista on kutsua sitä "keskinäiseksi jakamiseksi jotakin asiaa varten". Raamatulliseen yhteyden kokemiseen liittyy siis kaksi olennaista vaatimusta:

- ◆ Jonkinlainen "yhteen tuleminen" on välttämätöntä, sillä yhteyttä ei voida kokea yksinään, erityksissä muista. Kuten kaikki muukin seurakuntaan liittyvä, myös yhteys on yhteisöllistä: se perustuu ihmissuhteisiin.

- ◆ Yhteyden perustana täytyy olla jokin yhteinen päämäärä, sillä todellinen yhteyden kokeminen vaatii aina jonkin tarkoituksen. Yhteyden kokeminen on "osallistumista johonkin yhdessä muiden kanssa" pikemmin kuin vain "muiden kanssa yhdessä olemista".

Näiden kahden perusvaatimuksen tulisi mullistaa se käsitys, joka meillä on yhteyden kokemisesta – ja ehkäpä

Yhteyden kokeminen

ne jopa muuttavat sen tavan, jolla jatkossa puhumme jumalanpalvelusten jälkeisistä kahveista!

"Yhteyden kokemista" kuvataan Uudessa testamentissa kolmella toisiaan täydentävällä tavalla:

- olla osallinen jostakin
- antaa omastaan jotakin tarkoitusta varten
- osallistua johonkin jonkun kanssa.

Meidän täytyy ymmärtää, että raamatullinen yhteyden kokeminen koostuu näistä kaikista kolmesta jakamisen puolesta, ei vain yhdestä tai kahdesta puolesta.

Osallisena oleminen

Osallisena olemisella viitataan Uudessa testamentissa seuraaviin asioihin:

- ihmisten kumppanuuteen heidän yhteisessä yrityksessään tai toiminnassaan – Luuk. 5:10 ja 2. Kor. 8:4,23

- osallisuuteen jostakin yhteisestä kokemuksesta – esimerkiksi vainosta (Hepr. 10:33; Ilm. 1:9), kärsimyksestä (2. Kor. 1:7), ylistyksestä (1. Kor. 10:18) tai murhasta (Matt. 23:30)

- osallisuuteen jostakin yhteisestä etuoikeudesta – Room. 11:17 ja 1. Kor. 9:23

- osallisuuteen jostakin yhteisestä hengellisestä todellisuudesta – Fil. 1:7; 1. Piet. 5:1 ja 2. Piet. 1:4

- osallisuuteen synnistä – Ef. 5:11; 1. Tim. 5:22; 2. Joh. 1:11 ja Ilm. 18:4

- osallisuuteen jostakin yhteisestä hengellisestä toiminnasta – 1. Kor. 10:16

- osallisuuteen itse Jumalaan, yhdessä hänen kanssaan – 1. Kor. 1:9; 2. Kor. 13:14; Fil. 2:1, 3:10 ja 1. Joh. 1:3.

Jumalan kirkkaus seurakunnassa

Jakaminen omastaan

Vaikka Uuden testamentin yhteyden kokeminen yleensä viittaakin "osallisena olemiseen jostakin jonkun kanssa", on myös useita raamatunkohtia, joissa se tarkoittaa "antaa oma osansa johonkin tarkoitukseen joillekin ihmisille". Tästä voidaan päätellä, että yhteyden kokeminen liittyy tiiviisti myös anteliaisuuteen ja armoon.

Esimerkkejä tällaisesta antamisesta löytyy kohdissa Room. 15:26 ja 2. Kor. 8:4 ja 9:13. Myös kohdissa Fil. 1:5 ja Filem. 1:6 tarkoitetaan todennäköisesti juuri antamista, jolloin ne voidaan tulkita niin, että Paavali kiittää niissä Jumalaa Filemonin ja Filippiläisten anteliaasta taloudellisesta tuesta evankeliumin työtä varten pikemmin kuin että hän kiittäisi Jumalaa siitä, että he julistivat evankeliumia.

Myös Apostolien tekojen jakeita 2:44 ja 4:32 ympäröivät asiayhteydet antavat ymmärtää, että niissä esiintyvä yhteys liittyi pikemminkin "antamiseen" kuin "omistamiseen". Useat hengelliset johtajat ovat tulkinneet, että Apostolien tekojen jae 2:42 oli alkuseurakunnan "jumalanpalveluksen ohjelmarunko" ja että siinä mainittu "yhteys" vastaa meidän "kolehtiamme". Kreikan kielisessä alkutekstissä edellisissä jakeissa viitataan kuitenkin "tiettyyn yhteyteen", mistä voidaan päätellä, että niissä todennäköisesti puhuttiin virallisesti yhteen kootusta joukosta ihmisiä. Ollakseen osa tällaista yhteyttä, ihmisen täytyi myös antaa omastaan, ja tuo antaminen saattoi jopa olla pääasiallisin tapa, jolla ihmiset ilmaisivat olevansa osa tuota yhteyttä.

Osallistuminen

Yksi niistä raamatunkohdista, joissa "yhteys" mainitaan, on hieman monitulkintaisempi. Galatalaiskirjeen jakeessa 2:9 viitataan "käden ojentamiseen yhteistyön merkiksi" (engl. "yhteyden käsi", suom. huom.), mikä saattoi olla vertauskuvallinen ele hyvästä yhteisymmärryksestä ja siunauksesta tai ykseydestä ja kumppanuudesta, tai se saattoi jopa tarkoittaa rahalahjaa.

Yhteyden kokeminen

Paavali käytti sanaa "yhteys" usein tarkoittaessaan "runsasta antamista evankeliumin työn leviämisen hyväksi", minkä vuoksi monet ajattelevatkin, että "käden ojentaminen" tarkoitti lahjaa, jonka Jerusalemin seurakunnan johtajat olivat antaneet Paavalin pakanoiden luokse suuntautuvan palvelutyön rahoittamiseksi. Tämän tulkinnan mukaan tuo lahja oli myös syy sille, miksi Paavali niin kovasti kannusti pakanakristittyjä lähettämään huomattavan lahjan vuorostaan Jerusalemin seurakunnalle.

Varmuudella voidaan vain sanoa, että sanan *koinonia* käyttö kohdassa Gal. 2:9 täytyy viitata siihen, että Jerusalemin seurakunnan johtajat todella osallistuivat Paavalin palvelutyöhön, joka tapahtui pakanoiden parissa, ja että Paavali todella osallistui heidän palvelutyöhönsä, joka tapahtui juutalaisten parissa.

Yhteyden kokemisen perusta
Yhteyden kokeminen ei ole jotain sellaista, mitä uskovat voivat suorittaa tai saada aikaan omilla teoillaan tai asenteillaan, vaan kokemus yhteydestä saadaan Jumalalta. Ensimmäisen Korinttolaiskirjeen jae 1:9 paljastaa yhteyden kokemisen jumalallisen alkuperän todetessaan, että Jumala on kutsunut meidät Poikansa yhteyteen. Ensimmäisen Johanneksen kirjeen jakeet 1:3-7 taas tekevät selväksi, että aidon yhteyden kokemisen perusta on Kristus. Kaiken, minkä kristittyinä keskenämme jaamme, jaamme Jeesuksessa ja Jeesuksen kautta. Hän on se, jossa olemme, ja juuri hän on meidät yhdistävä tekijä.

Roomalaiskirjeen jakeessa 11:17 kerrotaan runollisella tavalla, kuinka kaikki pakanauskovat ovat "osallisia" samasta pyhästä juuresta – eli Jumalan Pojasta. Meidät on oksastettu "oliivipuuhun", "tosi Israeliin", jonka "juuri" on Kristus. Emme voi itse oksastaa itseämme. Kun saamme olla osallisia "tosi Israelista" yhdessä "tosi Israelin" kanssa, "puun" ja "juuren" – "tosi Israelin" ja "Pojan" – elämä alkaa virrata meidän lävitsemme.

Jumalan kirkkaus seurakunnassa

Tätä yhteyden kokemisen puolta käsitellään tarkemmin osassa 6.

Filippiläiskirjeen jakeet 2:1-2 ilmaisevat, että myös Henki saa aikaan todellista yhteyttä – hän, joka itse on yhteyden Henki. Hengen kautta meillä on yhteys Poikaan ja Hengen kautta me olemme myös yhteydessä kaikkiin uskoviin – juutalaisiin ja pakanoihin –, jotka elävät hänessä.

Sanan kautta

Ensimmäisen Johanneksen kirjeen jakeissa 1:2-3 esitetään, että yhteyden kokemus syntyy, kun saamme ilmestyksen Jumalasta hänen Pojassaan, elämän Sanassa. Apostolit levittivät hyvää sanomaa siitä, että Jeesus tuli, jotta me voisimme tuntea Isän ja jotta meillä voisi olla yhteys Isään. Mekin tulimme osallisiksi heidän julistamastaan pelastusilmoituksesta, kun otimme heidän sanomansa vastaan – ja juuri se synnytti myös *koinonian*.

Tämä yhteys ei 1. Johanneksen kirjeen jakeen 5:20 mukaan perustu älylliseen yhteisymmärrykseen vaan tietoon ja kokemukseen siitä, mikä on totuus. Yhteytemme elävään Sanaan, Jeesukseen, perustuu kirjoitettuun Sanaan, Raamattuun. Ja juuri Raamattu myös ruokkii keskinäistä yhteyttämme seurakunnassa, kun rohkaisemme ja haastamme toinen toistamme sen opetuksilla.

Ristin kautta

Tiedämme, että syntimme erottavat meidät Jumalasta ja että Jeesus kuoli, jotta meillä voisi olla yhteys Jumalaan. Kohdat Ef. 2:13-18 ja 1. Joh. 1:7 ja 4:10 osoittavat, että risti luo perustan Jumalan ja ihmisten väliselle yhteydelle sekä seurakunnan jäsenten väliselle yhteyden kokemiselle.

Edeltävät jakeet myös todistavat, että on mahdotonta erottaa "yhteyttä Jumalan kanssa" ja "yhteyttä toinen toisemme kanssa". Risti loi ihmisille uudenlaisen suhteen sekä ylöspäin että sivusuuntaan.

Yhteyden kokeminen

Hengen kautta
Toisen Korinttolaiskirjeen jakeen 13:14 tutut "armoa" koskevat sanat muistuttavat meitä myös siitä, että Pyhä Henki luo ja pitää yllä yhteyttä. Hän on yhteyden Henki, ja hän saa meidät ymmärtämään totuutta ja tulemaan syvästi vakuuttuneiksi siitä, millainen suhde meillä voi Jumalan kanssa olla.

Koska me olemme – jokainen henkilökohtaisesti – hänessä ja hän on meissä, voimme Hengen vaikutuksesta olla osallisia Jumalan läsnäolosta, voimasta ja puhtaudesta. Mutta koska kaikki uskovat ovat myös hänessä yhdessä, hän yhdistää meidät Jumalan kansaksi ja auttaa meitä olemaan yhteydessä itseensä ja elämään Kristuksen meille valmistamissa siunauksissa.

Yhteyden ilmeneminen
Apostolien tekojen jakeessa 2:42 kuvataan, kuinka yhteys, *koinonia*, oli osa kaikkea ensimmäisten käännynnäisten elämää. *Koinonia* ei ole vain tarkoitettu seurakuntaelämän epävirallisiin tilanteisiin – siis jumalanpalveluksia edeltäviin tai sen jälkeisiin hetkiin. Niin kuin sanan määritelmäkin kertoo, se palvelee jotakin tiettyä tarkoitusta, ja siihen sisältyy kaikki, mitä meidät kristittyinä on yhdessä kutsuttu tekemään.

Todellinen yhteys voi ilmetä ainoastaan sellaisessa ruumiissa, jolla on selkeä kuva omasta identiteetistään, tarkoituksestaan ja tehtävästään. Jos uskova ei ole täysin sitoutunut omaan paikallisseurakuntaansa, ei hänen suhteensa Kristukseenkaan ole sitä, mitä sen pitäisi olla. Samoin jos seurakunta ei ole yhteydessä muihin paikkakuntansa Kristuksen ruumiin ilmenemismuotoihin, ei sen suhde seurakunnan päähänkään ole oikealla pohjalla. Tätä ajatusta tarkastellaan lisää osassa 12, jossa puhutaan seurakuntien verkostoista.

Yhteyttä voidaan kokea sellaisissa ilmeisissä asioissa kuten rukouksessa, ylistyksessä, sosiaalisessa kanssakäymisessä tai käytännönläheisessä tekemisessä. Uusi testamentti nostaa kuitenkin esiin viisi pääasiallista tapaa, joissa seurakunnan tulisi elää todeksi sitä yhteyttä, jonka Jumala on meille Kristuksessa antanut.

Jumalan kirkkaus seurakunnassa

Herran ateria
Ehtoollinen on niin elintärkeä osoitus yhteydestämme, että joissakin seurakunnissa sitä kutsutaan toisinaan myös nimellä "pyhä yhteysateria". Kuten edellä opittiin, "yhteys" on yksi sanan *koinonia* käännöksistä, joten ehtoollista voitaisiinkin joskus selvennyksen vuoksi kutsua "yhteyden kokemisen ateriaksi".
Herran ateriaa käsitellään tarkemmin osassa 10, mutta haluan jo tässä vaiheessa nostaa esiin, että 1. Korinttolaiskirjeen jakeiden 10:16-17 mukaan Jumala asetti ehtoollisen erityiseksi vahvistukseksi siitä lakkaamattomasta yhteydestä Kristukseen, joka meillä on Kristuksen veressä, sekä siitä lakkaamattomasta yhteydestä toinen toiseemme, joka meillä on Kristuksen ruumiissa.
Huomionarvoista on myös se, että Paavalin käytännönläheinen opetus koskien hengen lahjoja, ylistystä, ruumista ja rakkautta (1. Kor. 11:17-14:40) on sellaisessa asiayhteydessä, jossa puhutaan ehtoollisesta. Säännöllinen *koinonia*-ateria kuvasti näkyvällä tavalla kaikkia näitä yhteyden puolia Uuden testamentin ajan seurakunnassa.

Antaminen köyhille
Edellä havaittiin, että aitoon yhteyteen kuuluu myös "omastaan antaminen". Koska jaamme hengellisiä asioita toistemme kanssa Kristuksessa, meillä tulisi myös olla halu jakaa aineellisia asioita toinen toisemme kanssa.
Aito *koinonia* Kristuksessa johtaa väistämättä myös siihen, että annamme fyysistä huolenpitoa niille, jotka sitä tarvitsevat – antaminen toimii sekä merkkinä että todisteena yhteydestämme. Kohdat kuten Ap. t. 2:40-47; Room. 15:26; 1. Tim. 6:18; Hepr. 13:1 ja 1. Joh. 3:17 havainnollistavat, että juuri tällaista anteliaisuutta Jumala sekä vaatii että odottaa meiltä. Jos emme anna anteliaasti tarpeessa oleville kristityille, kiellämme yhteyden ja hylkäämme *koinonian*.

Yhteyden kokeminen

Kristillisten palvelutöiden tukeminen

Paavali kuvasi usein sitä erityistä kumppanuutta, jota hän koki Makedonian alueella sijaitsevan Filippin kaupungin seurakunnan kanssa. Filippin uskovat ilmaisivat toistuvasti tuota keskinäistä yhteyttä tukemalla Paavalin lähetysmatkoja sekä rukouksin että rahallisesti – kuten havaitaan kohdissa 2. Kor. 8:3–4; Fil. 1:4–5 ja 4:15–19.

Palvelutöiden tukeminen tällaisella tavalla on tärkeä osoitus yhteyden olemassaolosta. Antamalla tulemme "osallisiksi" evankeliumin julistamisesta – ja 2. Korinttolaiskirjeen jakeet 9:1–15 osoittavat, kuinka runsaasti Jumala sen tähden siunaa myös meitä!

Kärsimysten kestäminen

Emme saa koskaan unohtaa, että meidät kristityt on kutsuttu aina silloin tällöin kärsimään Kristuksen tähden. Aina kun kärsimme yhdessä Kristuksen tähden tai kun samaistumme niihin, jotka kärsivät, ja osoitamme tukeamme heille, ilmaisemme yhteyttämme Kristukseen. Tämä havaitaan kohdissa 2. Kor. 1:7; Fil. 3:10, 4:14; Filem. 1:7, Hepr. 10:33 ja Ilm. 1:9.

Jakeiden 1. Piet. 4:13 ja 1. Kor. 12:26 kaltaiset kohdat selventävät, että liittomme Kristuksen ja hänen ruumiinsa kanssa tarkoittaa sitä, että kaikki, mikä tapahtuu veljillemme ja sisarillemme, koskettaa myös meitä. Tämä todellisuus tulee esiin aidossa yhteydessä siten, että iloitsemme siunattujen kanssa ja itkemme kärsivien kanssa.

Evankeliumin levittäminen

Kaiken edellä tutkitun valossa on vaikea nähdä, kuinka voisi olla olemassa sellaista seurakuntaa koskevaa opetusta, joka ei painottaisi sitä, kuinka tärkeää on loistaa Jumalan kirkkautta ja levittää evankeliumia kaikille kansoille.

Ensimmäisen Pietarin kirjeen jakeessa 5:1 kirjoittaja kertoo olevansa "osallinen" siitä kirkkaudesta, joka on ilmestyvä – hän on yksi kumppaneista, yksi yhteydenkokijoista. Jälleen

Jumalan kirkkaus seurakunnassa

tässäkin jakeessa saamme lupauksen kirkkaudesta. Toisen Pietarin kirjeen jae 1:4 taas kertoo, että olemme jo osallisia jumalallisesta luonnosta – siis kirkkaudesta.

Lähes kaikki Paavalin opetukset yhteyden kokemisesta ovat sellaisessa asiayhteydessä, jossa puhutaan evankeliumin jakamisesta. Vaikka hän opettaessaan "osallisuudesta evankeliumiin" luultavasti pikemminkin tarkoitti rahallista avustamista kuin julistamista, oli yhteyden osoittamisen tarkoitus kuitenkin nimenomaan juuri se, että evankeliumia voitaisiin levittää tehokkaammin, kuten kohdat 1. Kor. 9:23; Gal. 2:9; Fil. 1:5,7 ja Filem. 1:6 osoittavat.

Jakamisen ja yhteyden kokemisen päätarkoitus ei koskaan ole se, että saisimme kokea henkilökohtaisia siunauksia, vaan aina se, että hyvä sanoma saisi voimallisella tavalla saavuttaa kaikki kansat, niin että koko maailma saisi nähdä Jumalan kirkkauden.

Osa 5

Seurakunnasta käytettyjä kielikuvia

Kreikan kielen sanojen *ekklesia* ja *koinonia* lisäksi seurakunnasta käytetään Uudessa testamentissa kahtatoista eri kielikuvaa. Yksikään näistä kielikuvista tai metaforista ei yksinään anna täyttä kuvaa siitä, mikä seurakunta on, mutta yhdessä ne muodostavat hyödyllisen ja valaisevan katsauksen seurakunnan olemukseen. Nämä kielikuvat ovat:

◆ valittu suku, Jumalan oma kansa – 1. Piet. 2:9

◆ Kristuksen ruumis – Ef. 1:23

◆ Jumalan rakennus – 1. Kor. 3:16

◆ Kristuksen morsian – 2. Kor. 11:2

◆ Jumalan pelto – 1. Kor. 3:9

◆ Jumalan perhe – Ef. 3:15

◆ Kristuksen lauma – 1. Piet. 5:2

◆ Jumalan kaupunki – Ilm. 21:2

◆ Kristuksen viinipuu – Joh. 15:1–5

◆ Jumalan armeija – Matt. 16:18–19

◆ kuninkaallinen papisto – 1. Piet. 2:9

◆ pyhä heimo – 1. Piet. 2:9.

Kaikkiin näihin kielikuviin liittyy itsestäänselvästi ajatus jonkinlaisesta "kokoontumisesta" ja "yhteisestä tarkoituksesta" – siis *ekklesiasta* ja *koinoniasta*. Lisäksi ne kaikki vaikuttavat sisältävän kolme muutakin painotusta, jotka ovat:

Jumalan kirkkaus seurakunnassa

- seurakunnan yhteisöllinen luonne
- Jumalan ja hänen kansansa välinen suhde
- tehtävä, jonka Jumala on seurakunnalleen antanut.

Seuraavaksi siirrytään tarkastelemaan erikseen jokaista seurakunnasta käytettyä kielikuvaa, minkä yhteydessä käsitellään myös näitä painotuksia ja pohditaan sitä, mitä ne meidän elämäämme ajatellen tarkoittavat.

Jumalan kansa
Ensimmäisen Pietarin kirjeen jakeessa 2:9 seurakuntaa kutsutaan "valituksi suvuksi". Me olemme ne naiset ja miehet, jotka on tarkasti valittu kaikkien ihmisten joukosta Jumalan omiksi. Jumala on valinnut juuri meidät, kutsunut meidät ja koonnut meidät yhteen toinen toisemme luokse ja itsensä luokse. Hänen Sanansa kestää, hänen rakkautensa ei koskaan katoa. Siksi voimme tietää, että meidät todella on kutsuttu elämään ainutlaatuisessa ja läheisessä suhteessa hänen kanssaan.

Tämä ilmoitus ei kuitenkaan esiinny ensimmäistä kertaa vasta Uudessa testamentissa. Läpi koko Raamatun voidaan toistuvasti havaita sanoma siitä, että Jumala on aina halunnut kansan – yhteisön –, joka jakaisi hänen elämänsä. Siitä voidaan lukea jo 2. Mooseksen kirjan jakeessa 6:8, ja se kulkee läpi koko Vanhan ja Uuden testamentin aina Ilmestyskirjan jakeeseen 21:3 asti.

Jumalan kansa Israel
Vanhassa testamentissa israelilaiset olivat "Jumalan kansa". Jumala oli valinnut heidät ja solminut liittosuhteen heidän kanssaan. Jumala oli täysin omasta aloitteestaan kietonut heidän elämänsä yhteen oman elämänsä kanssa.

Israelilaiset eivät itse valinneet, että heistä tulisi Jumalan kansa – Jumala valitsi heidät. *Jumala* vapautti heidät orjuudesta. *Hän* antoi heille lain ja liiton. *Hän* johti heidät Kanaaninmaahan ja antoi heille kuningaskunnan. *Hän* lähetti

Seurakunnasta käytettyjä kielikuvia

heille profeettansa, pelasti heidät pakkosiirtolaisuudesta ja antoi heille Poikansa. Kaikki tapahtui Jumalan valtavan armon tähden, hän vuodatti rakkauttaan kansansa ylle.

Israelilaiset kuitenkin vastasivat Jumalan armoon tottelemattomuudella, synnillä, epäonnistumisilla, kapinoinnilla, valituksilla, petoksilla, torjumisilla ja luopumuksella. Rakkaudessaan Jumala rankaisi heitä, mutta rankaisemiseen liittyi aina lupaus myös armahtaa ja kaipaus saada osoittaa laupeutta. Tämä havaitaan esimerkiksi kohdassa Hoos. 11:7-11.

Kun tarkastellaan sitä, kuinka Jumala Vanhassa testamentissa toimi suhteessa kansaansa, voidaan havaita, että kaikessa kulkee mukana ajatus pelastuksesta. Tämä havaitaan kohdissa Hes. 11:19-25, 14:11; Jer. 7:23, 24:7, 30:22 ja 32:37-40.

Käsite "Jumalan kansa" on erityisesti Hoosean kirjan pääteema. Oman vaimonsa aviorikosten vuoksi Hoosea pystyi varmasti samaistumaan edes osittain siihen tuskaan, jota Jumala koki Israelin uskottomuuden vuoksi. Kirjan kahdessa ensimmäisessä luvussa Jumala antaa Hoosean lapsille profeetalliset nimet, jotka viittaavat Israelin hylkäämiseen ja pelastumiseen. Ne havainnollistavat sitä armollista tapaa, jolla Jumala suhtautuu kansaansa. Hoosean kirjan jakeissa 2:21-23 ennustetaan kuitenkin ajasta, jolloin niistä, jotka eivät olleet Jumalan kansa, tulisi hänen kansansa – mikä viittaa juuri seurakuntaan. Samaan aiheeseen palataan myös ensimmäisen Pietarin kirjeen jakeessa 2:10.

Seurakunta liitettiin "tosi Israeliin", kun se uskoi Messiaaseen. Silloin siitä tuli todellinen Jumalan kansa, johon kuului ihmisiä kaikista kansoista – sellainen kansa, jollaisen Jumala oli alun perinkin halunnut. Apostolien tekoja lukiessa havaitaan, kuinka Henki johdatti ensimmäiset juutalaiset uskovat näkemään tämän totuuden, että evankeliumi ei kulunut ainoastaan heille. Paavali kirjoittaa tästä aiheesta kirjeissään aina uudestaan ja uudestaan – kuten havaitaan esimerkiksi kohdissa Room. 9:6-8 ja Gal. 3:6-8 ja 6:16.

Jumalan kirkkaus seurakunnassa

Israelin kansan hylkääminen ja seurakunnan ottaminen osaksi Israelin kansan joukkoon jäänyttä uskollista jäännöstä korostaa Jumalan kaikkivaltiutta ja pelastavaa luontoa. Kaikessa on kyse ainoastaan Jumalan alkuun panemista asioista ja Kristuksen työstä. Tästä voidaan lukea kohdissa Luuk. 1:16–17,68–77 ja 2:10,31–32, ja aihetta tarkastellaan lisää tämän kirjan osassa 6.

Jumalan kansana oleminen
Viidennen Mooseksen kirjan jakeet 4:5–6 tekevät selväksi, ettei israelilaisia kutsuttu olemaan Jumalan kansa ainoastaan siksi, että he voisivat nauttia Jumalan suosiota. Heidän täytyi myös noudattaa Jumalan lakia siinä maassa, johon he olivat astumassa sisään "muiden kansojen" nähden. Israelin kuuliaisuuden tähden Jumala tulisi kirkastetuksi, niin että kaikki kansat näkisivät hänen kirkkautensa. Israelin tavoin myös seurakunta on kutsuttu olemaan Jumalan yhteisö tai yhteiskunta tässä maailmassa. Meidät on kutsuttu tottelemaan ja palvelemaan häntä "siinä maassa", "muiden kansojen" nähden.

Kaikki kohdan 1. Piet. 2:11–4:19 käytännönläheinen opetus kumpuaa siitä lähtökohdasta, että olemme Jumalan kansa, niin kuin jakeessa 1. Piet. 2:9 todettiin. Niin henkilökohtaisen käyttäytymisemme kuin käyttäytymisemme yhteisönä tulisi siis "julistaa hänen suuria tekojaan, joka [meidät] on kutsunut" – eli johtaa kirkkauden ilmestymiseen.

Kaikessa yksinkertaisuudessaan voidaan sanoa, että Jumalan tahto ja tarkoitus on aina ollut, että hänen kansansa kirkaistaisi häntä maailmassa. Meidät on kutsuttu heijastamaan hänen todellisuuttaan seurakunnassa – sen kautta, että elämme hänen kansanaan – maailmalle, joka ei häntä tunne. Tästä voidaan lukea myös kohdista Matt. 15:14–16; 2. Kor. 6:16–18 ja Tiit. 2:11–14.

Omassa ajassamme Jumalan kansana oleminen tarkoittaa sitä, että meidän täytyy opetella elämään yhteisöllistä elämää maailmassa, joka painottaa kaikkea yksityistä ja

Seurakunnasta käytettyjä kielikuvia

henkilökohtaista. Se ei ole helppoa, mutta meidän tulisi aina pyrkiä muistamaan ja korostamaan sitä, että olemme "Jumalan kansa", emme "Jumalan yksilöitä".

Jokainen seurakunnasta käytetty kielikuva tuo esiin juuri tätä seurakunnan yhteisöllistä luonnetta. Silti monet nykyajan uskovat puhuvat omasta uskostaan, omasta pelastuksestaan, omasta seurakunnastaan, omasta suhteestaan Jumalaan ja niin edelleen. Myös monet hengelliset johtajat soveltavat Uuden testamentin opetuksia esimerkiksi Hengen työstä ja lahjoista, hengellisestä sodankäynnistä ja johdatuksesta ihmisen yksilöllisyyttä korostavalla tavalla. He käsittelevät Uuden testamentin kirjeitä ikään kuin ne olisi kirjoitettu yksittäisille uskoville. Ne eivät ole.

Seurakunnan täytyy kyetä ymmärtämään uudestaan, mitä tarkoittaa olla "Jumalan kansa". On aika käsittää, että me olemme taivaan kansalaisia, me olemme hänen valtakuntansa lapsia, hänen Sanansa puhuu meistä ja Henki johtaa meitä. Me yhdessä kuulumme Herralle.

Kristuksen ruumis

Efesolaiskirjeen jakeessa 1:23 seurakuntaa kutsutaan "hänen ruumiikseen". On monia uskovia, jotka eivät ole tottuneet pitämään seurakuntaa Jumalan kansana, mutta ajatus seurakunnasta Kristuksen ruumiina on useimmille tuttu. Kaikki eivät välttämättä kuitenkaan ole sisäistäneet sen merkitystä eivätkä elämällään heijasta sitä, että Kristus on kaiken pää.

Opetus Kristuksen ruumiista on ekklesiologian (ymmärryksen siitä, mitä Raamattu opettaa seurakunnasta) tärkein osa-alue. Koska seurakunta on Kristuksen ruumis, se on erottamattomasti kiinni hänessä. Hän on meidän päämme, me olemme hänen ruumiinsa. Meidän elämämme ja elämämme suunta ovat siis riippuvaisia hänestä. Lisäksi olemme hänen edustajiaan tässä maailmassa. Samoin kuin omat ruumiimme mahdollistavat kaiken, mitä teemme ja kuinka toimimme maailmassa, samoin Kristuksen ruumis mahdollistaa hänen tekonsa maailmassa. Kaiken, mitä teemme maailmassa,

Jumalan kirkkaus seurakunnassa

teemme fyysisen ruumiimme avulla, ja samaa koskee myös Kristusta. Hän voi toimia tässä maailmassa ainoastaan ruumiinsa kautta. Hengen täyttämä seurakunta on Kristuksen pääasiallinen edustaja maan päällä, ja sen kautta hän toimii maailmassa.

Tämän kirjan osassa 4 ja *Hengen miekka* -kirjasarjan osassa *Palveleminen Hengessä* pureudutaan yksityiskohtaisesti siihen työhön, mitä Kristus tekee ruumiinsa kautta. Tässä luvussa on kuitenkin aiheellista käsitellä sitä, kuinka tärkeää on, että Kristuksen ruumis on kaikilta osin täysin toimiva ja täysin mukana Kristuksen työssä ja toiminnassa. Jos näin ei ole, tarjoamme hänen käyttöönsä ruumista, joka on osin käyttökelvoton ja halvaantunut. Tuskinpa kukaan haluaisi kehossaan olevan halvaantuneita jäseniä, jotka eivät vastaa aivojen lähettämiin impulsseihin tai ohjeisiin. Myös meidän, Kristuksen ruumiin, täytyy olla valmiita vastaamaan hänen ohjeisiinsa ja valmiita lähtemään liikkeelle tekemään hänen työtään tässä maailmassa.

Tämän kirjan osassa 13 tutkitaan sitä suhdetta, joka on täyteyden ja sen välillä, että Kristus on ruumiinsa pää. Siinä havaitaan, että meidän täytyy aina säilyttää yhteys päähämme, Kristukseen, jos haluamme Kristuksen läsnäolon täysin ilmenevän hänen ruumiissaan. Meidän täytyy siis huolehtia siitä, että ainoastaan Kristus saa kaikissa asioissa hallita ja johtaa seurakuntaa sekä siitä, että hänen maanpäällinen ruumiinsa on täysin varustettu, koulutettu, lähetetty ja kaikessa kuuliainen hänelle.

Ilmausta "ruumis" ei mainita Vanhassa testamentissa, evankeliumeissa tai Apostolien teoissa, mutta Paavali käyttää sitä useassa kirjeessään. Kreikan kielen sanaa soma, "ruumis", käytettiin tuohon aikaan yleisesti mistä tahansa kokonaisuudesta, joka koostui useasta jäsenestä – sitä käytettiin esimerkiksi senaatista –, joten se oli itsestäänselvä valinta myös seurakunnasta käytettäväksi ilmaukseksi.

Sanontaa "Kristuksen ruumis" käytetään Uudessa testamentissa kolmella tavalla:

Seurakunnasta käytettyjä kielikuvia

◆ Kristuksen ristinkuoleman yhteydessä – Room. 7:4 ja Hepr. 10:10

◆ Herran aterialla koetusta yhteydestä – 1. Kor. 10:16 ja 11:23–29

◆ uskovien joukosta, joka oli ristin tähden yhtä ja jonka ykseys ilmeni siinä, että he viettivät yhteistä koinonia-ateriaa – Room. 12:4–5; Ef. 1:23 ja Kol. 1:18–24.

Ykseys

Paavali ei koskaan puhu kristittyjen ruumiista tai uskovien ruumiista vaan aina Kristuksen ruumiista. Tästä voidaan päätellä, että hän viittaa sellaiseen elolliseen ykseyteen, jonka hän mainitsee Efesolaiskirjeen jakeissa 2:15–16, ja että hänen mukaansa Kristuksen, ruumiin pään, täytyy ehdottomasti aina hallita seurakuntaa.

Kuva kansasta osoitti, että me kuulumme Jumalalle ja toisillemme, mutta kuva ruumiista kertoo lisäksi jotain vielä merkittävämpää. Se opettaa, että me olemme myös kiinni Kristuksessa, että saamme elämämme hänestä ja että hän johtaa meitä. Ilman Kristusta ei ole elämää, toivoa eikä seurakuntaa.

Se on kielikuva, joka korostaa sitä, että Jeesus on meidän päämme ja että me olemme hänen ruumiinsa. Olemme elintärkeällä tavalla kiinni hänessä, ja yhtenä joukkona kaikkien uskovien kanssa olemme täysin riippuvaisia hänestä. Teemme Kristuksen työtä hänen ohjeidensa mukaan, ja jokaisella jäsenellä on oma ainutlaatuinen ja korvaamaton osansa suoritettavana.

Kristus, kuten Jumalakin, on tietenkin olemassa ilman seurakuntaakin, mutta 1. Korinttolaiskirjeen jae 12:12 osoittaa, kuinka äärettömän tiiviisti seurakunta kytkeytyy Poikaan. Vaikka hän olisikin olemassa ilman meitä, me emme voi olla olemassa ilman häntä.

Jumalan kirkkaus seurakunnassa

Maailmanlaajuinen ja paikallinen

"Ruumis" viittaa kohdissa Ef. 1:23; 2:16; 4:4,12,16; 5:23,30 ja Kol. 1:18; 2:17-23 ja 3:15 selvästi maailmanlaajuiseen seurakuntaan – jota jo käsiteltiin edellä. Kohdissa Room. 12:4-5 ja 1. Kor. 10:16-17 ja 12:12-27 Paavali tuntuu kuitenkin kutsuvan paikallista seurakuntaa – kaupunginlaajuista, kodeissa kokoontuvista seurakunnista koostuvaa kokonaisuutta – Kristuksen ruumiiksi.

Vaikka monet yksittäiset seurakunnat kutsuvatkin itseään "ruumiiksi", Uudessa testamentissa ei koskaan kutsuta yksittäistä kodissa kokoontuvaa seurakuntaa tai seurakuntayhteisöä Kristuksen ruumiiksi. Jonkin paikkakunnan "ruumis" koostui aina kaikista kyseisen paikkakunnan seurakuntayhteisöistä, ja se oli yhden ainoan Kristuksen ruumiin "paikallinen" tai "yhteisöllinen" ilmenemismuoto.

Kirjeessään Korintin seurakunnalle Paavali pyrki selvittämään niitä erimielisyyksiä, joita kaupungin eri seurakuntien välillä oli koskien johtajia, lahjoja, eri palvelemisen muotoja ja ehtoollisen viettoa. Opetuksellaan ruumiista hän muistutti heitä siitä, että he yhdessä muodostivat Kristuksen ruumis Korintissa ja että eri seurakuntaryhmät tarvitsivat toisiaan.

Edellä selvitettiin, ettei seurakunnan mikään ilmenemismuoto ole "seurakunta" sen koko merkityksessä. Tästä huolimatta jokainen niistä edustaa kokonaisvaltaisella tavalla ruumista omalla paikkakunnallaan. Kuten Kolossalaiskirjeen jae 2:10 osoittaa, seurakunnan jokainen ilmenemismuoto on "täydellinen hänessä" (englanninkielistä käännöstä mukaillen, suom. huom.).

Tiedämme, että jokainen "seurakunnan" ilmenemismuoto voi täysin omistaa koko evankeliumin, Jumalan koko täyteyden, Kristuksen valmiiksi saattaman työn, jokaisen raamatullisen lupauksen sekä Pyhän Hengen kaikki lahjat ja kaikki hänen vaikuttamansa asiat. Opetus ruumiista kuitenkin osoittaa, ettei yksikään seurakunnan ilmenemismuoto ole itsenäinen ja erillinen kokonaisuus vaan että ne kaikki ovat riippuvaisia toisistaan.

Seurakunnasta käytettyjä kielikuvia

Jokaisen erillisen seurakunnan tulisi tavalla tai toisella löytää tasapaino näiden rinnakkaisten, toisiaan täydentävien totuuksien välillä:

- olemme täytetty, täydellisiä hänessä
- tarvitsemme välttämättä kaikkia muitakin paikkakuntamme seurakuntia.

Ruumiina oleminen

Kuva ruumiista sisältää epäsuorasti myös seuraavat ominaisuudet: yhtä oleminen, kasvu, tekeminen ja lisääntyminen. Kohdat 1. Kor. 12 ja Ef. 4 paljastavat joitakin näihin liittyviä päätelmiä siitä, mitä Kristuksen ruumiina oleminen tarkoittaa.

Ruumiina oleminen tarkoittaa yhtä olemista Kristuksessa, yhdessä kasvamista Kristuksen kaltaisuuteen, toimimista yhdessä Kristuksen kanssa ja hänen näkyvyytensä lisäämistä tai moninkertaistamista. Seurakuntien ja traditioiden välisistä eroavaisuuksista huolimatta me tarvitsemme toinen toistamme, kuulumme yhteen ja meidän täytyy osoittaa vahvaa ja anteeksiantavaa rakkautta toinen toistamme kohtaan – 1. Kor. 12:12–20 ja Ef. 4:3.

Raamatullinen "ruumista" koskeva opetus osoittaa ennen kaikkea, että meidän kaikkien täytyy:

- olla mukana palvelutyössä – Ef. 4:12
- kasvaa Kristuksen tuntemisessa – Ef. 4:13–14
- puhua toisillemme totta rakkaudessa – Ef. 4:15 ja 25
- olla täysin sitoutuneita toinen toiseemme – Ef. 4:15–16
- arvostaa armolahjoja, sillä ne kirkastavat Jumalaa ja rakentavat ruumista – 1. Kor. 12:3–7
- pitää kaikkia armolahjoja tärkeinä – 1. Kor. 12:21–26
- käyttää armolahjoja – Room. 12:6
- tunnistaa, että armolahjoja on erilaisia – 1. Kor. 12:8–10

Jumalan kirkkaus seurakunnassa

◆ innokkaasti ja vilpittömästi tavoitella armolahjoja, erityisesti profetoimisen lahjaa – 1. Kor. 12:31

◆ koetella kaikki armolahjat – 1. Tess. 5:21

◆ pitää huoli siitä, että Kristus varmasti on täysin seurakunnan jokaisen ilmenemismuodon pää – Kol. 1:17–22 ja 2:18–19.

Jumalan rakennus

Seurakuntaa kutsutaan Uudessa testamentissa myös rakennukseksi. Tämä kielikuva pohjautuu selvästi Vanhan testamentin pyhäkkötelttaan ja temppeliin. Seurakunta on paikka, jossa Jumala on ja jossa Jumalan kansa saa nauttia hänen läsnäolostaan, jossa se saa rukoilla, ylistää ja palvoa häntä sekä uhrata hänelle. Kuten edellä todettiin, seurakunta on se paikka, jossa Jumalan kirkkaus ilmestyy.

Tarkemmin tarkasteltuna seurakuntaa nimitetään:

◆ Jumalan rakennukseksi – 1. Kor. 3:9

◆ Jumalan temppeliksi – 1. Kor. 3:16 ja 2. Kor. 6:16

◆ Kristuksen huoneeksi – Hepr. 3:6 ja 1. Piet. 2:5 (v. 1938 käännös)

◆ pyhäksi temppeliksi – Ef. 2:21

◆ Jumalan asumukseksi Hengessä – Ef. 2:22 (v. 1938 käännös).

Jeesuksen sanat Johanneksen evankeliumin jakeissa 2:19–21 rinnastavat käsitteet ruumis ja rakennus, mistä voidaan päätellä, että samoin kuin seurakunta on juuri Kristuksen ruumis, sen täytyy myös olla nimenomaan hänen temppelinsä.

Hengellinen rakennus

Pyhäkköteltta ja temppeli olivat olennainen osa Israelin rukouskulttuuria, mutta Jeesus opetti (Joh. 4:19-24), että oli tulossa parempi aika, jolloin ihmiset rukoilisivat hengessä eivätkä olisi enää riippuvaisia jostakin aineellisesta asiasta.

Seurakunnasta käytettyjä kielikuvia

Jeesus selitti, että pian ihmiset eivät enää tarvitsisi erityisiä pyhiä rakennuksia rukoillakseen Jumalaa, sillä Pyhä Henki tekisi heistä itsestään pyhiä. Heidän ei myöskään enää tarvitsisi uhrata aineellisia uhrilahjoja, sillä he itse olisivat eläviä uhreja.

Valitettavasti monet uskovat ajattelevat yhä, että heidän kirkkorakennuksensa on jollakin tavalla erityinen paikka, uusi temppeli. Nykyään kuitenkin Jumalan kansa, seurakunta, on temppeli – se rakennus, jossa Jumala asuu.

Vanhassa testamentissa Jumala valitsi pyhäkköteltan läsnäolonsa tunnusmerkiksi, sillä sitä oli helppo siirrellä ja kuljettaa mukana. Jumalan kansa kulki sinne, minne ja missä Jumala kulki, ja he kantoivat pyhäkkötelttaa mukanaan.

Erityinen rakennus, temppeli, oli Daavidin ajatus, ja Jumala vastusti sitä, kuten havaitaan 2. Samuelin kirjan jakeista 7:1–7. Jumala antoi kuitenkin lopulta luvan rakentaa temppeli, kuten hän myös antoi israelilaisille luvan valita itselleen kuningas, mutta Jumalan alkuperäinen suunnitelma ei ollut, että ihmisten rukouselämä keskittyisi yhteen kiinteään rakennukseen.

Sen totuuden, että juuri seurakunta on Jumalan hengellinen rakennus, tulisi saada meidät miettimään hyvin tarkasti niitä asenteita, joita meillä on aineellisia rakennuksia kohtaan.

Rakennus perustuu Kristukseen
Uudessa testamentissa kuvataan useilla eri tavoilla, kuinka Kristus liittyy rakennukseen kaikilla mahdollisilla tavoilla:
Hän on:

◆ sen suunnittelija ja rakentaja – Matt. 16:18

◆ sen perustus – 1. Kor. 3:11 ja Kol. 2:6–7

◆ sen kulmakivi – 1. Piet. 2:4–8 ja Ef. 2:20–22.

Nämä jakeet osoittavat, että seurakunta lakkaa olemasta Jumalan "rakennus" sillä hetkellä, kun se kääntyy pois Kristuksesta. Silloin rakennukseen iskee välittömästi jonkin sortin hengellinen kuivalaho, joka alkaa mädättää koko rakennusta.

Jumalan kirkkaus seurakunnassa

Hengen luoma

Efesolaiskirjeen jae 2:22 paljastaa, että rakennus on Hengessä, Hengen kautta ja Hengen luoma. Ilman Hengen työtä seurakunnasta ei voi tulla Jumalan asumusta – paikkaa, jossa Jumala on.

Kaikki seurakuntaan liittyvä on Pyhästä Hengestä riippuvaista. Juuri hänen läsnäolonsa, voimansa ja puhtautensa saavat aikaan elämää ja elinvoimaisuutta seurakunnassa. Ylistyksemme, rukouksemme, saarnaamisemme, palvelemisemme, ymmärryksemme – kaiken täytyy tapahtua "Hengessä".

Rakennettu elävistä kivistä

Ensimmäisen Korinttolaiskirjeen jakeet 3:9–17 tekevät selväksi, että meidän tulee olla tarkkoina siitä, millä teemme rakennuksemme, sillä se koetellaan Jumalan tulella. Toisen Pietarin kirjeen jakeet 2:4–5 taas osoittavat, että me olemme eläviä kiviä, jotka täytyy kasata – Jeesuksen varaan ja Jeesuksessa – yhteen hengelliseksi rakennukseksi.

Jokainen kivi on yhtä tärkeä. Jokaisen kiven täytyy löytää oma paikkansa, ja jokainen kivi täytyy kiinnittää sitä ympäröiviin kiviin. Jos yksikin kivi on poissa paikaltaan, tulee koko rakennuksesta huomattavasti heikompi.

Yhä rakennusvaiheessa

Meidän on tärkeää ymmärtää, että tämä rakennus on yhä rakennusvaiheessa. Sen ympärillä lojuu siis vääjäämättä joitakin "rakennustelineitä" ja "sekalaisia rakennusvälineitä", jotka eivät näytä kovin miellyttäviltä.

Meidän tulisi pitää asenteemme ja ajatuksemme 2. Korinttolaiskirjeen jakeiden 5:1–5 mukaisina odottaessamme malttamattomina sitä "ikuista asuntoa", joka Jumalalla on taivaassa meitä varten. Sitä odottaessamme meille on annettu Henki vakuudeksi siitä kirkkaudesta, joka meitä odottaa, ja meidän tulisikin rukoilla ja toimia yhdessä Jumalan kanssa sen eteen, että seurakunnasta tulisi sellainen rakennus,

Seurakunnasta käytettyjä kielikuvia

jollainen hän toivoo sen olevan: asumus, joka on täynnä hänen läsnäoloaan, ominaisuuksiaan, kauneuttaan, arvovaltaansa, luonnettaan, rakkauttaan, ylistystään – lyhyesti sanottuna, hänen kirkkauttaan.

Kristuksen morsian
Useimmat helluntai- tai vapaiden suuntien uskovat tietävät, että seurakunta on Kristuksen morsian, mutta vain harvat ovat tietoisia siitä, ettei Uudessa testamentissa kuitenkaan koskaan tarkalleen ottaen käytetä sanoja "Kristuksen morsian".

Ilmestyskirjan jakeessa 22:17 viitataan "morsiameen", 2. Korinttolaiskirjeen jakeesta 11:2 voidaan vetää johtopäätös, että seurakunta on oleva Kristuksen morsian ja Efesolaiskirjeen jakeet 5:22–33 antavat ymmärtää, että Kristuksen ja seurakunnan välinen suhde on kuin aviomiehen ja aviovaimon välinen suhde. Tämäkin kuva seurakunnasta pohjautuu Vanhaan testamenttiin. Se osoittaa, kuinka ainutlaatuisen läheinen liitto Jumalan ja hänen kansansa välillä onkaan. Siitä voidaan lukea esimerkiksi kohdista Jes. 54:1–8 ja 62:4–5.

Morsian Israel
Israel oli Jumalan morsian, ja sen vuoksi se oli kutsuttu elämään antautuneessa, sitoutuneessa ja uskollisessa suhteessa Jumalaan. Tottelemattomuutta ja välinpitämättömyyttä pidettiin aviorikoksina – Jer. 3 ja Hes. 16. Hoosean kirjan jakeet 2:14–20 kuitenkin paljastavat, että Jumala ei koskaan lakannut rakastamasta puolisoaan – edes silloin, kun se oli uskoton.

Erityisesti Psalmi 45 ja Laulujen laulu havainnollistavat tätä avioliiton kaltaista suhdetta, joka israelilaisten ja Jumalan välillä oli. Jos Jumalan tunteet israelilaisia kohtaan olivat kohdassa Laul. l. 4:9–11 kuvatun kaltaisia, kuinka paljon suurempia hänen tunteensa ovatkaan seurakuntaa kohtaan!

Jeesus käyttää vertausta häistä kohdissa Mark. 2:18–20 ja Matt. 22:1–14 kertoakseen, että hän itse on "sulhanen" ja että taivaan valtakunta on hänen hääjuhlansa.

Jumalan kirkkaus seurakunnassa

On siis täysin raamatullista kutsua seurakuntaa Kristuksen morsiameksi. Tuohon kielikuvaan sisältyy myös kolme tärkeää seurakuntaa koskevaa seikkaa:

◆ Seurakunnan tulisi olla moraalisesti ja opillisesti puhdas – Ef. 5:22–33 ja 1. Kor. 11:2–4.

◆ Kristus rakastaa seurakuntaa intohimoisesti.

◆ Seurakunnan tulisi olla syvästi rakastunut Kristukseen.

Me uskovat saamme odottaa sitä ihmeellistä hääpäivää, josta kerrotaan Ilmestyskirjan jakeissa 19:6–9. Tuon lupauksen tulisi täyttää meidät toivolla ja kannustaa meitä valmistautumaan tuota päivää varten.

Muita kuvia

Jumalan pelto
Seurakuntaa kuvataan 1. Korinttolaiskirjeen jakeessa 3:9 "Jumalan pelloksi" tai "Jumalan viljelysmaaksi (v. 1938 käännös). Molempiin ilmauksiin sisältyy ajatus viljellystä pellosta, mistä voidaan päätellä, että seurakunta on pelto, jonka Jumala on muokannut sitä tarkoitusta varten, että se tuottaisi hedelmää.

Jumalan perhe
Efesolaiskirjeen jae 3:15 antaa ymmärtää, että seurakunta on "Jumalan perhe". Jumala on Isämme, Jeesus on vanhin veljemme ja kaikki todelliset uskovat ovat sisariamme ja veljiämme.

Isän ominaisuudessaan Jumala antaa seurakunnalle kaiken, mitä se tarvitsee elääkseen ja voidakseen toimia. Meidät – veljet ja sisaret – taas on kutsuttu rakastamaan ja palvelemaan toinen toistamme ja näyttämään yhteiskunnalle todeksi se, että olemme kuin yhtä perhettä.

Kristuksen lauma
Ensimmäisen Pietarin kirjeen jakeessa 5:2 seurakuntaa kuvataan "laumaksi". Me olemme Jumalan lampaita, ja

Seurakunnasta käytettyjä kielikuvia

Jeesus on meidän "Hyvä Paimenemme". Hän rakastaa meitä, tuntee meidät, suojelee meitä ja pitää meistä huolen. Meidän täytyy pysyä lähellä häntä ja lähellä toisiamme. Juuri erillään olevat lampaat ovat kaikista alttiimpia susien ja varkaiden hyökkäyksille.

Jumalan kaupunki
Läpi koko Ilmestyskirjan seurakuntaa kutsutaan "Jumalan kaupungiksi" – hallinnon, turvan, mukavuuden, kauneuden ja sopusoinnun paikaksi. Ilman Jumalaa sitä ei kuitenkaan voida perustaa – eikä se täysin toteudu ennen kuin uusi taivaallinen kaupunki laskeutuu ylhäältä. Sitä odotellessa meidät on kutsuttu olemaan Jumalan kaupunki täällä maan päällä – vaikuttamaan yhteiskuntaan Jumalan puolesta, kunnes lopullinen kaupunki saapuu.

Kristuksen viinipuu
Johanneksen evankeliumin jakeissa 15:1–5 Jeesus kutsuu itseään "tosi viinipuuksi" ja apostolejaan tuon puun oksiksi. Tämä kielikuva auttaa meitä ymmärtämään, kuinka todellakin olemme yhtä Kristuksen ja toinen toisemme kanssa. Se myös osoittaa, että hedelmän kantaminen on seurausta siitä, että pysymme tiukasti kiinni ainoassa todellisessa viinipuussa.

Jumalan armeija
Uudessa testamentissa on useita kohtia, jotka osoittavat, että seurakunnalla on selkeä sotilaallinen tehtävä (ks. esim. Matt. 16:18–19; Ef. 6:10–20 ja 1. Piet. 5:8). Vaikkei seurakuntaa koskaan Uudessa testamentissa kutsutakaan sanalla "armeija", on selvää, että Jeesus odottaa omiensa olevan yhtenä rintamana mukana jossakin hengellisen sodankäynnin muodossa. Tämä kielikuva pohjautuu niihin Vanhan testamentin kohtiin, joissa kerrotaan israelilaisten taisteluista vihollisiaan vastaan.

Jumalan kirkkaus seurakunnassa

Kuninkaallinen papisto

Ensimmäisen Pietarin kirjeen jakeessa 2:9 seurakuntaa kutsutaan "kuninkaalliseksi papistoksi". Tämä nimitys osoittaa, että meidät yhdessä on kutsuttu palvelemaan kuningasta. Teemme sen palvelemalla uhrautuvasti kuninkaan kansaa kaikilla mahdollisilla tavoilla, mutta ennen kaikkea rukouksen ja ylistyksen saralla.

Pyhä heimo

Samassa 1. Pietarin kirjeen jakeessa 2:9 seurakuntaa kutsutaan myös "pyhäksi heimoksi". Nimitys antaa ymmärtää, että meidät on erotettu, jotta eläisimme antautunutta ja omistautunutta, yhteisöllistä elämää. Ennen kaikkea se kuitenkin paljastaa, että yhteinen identiteettimme Kristuksessa on se, mikä merkitsee – ei luonnollinen perimämme, kulttuurimme tai kansalliset piirteemme. Meidän tulee ennen kaikkea olla uskollisia Jumalan kansakunnalle ja vasta sen jälkeen omalle luonnolliselle kansakunnallemme.

Seurakunta

Mikään näistä kielikuvista ei täydellisesti kuvaa seurakuntaa, eikä yhtäkään niistä pidä myöskään ylikorostaa. Yhdessä ja tasapainosesti tarkasteltuna ne antavat kuitenkin hyvin monipuolisen kuvan siitä, millainen seurakunta on.

Voimme oppia paljon seurakunnan asemasta Jumalan ikuisessa suunnitelmassa tarkastelemalla edellä esiteltyjen kielikuvien vanhatestamentillista taustaa. Kaikista tärkeintä on kuitenkin panna merkille, että jokainen niistä painottaa seurakunnan yhteisöllistä luonnetta, korostaa Jumalan ja hänen kansansa välistä suhdetta ja kääntää huomiomme niihin eri tehtäviin, jotka Jumala on seurakunnalleen antanut.

Osa 6

Seurakunta, valtakunta, Israel ja valtio

Edellä on tarkasteltu seurakunnan kirkasta päämäärää ja pureuduttu muutamiin seurakuntaa koskeviin tärkeisiin ja yleisiin raamatullisiin periaatteisiin.

Edellä myös tutkittiin, millä sanoilla ja kielikuvilla seurakuntaa Raamatussa kutsutaan, ja esiteltiin niistä nousevia periaatteita.

Ennen kuin siirrytään tutkimaan, mitä Raamattu opettaa seurakunnan rakenteesta, johtajuudesta, elämästä ja toiminnoista, on tärkeää varmistua siitä, ettemme sekoita seurakuntaa joihinkin muihin raamatullisiin käsitteisiin.

Mikä on valtakunta?

Kirjassa Jumalan hallintavalta käsitellään yksityiskohtaisesti sitä, mitä Raamattu opettaa valtakunnasta. Kreikan kielen sana valtakunnalle on *basileia*, ja se tarkoittaa "yksinvaltiutta", "kuninkaallista voimaa" ja "kuninkaallista arvovaltaa" – siis hallitsemista. Se ei tarkoita kuninkaan hallitsemaa maata tai kansaa. Seurakuntakaan ei siis ole valtakunta.

Miellämme nykysuomessa yleisesti, että sana "valtakunta" tarkoittaa maata tai kansaa. *Basileia* kuitenkin tarkoittaa "Jumalan hallintavaltaa" pikemmin kuin "Jumalan kuningaskuntaa". Se kuvaa sellaista, mitä Jumala tekee, eikä siis jotakin kansakuntaa, paikkaa tai kansanjoukkoa. "Valtakuntalähtöinen ajattelutapa" kääntää huomiomme pois itsestämme, pois seurakunnasta, kohti Kuninkaiden Kuningasta.

Sana "valtakunta" esiintyy tässä hallitsemista kuvaavassa merkityksessä esimerkiksi kohdissa Ps. 22:28, 103:19, 145:8–13 ja Dan. 4:25. Erityisen selkeästi sen merkitys tulee esiin Uuden

Jumalan kirkkaus seurakunnassa

testamentin puolella – esimerkiksi kohdissa Matt. 6:10 ja Luuk. 11:2 ja 19:12.

Luukkaan evankeliumin luvussa 19 kerrotaan ylhäisestä miehestä, joka lähti kaukaiseen maahan saadakseen itselleen kuninkuuden ja palatakseen sitten. Tämä Jeesuksen vertaus on viittaus Uuden testamentin aikaiseen tapaan, jonka mukaan Rooman keisarikunnan virkamiehet lähtivät Roomaan saadakseen vallan tai oikeuden hallita tiettyä keisarikunnan osaa. Näin myös Herodes Suuresta tuli Juudean kuningas. Tämä tarina osoittaa, että *basileia* tarkoittaa "oikeutta tai valtaa hallita" eikä "valtakuntaa" jossakin maantieteellisessä tai alueellisessa merkityksessä.

Nykyinen valtakunta
Edellä todettiin, että Jeesus mainitsee vain hyvin harvoin sanan "seurakunta". "Valtakunta" sen sijaan on yksi niistä aiheista, joista hän puhuu toistuvasti. Hän aloitti palvelutyönsä julistamalla, että aika oli täyttynyt ja valtakunta oli tullut lähelle (Mark. 1:14–15).

Kohdissa Matt. 12:28 ja Luuk 11:20 Jeesus toisti väitteensä, että valtakunta oli tullut, ja todisti tämän ajamalla ulos pahoja henkiä. Tämä osoitti, että taivasten valtakunta oli murtautunut pahan hallintavaltaan ja että todellinen kuningas oli voimallisempi kuin tuo vallananastaja.

Valtakunta tuli Jeesuksessa ja Jeesuksen myötä, ja se oli hänen palvelutyönsä pääaihe. Koska Jeesus on Messias, hänellä on keskeinen sija kaikessa, mitä evankeliumeissa opetetaan valtakunnasta, ja valtakunnalla on keskeinen sija kaikessa, mitä Jeesus opetti.

Tuleva valtakunta
Sen lisäksi, että Jeesus opetti valtakunnan tulleen, että se oli "nyt", hän myös opetti, ettei valtakunta ollut "vielä". Monet niistä valtakunnan eduista, joista kerrotaan kohdassa Matt. 5:1–10, voidaan omistaa vasta tulevaisuudessa. Vaikka "autuaat" jo omistavatkin valtakunnan, on silti asioita, jotka he saavat

Seurakunta, valtakunta, Israel ja valtio

vasta tulevaisuudessa – nimittäin lohdutuksen, perinnön, laupeuden ja niin edelleen.

Myös Jeesuksen rukous kohdassa Matt. 6:10 sijoittuu sekä tähän että tulevaan hetkeen. Jos valtakunta olisi jo täysin tullut, meidän ei tarvitsisi rukoilla sen tulemista. Kohdassa Matt. 7:21-22 Jeesus taas viittaa tulevaan sovituksen päivään puhuessaan valtakuntaan pääsemisestä, samoin kuin kohdissa Matt. 8:11 ja Luuk. 13:28-29. Jeesus puhui itse asiassa toistuvasti koko palvelutyönsä ajan siitä tulevasta päivästä, jolloin valtakunta tulisi koko täyteydessään, kuten voidaan havaita kohdista Matt. 13:42-43, 16:27-28, 20:21; 26:29; Mark. 9:1, 10:37, 14:25 ja Luuk. 22:18.

Nämä molemmat puolet täytyy aina pitää mielessä, kun käsitellään valtakuntaa. Valtakunta on sekä "nyt" että "ei vielä". Voimme kokea Jumalan hallintavallan todellisuutta jo nyt, mutta odotamme myös sen tuntemista tulevaisuudessa. Meitä varten on paljon varattuna jo nyt, mutta vielä enemmän vasta tulevaisuudessa.

Jotta valtakuntaa – Jumalan henkilökohtaista hallintavaltaa – voidaan ymmärtää oikein, on tärkeää sisäistää seuraavat neljä perusperiaatetta:

- ◆ Se kuuluu Jumalalle – se on Jumalan valtakunta. Se on Jumalan jatkuvaa, suvereenia toimintaa. Ohjat ovat hänen käsissään. Hän yksin hallitsee.

- ◆ Se on dynaaminen ja voimallinen – valtakunta ei ole väliaikainen kokeilu. Se on tulossa oleva lopullinen olotila, jossa kaikkivoipa kuningas hallitsee kansaansa ja kukistaa vihollisensa.

- ◆ Sen perustaja on Jeesus – Luukkaan evankeliumin jakeissa 1:32-33 Jeesus esitellään siksi henkilöksi, jolle Daavidin valtaistuin kuuluu ja jonka kuninkuudella ei ole loppua. Valtakunta ja Ihmisen Poika kuuluvat läpi evankeliumien erottamattomasti yhteen – kuten havaitaan esimerkiksi kohdissa Matt. 16:28 ja Mark. 9:1.

Jumalan kirkkaus seurakunnassa

- ◆ Se on pelastusta varten – valtakunnan tuleminen osoittaa Jumalan kuninkaallisen toiminnan kaikista kansoista tulevien ihmisten pelastamiseksi ja siunaamiseksi. Pahojen henkien ulosajaminen todistaa kuninkaan voimasta ja parantamiset ovat osoitus hänen myötätunnostaan, mutta syntien anteeksisaaminen on kaikkein merkittävin ihme valtakunnassa – ks. esim. Luuk. 5:20–21.

Valtakunta Uudessa testamentissa

"Valtakunta" on ylivoimaisesti yleisin aihe Jeesuksen opetuksissa, ja se mainitaankin evankeliumeissa usein. Itse sana "valtakunta" ei esiinny muualla Uudessa testamentissa kovinkaan usein, mutta ajatus Jumalan aktiivisesta ja henkilökohtaisesta hallintavallasta Kristuksessa on havaittavissa kaikkialla Uudessa testamentissa. Sanan "valtakunta" tilalla käytetään usein ilmausta "Kristuksen herruus" tai vastaavaa, mutta kaikki nämä eri sanontatavat ilmaisevat pohjimmiltaan – vaikkakin eri sanoin – sen saman totuuden, että "Jumala hallitsee".

Kun tutkitaan, millä tavoin Uudessa testamentissa käytetään sanaa "valtakunta", voidaan havaita muutamia kaikissa opetuksissa toistuvia pääteemoja. Näitä ovat esimerkiksi nykyinen ja tuleva todellisuus, vastustus, pelastus, perintö, Jumalan Sana ja Jumalan armo.

Uusitestamentillinen valtakuntaa koskeva opetus sisältää seuraavat seikat:

- ◆ valtakunnan näkeminen ja sinne pääseminen liittyvät uudestisyntymiseen – Joh. 3:1–21

- ◆ evankeliumi on valtakunnan evankeliumi, johon kuuluu sen julistaminen, että valtakunta on tullut – Matt. 4.23, 9:35, 24:14 ja Mark. 1:14–15

- ◆ aineellinen ja hengellinen kuninkuus ovat erillisiä asioita – Joh. 18:33–38

Seurakunta, valtakunta, Israel ja valtio

◆ valtakunta on saarnojen ja todistuspuheenvuorojen sisältö – Ap. t. 19:8, 20:25 ja 28:23 (Apostolien teoissa käytetään usein sanontaa "Herran sana" julistamisen yhteydessä – kuten jakeessa 19:10 –, mutta sillä tarkoitetaan samaa kuin sanalla valtakunta)

◆ valtakunta rinnastetaan "armon evankeliumiin" ja Jeesusta koskevaan opetukseen – Ap. t. 20:24–25, 28:23 ja 28:31

◆ valtakunta ei ole sääntöjä ja määräyksiä – Room. 14:17

◆ valtakunta ei ilmene puheina – 1. Kor. 4:20

◆ valtakunnan kansalaisten odotetaan elävän Jumalalle kelpaavaa elämää – 1. Tess. 2:12

◆ valtakunnan tuleva periminen on seikka, jonka pitäisi saada meidät käyttäytymään moraalisesti oikein – 1. Kor. 6:9–10; Gal. 5:21 ja Ef. 5:5

◆ valtakuntaan ei pääse sisään ihmisvoimin – 1. Kor. 15:50

◆ valtakunta on kaiken lähetystyön tavoite – Kol. 4:11

◆ valtakunta liittyy tiiviisti pelastukseen, anteeksiantoon ja pahojen voimien ulosajamiseen voimallisella tavalla – Kol. 1:13–14

◆ valtakunta on tässä hetkessä ja tulevaisuudessa – 1. Kor. 15:24–28 ja Hepr. 12:28

◆ vaikka valtakuntaa vastustetaan, se perustetaan koko täyteydessään – Ilm. 1:9, 11:15 ja 12:10. Kirkas ilmestys Uudesta Jerusalemista on kuva kaikkien tulevaa valtakuntaa koskevien raamatullisten lupausten täyttymyksestä.

Apostolien tekojen jakeessa 1:3 havaitaan, että Jeesus opetti valtakunnasta ylösnousemuksensa ja taivaaseenastumisensa välisenä aikana. Vaikka opetuslapset saattoivatkin ymmärtää

Jumalan kirkkaus seurakunnassa

jotain Jumalan henkilökohtaisesta hallintavallasta silloin, kun Jeesus vielä itse oli heidän keskellään, oli aivan eri asia käsittää, miten valtakunta, Jumalan hallintavalta, toimisi silloin, kun Jeesus ei enää olisi konkreettisesti heidän kanssaan.

Oletettavasti Jeesus kuitenkin antoi opetuslapsilleen ohjeet siitä, kuinka elää ja mitä julistaa, sillä Apostolien tekojen jakeessa 17:7 havaitaan, että opetuslapset jatkoivat Jeesuksen kuninkuuden julistamista. Jumalan hallintavalta oli saanut hyvän otteen varhaisista kristityistä, ja se näkyi heidän julistamassaan sanomassa. Jeesus oli heidän hallitsijansa – ilmaisivatpa he sen sitten sanalla "kuningas" puhuessaan juutalaisille tai sanalla "Herra" (keisari) puhuessaan pakanoille.

Valtakunta ja seurakunta
Monet uskovat erehtyvät kuvittelemaan, että "valtakunta" ja "seurakunta" olisivat sama asia. Näin opetti myös 400-luvulla vaikuttanut kirkkoisä Augustinus kirjassaan Jumalan kaupunki, joka vaikutti vahvasti kristittyihin useiden sukupolvien ajan sekä katolisessa että protestanttisessa kirkossa. On selvää, että valtakunnan ja seurakunnan välillä on jonkinlainen yhteys, mutta ne eivät ole sama asia. Valtakunta ei ole tapa tarkastella tai kuvata seurakuntaa. Seurakunta on Jumalan hallintavallan alla, minkä vuoksi se ei koskaan voi olla Jumalan hallintavalta.

Seurakunta on kaikkien niiden ihmisten muodostama "joukko", jotka kuuluvat Kristukselle – niiden, jotka ovat elossa maan päällä sekä niiden, jotka ovat jo hänen kanssaan taivaassa. Seurakunta on yhteisö, jossa valtakunta tulee näkyväksi, kun taas valtakunta itsessään on kaikki se toiminta, mitä Jumala Kristuksessa tekee maailmassa.

Sekä valtakunnan että seurakunnan ytimessä on Kristus. "Seurakunta" kuitenkin kääntää huomiomme hänen toimintansa seurauksiin – morsiameen, ruumiiseen ja niin edelleen –, kun taas "valtakunta" keskittää katseemme häneen itseensä sekä hänen toimintaansa.

Seurakunta on niiden ihmisten "yhteyttä", jotka ovat kuulleet hänen kutsunsa ja uskoneet valtakunnan evankeliumin. Me olemme niitä, jotka ovat "osallisia" valtakunnan tarjoamasta pelastuksesta ja jotka odottavat valtakunnan perimistä, mutta itse valtakunta me emme ole.

Valtakunta on kuitenkin näkyvässä muodossaan juuri seurakunnassa. Meidät on kutsuttu heijastamaan valtakunnan todellisuutta Jumalan sanoilla, hyvillä teoilla sekä ihmein ja merkein. Me olemme maailman valo, maan suola – ne, jotka elävät kuninkaan hallintavallan alla ja oppivat ainoastaan häneltä. Tämän vuoksi seurakunta onkin valtakunnan todellisuuden työkalu tai välikappale: toteutamme valtakunnan tekoja, kun elämme Jumalan hallintavallan alla.

Toisin sanoen voidaan todeta, että meidät on tarkoitettu elämään Jumalan hallintavallan alla, mutta emme koskaan saa – tai edes voi – alkaa määritellä, kuinka Jumalan tulisi hallita. Monet väärinkäsitykset seurakuntien ajattelu- ja toimintatavoissa ovat johtuneet juuri siitä, että seurakunta ja valtakunta on sekoitettu keskenään.

Valtakunta on tullut. Kristus on kuningas. Hän on yhtä lailla kuningas siellä, missä seurakunta on heikko ja voimaton, kuin siellä, missä se on elävä ja voimakas. Jumalan kuninkuus ei riipu seurakunnan tai maailman tilasta – valtakunta kuuluu hänelle joka tapauksessa. Seurakunta sen sijaan on riippuvainen valtakunnasta, ja se on kutsuttu olemaan valtakunnan todistaja maailmassa.

Seurakunnan jäseninä meidät on siis kutsuttu julistamaan valtakuntaa maailmalle, rukoilemaan valtakunnan tulemista kirkkaudessaan ja aina olemaan valtakunnan ohjaamia – mutta valtakuntaa meistä ei koskaan voi tulla.

Varhaiset kristityt eivät kannustaneet ihmisiä liittymään seurakuntaan – he vetosivat ihmisiin, että he ottaisivat valtakunnan vastaan ja antaisivat kuninkaan hallita itseään. Seurakuntaan kuuluminen on vasta seurausta siitä, että ihminen ensin astuu sisään Jumalan valtakuntaan, että hän alistuu Jumalan hallintavallan alle. Tämä korostaa sitä, että meidänkin tulisi kohdistaa huomiomme valtakuntaan ja kuninkaaseen pikemmin kuin seurakuntaan.

Jumalan kirkkaus seurakunnassa

"Valtakuntalähtöinen ajattelutapa" – se, että keskitämme huomiomme Jumalan hallintavaltaan, *hänen* toimintaansa – on yksi niistä keinoista, joiden avulla voimme vapautua liikaa "omaa seurakuntaamme", "omaa kirkkokuntaamme" tai "omaa traditiotamme" painottavasta ajattelumallista. Se auttaa meitä vapautumaan liiallisesta paikallisseurakuntamme itsenäisyyden painottamisesta ja avaa simämme näkemään itseämme ja omaa tilannettamme pidemmälle.

Todellisuudessa alkuseurakunnan tapa painottaa koko kaupungin kattavia seurakuntaverkostoja sen sijaan, että painotus olisi ollut erillisillä seurakuntayhteisöillä, jotka muodostivat tuon verkoston, oli vain luonnollista seurausta siitä, että seurakunnan johtajat ja uskovat pitivät paljon tärkeämpänä "valtakunnan" asioita kuin "oman" seurakuntansa asioita.

Seurakunta, valtakunta ja Israel

Vanhan testamentin aikaan Jumala käytti Israelin kansaa paljastaakseen kirkkautensa maailmalle ja perustaakseen hallintavaltansa maan päälle. Tiedämme myös, että kun Jumalan hallitsija saapui henkilökohtaisesti maan päälle, suurin osa israelilaisista torjui hänet. Jumalan valtakunta jatkui Kristuksessa, mutta Kristuksen myötä se avattiin kaikille ihmisille, mihin tahansa kansaan he sitten kuuluivatkaan.

Paavalin Israelia koskeva teksti Roomalaiskirjeen luvuissa 9–11 osoittaa, että Jumala ei ole hylännyt Israelia, vaikka se torjuikin Kristuksen. Paavali tekee kuitenkin myös erittäin selväksi, että Jumalan uusi suunnitelma on nyt levittää valtakuntansa todellisuutta maan päällä seurakunnan kautta eikä enää Israelin kansan kautta.

Tässä kirjassa on toistuvasti pyritty ymmärtämään seurakuntaa myös sen pohjalta, kuinka Jumala ennen helluntaita toimi suhteessa Israelin kansaan. Monet nykyajan uskovat ovat kuitenkin vahvasti eri mieltä siitä, millainen Israelin ja seurakunnan välinen suhde todellisuudessa on luonteeltaan, mikä tietysti vaikuttaa siihen, kuinka Vanhasta

Seurakunta, valtakunta, Israel ja valtio

testamentista nousevia opetuksia sovelletaan seurakuntaa koskeviin asioihin.

Jos halutaan ymmärtää, mitä Raamattu tästä aiheesta puhuu, täytyy nämä eri näkökulmat koetella. Siten voidaan varmistua siitä, että käytämme raamatullisia kielikuvia oikealla tavalla ja että meillä varmasti on sellainen yleiskatsaus raamatulliseen opetukseen, joka ei keskity liiaksi muutamiin yksittäisiin jakeisiin.

Seuraavassa esitellään kaksi yleisintä uskovien kannattamaa näkökulmaa.

1. Israel ja seurakunta samaistetaan täysin
Tämä ihmisryhmä kannattaa "korvausteologiaa", jonka mukaan on olemassa yksi yleinen liitto, joka ilmenee Jumalan toiminnassa suhteessa kansaansa – Vanhassa testamentissa suhteessa Israeliin ja Uudessa testamentissa suhteessa seurakuntaan. Tämän näkökulman kannattajat väittävät, että kaikki se, miten Jumala toimi suhteessa Israeliin, on tarkka esikuva siitä, kuinka hän toimii suhteessa seurakuntaan. He opettavat myös, että Uuden testamentin seurakunta on korvannut Israelin kansan ja on nyt Jumalan liittokansa.

Kuten edellä havaittiin, Israelin kansa on yksi seurakunnasta käytetyistä kuvista. On kuitenkin väärin ajatella, että Israelin kansan tarinan ainoa tarkoitus olisi toimia esikuvana kaikesta, mikä liittyy seurakuntaan. Vanhan ja uuden liiton välillä on samankaltaisuuksien lisäksi myös eroavaisuuksia, mikä tarkoittaa sitä, ettei Israelia koskaan voida samaistaa seurakunnan kanssa – ei Vanhassa eikä Uudessa testamentissa.

Vaikka edellä todettiinkin, että Jumala tarjosi armoa ja pelastusta jo Israelille, havaittiin lisäksi, että Mooseksen lain ja Kristuksesta alkaneen uuden armon ajan välillä on myös huomattavia vastakkaisuuksia. Näitä tarkastellaan tarkemmin *Hengen miekka* -kirjasarjan osissa *Jumalan hallintavalta* ja *Palveleminen Hengessä*.

Tämä näkökulma johtaa siihen, että uskovat pyrkivät soveltamaan kaikkia Vanhan testamentin Israelia koskevia

Jumalan kirkkaus seurakunnassa

opetuksia tämän päivän seurakuntaan. Tätä näkökulmaa kannattavat ihmiset olettavatkin usein, että myös Jumalan Israelille antamat säännöt koskevat yhä edelleen seurakuntaa. Mutta kuten olemme havainneet, tämä ajatus on täysin ristiriidassa Uuden testamentin opetuksen kanssa.

2. Israel ja seurakunta erotellaan täysin
Tämä ihmisryhmä, joka tunnetaan "dispensationalisteina", on sitä mieltä, että Israel ja seurakunta ovat kaksi täysin eri kokonaisuutta ja että Jumalalla on näille kahdelle melko erilliselle kansalle kummallekin omat, toisistaan eroavat tarkoituksensa. Tämän näkökulman edustajat ajattelevat, ettei vanhan ja uuden liiton välillä ole minkäänlaista jatkumoa tai minkäänlaisia yhtäläisyyksiä. Tämän seurauksena he usein jättävät huomiotta ne seurakunnalle tarkoitetut opit, jotka löytyvät Vanhasta testamentista, ja sivuuttavat lisäksi seurakunnan juutalaiset juuret.

Dispensationalistit ajattelevat aivan oikein, että valtakunta annettiin Israelille, mutta he ovat väärässä ajatellessaan, että valtakunta olisi täysin otettu pois israelilaisilta ja annettu yksinomaan seurakunnalle. He unohtavat, että vaikka Jumalan liitto ei kuulukaan enää Israelin kansalle, sen juuresta kasvavaan runkoon on oksastettu pakanoiden lisäksi myös Jeesukseen uskovat juutalaiset. Valtakunta ei kuulu enää vain yhdelle kansalle vaan kaikille kansoille – seurakunnalle, joka on uusi valtakunnan yhteisö. Seurakunta on "liittovaltio Israel", ja eräänä päivänä juutalaisen kansan näkökyky palautetaan, ja silloin Jumalan suunnitelma koko maailman pelastamiseksi täyttyy. Seurakunta on Jumalan keskeinen suunnitelma paitsi pakanoille myös juutalaisille.

Meidän ei siis tule alikorostaa muttei myöskään ylikorostaa Israelin merkitystä siinä tarkoituksessa, joka Jumalalla on valtakunnalle. Seurakunta tuli olevaksi Israelin kautta, ja Jumalan armo tuli tarjolle kaikille ihmisille sen myötä, kun Israel hylkäsi Jumalan valtakunnan. Lisäksi lopun aikoina tapahtuva Israelin ennallistaminen tuo pelastuksen kaikille kansoille. Kun

Seurakunta, valtakunta, Israel ja valtio

koko Israel pelastuu, myös muista kansoista koottava määrä tulee täyteen. Näin opetetaan kohdissa Matt. 21:43; Room. 9–11 ja Ef. 1:17 ja 2:11–22.

Israel – kansallinen ja hengellinen

Sanalla "Israel" viitataan Raamatussa aina juutalaiseen kansaan. Roomalaiskirjeen jakeessa 9:6 sitä käytetään kuitenkin kahdella rinnakkaisella tavalla. Tämän seikan pohjalta monet oikeuttavat sanan "Israel" erilaiset tulkinnat myös muissa raamatunkohdissa.

Roomalaiskirjeen jae 9:6 on kuitenkin keskellä lukua, jossa nimenomaan puhutaan Jumalan suhteesta juutalaisiin. Sen vuoksi onkin kaikista johdonmukaisinta ajatella, että myös siinä viitataan ainoastaan juutalaisiin. Se käsitys, että kyseisen jakeen perusteella olisi mahdollista tulkita, että jotkut raamatulliset viittaukset "Israeliin" tarkoittavatkin "seurakuntaa", ei ole uskottava.

Roomalaiskirjeen jae 9:6 osoittaa kuitenkin sen, että juutalaisten välillä on eroja – on "uskovia" juutalaisia ja "ei-uskovia" juutalaisia, "kansallinen" Israel ja "hengellinen" Israel. Kyseinen jae paljastaa, etteivät kaikki juutalaiset ole uskovia – mutta ei voida sanoa, että se todistaisi kaikkien uskovien olevan juutalaisia.

Meidän täytyy olla tarkkoja siitä, että ymmärrämme oikein Paavalin ilmauksen "eivät kaikki israelilaiset kuulu tosi Israeliin". Luonnollisin tapa ymmärtää nämä sanat siinä asiayhteydessä, jossa ne esiintyvät, on tulkita ne niin, että "eivät kaikki juutalaiset ole todellisia juutalaisia Jumalan silmissä". Paavali puhuu niissä siitä Israelin jäännöksestä, joka on todellinen Jumalan kansa. Hänen mukaansa israelilaisia ovat siis ainoastaan aidosti uskovat juutalaiset. Tästäkin havaitaan, ettei seurakuntaa voida täysin erottaa Israelista muttei myöskään täysin samaistaa siihen.

Jumalan kirkkaus seurakunnassa

"Jäännös", "oksastetut oksat" ja "katkaistut oksat"

Jotta voidaan ymmärtää oikealla tavalla Israelin ja seurakunnan välistä suhdetta, täytyy ymmärtää seuraavat kolme raamatullista käsitettä: jäännös, oksastettu oksa ja katkaistu oksa.

Vanha testamentti osoittaa, että Israelin kansan historian kuluessa uskovista juutalaisista tuli "jäännös" "kansallisen Israelin" keskellä – tähän jäännökseen viitataan myös kohdassa Room. 11:5. Helluntaina Jumalan siunaus tuli tämän "jäännöksen" ylle – todellisten Jumalaan uskovien ylle, jotka kaikki olivat israelilaisia.

Meidän on tärkeää huomata, että Jumalan uusi liitto Kristuksessa solmittiin jäännöksen kanssa, joka muodostui uskovista israelilaisista. Tästä oli myös ennustettu jo kauan aiemmin: Jeremian kirjan luvussa 31 kerrotaan Jumalan liitosta Israelin kanssa, siitä, kun israelilaiset rikkoivat tuon liiton, sekä Jumalan lupauksesta, että hän olisi tekevä uuden liiton "Israelin kansan" kanssa (j. 31–34).

Roomalaiskirjeen jakeissa 11:17–24 selvitetään, että pakanauskovat liitettiin sitten samaan pyhään juureen israelilaisten kanssa, minkä vuoksi olemme osallisia tuosta juuresta ja puun juurinesteestä. Tämä tarkoittaa, että meistä on tullut uskovan Jumalan kansan jäseniä ja että hyödymme myös kaikista Jumalan juutalaisille antamista lupauksista. Se ei kuitenkaan tarkoita sitä, että meistä olisi tullut juutalaisia tai Israelin kansan jäseniä.

Vuosisatojen kuluessa uskovien juutalaisten määrä laski jatkuvasti, kunnes heitä helluntaina oli jäljellä enää pieni jäännös. Sen jälkeen heidän määränsä kuitenkin kasvoi ihmeellisellä tavalla, kun heihin "oksastettiin" uskon täyttämät pakanauskovat. Voidaankin siis sanoa, että seurakunta koostuu "uskovista juutalaisista ja oksastetuista pakanoista". Tästä voidaan myös päätellä, että meidän tulee täysin hylätä se väärä ajatus, että seurakunta olisi jollakin tavalla "korvannut" Israelin Jumalan suunnitelmissa.

Seurakunta, valtakunta, Israel ja valtio

Jumalan uskovan kansan jäsenet olivat kaikki alun perin juutalaisia. Heidän juutalaiseen juureensa oksastettiin sittemmin miljoonia pakanoita, jotka saavat nauttia juutalaisille annetuista lupauksista sekä heidän jättämästään hengellisestä perinnöstä. Meidän tulee kuitenkin huomioida, ettei meitä ole oksastettu "kansallisen Israelin" oksiin. Ne on katkaistu irti Jumalan puusta. Uskovien juutalaisten uskollinen jäännös on ristin kautta sovitettu ja tehty yhdeksi uskon täyttämien pakanauskovien kanssa. Ne yhdessä muodostavat "uuden kansan", "Jumalan uuden asumuksen Hengessä".

Tiedämme kuitenkin, että myös "kansallinen" Israelin kansa on yhä edelleen olemassa. Roomalaiskirjeen luku 11 opettaa meille, mitä meidän tulisi siitä ajatella: hylätessään Kristuksen Israelista tuli oksa, joka leikattiin irti Jumalan puusta. Israel ei kuitenkaan ole hylännyt Kristusta täysin eikä lopullisesti. Roomalaiskirjeen jakeissa 11:25–27 luvataan, että juutalaiset kääntyvät vielä Jeesuksen puoleen ja että – uskosta Kristukseen – heidät oksastetaan takaisin Jumalan pyhään puuhun.

Meidän ei tämän lupauksen nojalla pidä kuitenkaan harkitsemattomasti kannattaa kaikkia Israelin valtion tekoja. Sen sijaan meidän tulisi rukoilla Jumalaa, että hän pitäisi lupauksensa, sekä ryhtyä hengelliseen taisteluun sen puolesta, että tuon lupauksen täyttymyksen tiellä olevat esteet poistuisivat.

Näiden kolmen kielikuvan oikeanlainen ymmärtäminen auttaa meitä käsittämään, että seurakuntaa ei voida täysin samaistaa Israeliin muttei myöskään täysin erotella siitä. Totuus on, että meidät on erotettu katkaistuista oksista ja samaistettu pyhään juureen. Tämä havainnollistaa sitä, kuinka tarkkoina meidän täytyy olla siitä, mitä puhumme ja ajattelemme seurakunnasta ja Israelista.

Yksi kansa
Kirjassa *Palveleminen Hengessä* opitaan, että kaikki siunaukset, jotka Jumala lupasi Aabrahamille ja jotka hän antoi israelilaisille heidän kuuliaisuutensa vuoksi, kuuluvat kaikille aidosti

Jumalan kirkkaus seurakunnassa

uskoville kristityille – sekä juutalaisille että pakanoille. Siinä opitaan myös, ettei yksikään niistä kirouksista, jotka juutalaiset saivat osakseen tottelemattomuutensa vuoksi, tule meidän osaksi, koska, kuten Gal. 3:13 opettaa, Kristus on poistanut lain kirouksen kaikilta juutalaisilta ja pakanoilta, jotka uskovat. Evankeliumi todellakin on "ilouutinen"!

Aina on ollut olemassa vain yksi uskova Jumalan kansa. Yhdessä historian vaiheessa kaikki Jumalan kansan jäsenet olivat Israelin kansalaisia, mutta sitten koitti Matteuksen evankeliumin jakeen 21:43 päivä, jonka jälkeen Jumalan kansa ei ollutkaan enää täysin samaistettavissa tuohon yhteen kansaan.

Juutalaiset johtajat ja heidän lakinsa menettivät arvovaltansa, kun Jumalan valtakunnan, Jumalan henkilökohtaisen hallintavallan, aikakausi alkoi. Jeesus ryhtyi rakentamaan seurakuntaansa – uutta kansakuntaansa, Jumalan uutta kansaa – siihen juureen, jonka muodostivat uskovat juutalaiset. Ristillä tuosta "jäännöksestä" ja "siihen oksastetuista oksista" muodostettiin yksi uusi kokonaisuus. Lopulta eräänä päivänä ei-uskovat, uskottomat juutalaiset kääntyvät Kristuksen puoleen ja heidät oksastetaan takaisin Jumalan todelliseen kansaan – ja sitten Jeesus tulee takaisin!

Meidän täytyy ymmärtää, että aina on todellakin ollut olemassa vain yksi ainoa Jumalan kansa. Ennen helluntaita sitä kutsuttiin "Israeliksi" ja helluntain jälkeen "seurakunnaksi". Vaikka seurakunta onkin "uusi kansa", emme saa koskaan unohtaa sitä juutalaista juurta, johon meidät on oksastettu. Kuten osassa 1 opittiin, emme voi mitenkään ymmärtää seurakuntaa kunnolla, jos sivuutamme Vanhan testamentin ja keskitymme ainoastaan Uuteen testamenttiin.

Seurakunnalla on keskeinen sija Jumalan suunnitelmissa meidän aikanamme, mutta me olemme vain yksi vaihe siinä tarinassa, joka alkoi Aabrahamista ja joka jatkuu, kunnes saavutamme kirkkaan päämäärämme. Jotta voimme täysin ymmärtää, mikä Jumalan suunnitelma on seurakuntaa varten,

Seurakunta, valtakunta, Israel ja valtio

meidän täytyy edes jollakin tasolla tietää, kuinka Jumala on edellisten sukupolvien aikana toiminut suhteessa kansaansa.

Seurakunta ja valtio
Englannissa useat uskovat kuuluvat "Englannin kirkkoon", ja suurin osa heistä joutuu todenteolla pohtimaan, mitä seurauksia "valtionkirkkoon" kuulumisella on. (Sama koskee varmasti myös Suomen "valtionkirkkoon", siis Suomen evankelis-luterilaiseen kirkkoon, kuuluvia uskovia. Suom. huom.) Pohjois-Amerikassa suuri määrä uskovia rukoilee ja toimii sen puolesta, että liittovaltion sekä heidän oman osavaltionsa lait olisivat linjassa raamatullisten moraalikäsitysten kanssa. Afrikassa ja Aasiassa taas on iso joukko uskovia, joiden täytyy elää sellaisten hallitusten alaisina, jotka suhtautuvat pääosin vihamielisesti seurakuntaan. Nykymaailmassa ei varmasti ole yhtään sellaista seurakuntaa, jonka ei täytyisi vakavasti miettiä suhtautumistaan valtioon.

Kuten "seurakunnan ja Israelin" kohdalla, myös "seurakunnan ja valtion" kohdalla useat uskovat joko samaistavat ne tai sitten asettavat ne vastakkain. Ennen kuin voidaan perehtyä seurakunnan rakenteisiin ja toimintoihin, on tärkeää varmistua siitä, että ymmärrämme seurakunnan ja valtion välistä yhteyttä raamatullisella tavalla, sillä tällä puolen taivasta kukaan meistä ei voi olla seurakunnan jäsen olematta samalla myös jonkin valtion kansalainen.

Vanhatestamentillinen tausta
Kaikilla Israelin ympärillä asuvilla kansoilla oli omat jumalansa ja oma uskontonsa. Tuolloin "valtio" ja "uskonto" voitiin samaistaa täysin. Valtion hallitsija oli myös uskonnollinen hallitsija, ja kaikkien täytyi noudattaa hänen käskyjään myös uskon asioissa, kuten havaitaan Danielin kirjan luvussa 3. Jokaisen, joka kuului tiettyyn kansaan, täytyi noudattaa tuon kansan uskontoa. Jos joku ei niin tehnyt, hän joutui vainon kohteeksi.

Jumalan kirkkaus seurakunnassa

Myös Israelissa toimittiin samoin. Kun Ahab teki Baalin palvonnasta uuden valtionuskonnon, hän alkoi vainota Jumalan profeettoja. Sen seurauksena Elia julisti Jumalan tuomion ja surmasi Baalin profeetat. Siihen aikaan oli tilaa vain yhdelle uskonnolle – kaikkien muiden uskontojen täytyi väistyä tuon yhden uskonnon tieltä.

Kaikilla Israelin sodilla oli uskonnollinen tarkoitus, ja juutalaisten hallitsija oli uskonnollinen hahmo. Jos joku halusi vaihtaa uskontoa, hänen täytyi muuttaa toiseen maahan. Valtion kansalaisuus ja tuon valtion uskonnon tunnustaminen kuluivat siis erottamattomasti yhteen.

Vielä nykyäänkin on olemassa joitakin "juutalaisia fundamentalisteja", jotka haluavat tulkita Vanhaa testamenttia tällaisella ankaralla ja totalitaarisella tavalla. Mutta kuten juutalaisen tulkintatavan historia osoittaa, juutalaisuus on jo kauan sitten lakannut samaistamasta uskontoa valtioon. On kuitenkin olemassa muita uskontoja, kuten islam, jotka yhä pyrkivät edistämään tätä virheellistä suhtautumistapaa. Yksi esimerkki ovat radikaaliin islamiin kuuluvat khilafat, joiden tavoite on koko maailman islamisoiminen ja alistaminen Allahin säännöille Sharian kautta, jonka juuret ovat Koraanissa ja Sunnassa. Toisin kuin nykyisessä juutalaisuudessa, islamissa yhä edelleen, kaikissa tunnustetuissa koulukunnissa, korostetaan valtion ja uskonnon yksettä ja kannustetaan ihmisiä yhä edelleen pitämään kiinni ankaristakin Koraanin teksteistä. Kristittyjen ei tarvitse kuitenkaan kuin vilkaista Jeesuksen opetuksia, niin he jo osaavat hylätä tällaiset teoreettiset ajatukset uskonnon ja valtion yhdistämisestä.

Jeesuksen vallankumous
Jeesuksen vastaus verojen maksamista koskevaan kompakysymykseen Matteuksen evankeliumin jakeissa 22:15–22 muutti vallankumouksellisella tavalla Vanhan testamentin "yksi valtio, yksi uskonto" -käsityksen. Kun fariseukset ja Herodeksen kannattajat (jotka olivat yleensä toistensa arkkivihollisia) tulivat Jeesuksen luokse kysymään,

Seurakunta, valtakunta, Israel ja valtio

pitäisikö juutalaisten maksaa keisarille veroa vai ei, Jeesus vastasi tavalla, joka mullisti kaikki aiemmat käsitykset. Hän esitteli valtakunnan periaatteen, jonka mukaan seurakunta, tai uskonto, tulisi erottaa valtiosta.

Jeesus vältti vastauksellaan myös hänelle asetetun ansan. Jos hän olisi sanonut "kyllä", hän olisi antanut hyväksyntänsä keisarin arvovallalle ja sen myötä myös keisarin uskonnolle. Jos hän taas olisi sanonut "ei", hän olisi noudattanut Mooseksen lakia, joka oli annettu kohdassa 5. Moos. 17:14–15, mutta joutunut suuriin vaikeuksiin roomalaisten kanssa.

Denaari, jolla Jeesus havainnollisti sanomaansa, oli epäjumalanpalvontaa ja jumalanpilkkaa huokuva kolikko. Sekä Augustuksen että Tiberiuksen hallintakausien aikaiset denaarit julistivat keisareiden kunniaa. Tiberiuksen aikaisten denaarien etupuolella oli kuva keisarista sekä teksti "Tiberius Caesar Augustus, jumalallisen Augustuksen poika". Kolikon toiselle puolelle, sen taustapuolelle, taas oli kaiverrettu sanat "Pontifex Maximus", jotka tarkoittivat "ylimmäinen pappi". Denaari siis julisti, että keisarilla oli tärkeä uskonnollinen, jopa jumalallinen, asema.

Kuten niin usein aiemminkin, Jeesus osoitti, että hänen henkilökohtainen arvovaltansa oli lakia suurempaa. Ensimmäistä kertaa maailman historiassa hän erotti toisistaan valtion ja uskonnon *vaatimukset* sanoessaan: "Antakaa siis keisarille mikä keisarille kuuluu ja Jumalalle mikä Jumalalle kuuluu." Toisin sanoen Jeesus sanoi, että seurakunnan tulisi totella ja kunnioittaa kuningasta mutta että kuninkaalla ei ollut minkäänlaista oikeutta määrätä alamaistensa uskonnollisista uskomuksista.

Jeesus ei siis puoltanut käsitettä "yksi valtio, yksi uskonto", vaan hän ohjeisti ihmisiä asettumaan erikseen keisarin ja erikseen Jumalan vallan alle näiden kahden rinnakkaisissa valtakunnissa. Hän ei vaatinut ihmisiä jakamaan elämäänsä kahteen eri osaan – "hengelliseen elämään" ja "maalliseen elämään". Hän pikemminkin kehotti meitä elämään yhtä jumalallista elämää ja tämän "yhden" elämän sisällä oppimaan,

Jumalan kirkkaus seurakunnassa

kuinka erotella eri, joskus jopa päällekkäiset, vallat toisistaan – ja olemaan kuuliaisia niille kaikille. Jeesuksen sanat tarkoittavat, että meidän tulisi tehdä ajattelussamme selkeä ero "seurakunnan" ja "valtion" välillä. Niillä tulisi esimerkiksi olla erilaiset ja erilliset:

- jäsenyydet – valtion hallitukset määrittelevät kansalaisuuden vaatimukset, ja useimmilla valtioilla nämä vaatimukset eroavat hieman toisistaan; kun taas kaikki todelliset uskovat kuuluvat yhteen samaan maailmanlaajuiseen seurakuntaan

- liittymisvaatimukset – valtion kansalaisuus saadaan syntymän kautta tai kun tietyt vaatimukset täyttyvät; seurakunnasta pääsee osalliseksi vain pelastuksen ja uudestisyntymisen kautta

- tehtävät – valtio keskittyy rauhan ja turvallisuuden takaamiseen sekä hallitsemiseen; seurakunnan tehtävä taas on julistaa evankeliumia ja soveltaa sitä eri tavoin

- johtajat – seurakuntaa johtavat vanhimmat ja erilaiset pastorit, joiden asema ei anna heille sanan- tai päätäntävaltaa oman valtionsa hallituksessa, ja valtiota johtavat poliitikot ja tuomarit, joiden asema ei anna heille sanan- tai päätäntävaltaa seurakunnassa

- aseet – valtio saattaa joutua lähtemään sotaan, mutta seurakunnan aseet ovat ainoastaan hengellisiä

- toiminnot – seurakunnan ei tulisi ottaa hoitaakseen valtion vastuulla olevia asioita, eikä valtion tulisi puuttua seurakunnan elämään.

Konstantinuksen kapina
Vuonna 312 jKr., kun seurakunta oli ollut olemassa vajaan 300 vuoden ajan, Rooman hallitsija Konstantinus kääntyi kristinuskoon. Vuonna 313 hän sääti Milanon ediktin, joka poisti kristittyihin kohdistuneet vakiintuneet vainot

Seurakunta, valtakunta, Israel ja valtio

ja johti kristinuskon laillistamiseen. Tällä merkittävällä tapahtumalla oli suuri vaikutus siihen, että kristinuskosta tuli Rooman valtakunnan vallitseva uskonto ja myöhemmin myös valtionuskonto keisari Theodosiuksen määräyksestä kolmannen vuosisadan loppupuolella. Tämä määräys ei kuitenkaan noudattanut niitä sanoja, jotka Jeesus oli Matteuksen evankeliumin luvussa 22 sanonut, ja se onkin luultavasti suurin takaisku, jonka seurakunta on koskaan joutunut kohtaamaan.

Siltä se ei kuitenkaan monista sen ajan uskovista ja hengellisistä johtajista varmastikaan tuntunut. Monien sukupolvien ajan jatkuneiden veristen vainojen jälkeen se itse asiassa vaikutti varmasti erittäin hyvältä käänteeltä. Evankeliumista tuli kuitenkin "alueellinen" uskonto: lasten kastaminen levisi kaikkialle, ja sen myötä jokaisesta, joka syntyi "kristittyyn" valtioon, tuli syntymänsä hetkellä väistämättä kristitty. Ei-kristittyjä vainottiin ja sodista tuli "ristiretkiä". Papeille ja piispoille annettiin määräysvalta valtion asioissa, ja myös valtio alkoi valvoa ja ohjailla seurakuntien johtajia. Lisäksi valtion johtajat alkoivat pitää itseään seurakunnan päänä omalla alueellaan.

Konstantinuksen ajan jälkeen on ollut havaittavissa kolme vastakkaista tapaa, joilla seurakunta ja valtio suhtautuvat toisiinsa.

◆ Vihamielisyys – valtio vainoaa seurakuntaa ja/tai seurakunta halveksii valtiota. Seurakunnan johtajat joko vastustavat kiivaasti valtiota tai he pitävät sitä epäolennaisena eivätkä halua olla missään tekemisissä sen kanssa.

◆ Yhdistyminen – valtio ja seurakunta ovat pohjimmiltaan yksi ja sama asia. Seurakunta on täysin sisällytetty valtion elämään ja se nähdään yhtenä osana tietyn kansan elämää.

Joissakin valtioissa uskonnolliset johtajat ovat voimakkaampia kun taas toisissa poliittisilla johtajilla on

Jumalan kirkkaus seurakunnassa

enemmän valtaa. Vaikkakin nämä kaksi suhtautumistapaa ovat historiaa tarkasteltaessa olleet kaikista yleisimmät, ei kumpikaan niistä noudata Jeesuksen vallankumouksellista periaatetta. Jos seurakunnan ja valtion välistä suhdetta halutaan tarkastella syvästi "kristillisellä" tavalla, täytyy valita kolmas vaihtoehto.

◆ Sopuisa rinnakkaiselo – seurakunta ja valtio ovat varsin erillisiä kokonaisuuksia, valtion sisällä vallitsee uskonnonvapaus, ja siellä harjoitetaan useita eri uskontoja. Seurakunnan ja valtion erillään olo tapahtuu hyvässä yhteisymmärryksessä, eikä kumpikaan pyri anastamaan toisensa asemaa. Ne toimivat rinnakkain, ja molemmat tukevat toinen toistaan.

Seurakunta ei väitä olevansa – eikä halua olla tai pyri olemaan – valtionuskonto, eikä se koskaan edistä "kristillisen valtion" olemassaoloa. Seurakunta kannattaa vapautta valita oma uskontonsa sekä vapautta uskonnollisista vainoista. Se haluaa, että ihmiset löytäisivät vapaaehtoisesti uskon Kristukseen.

Tämä tarkoittaa, että seurakunta:

◆ tunnustaa valtion – Room. 13:1–2

◆ kunnioittaa valtiota – Room. 13:7

◆ tottelee valtiota – Room. 13:1

◆ vastustaa valtiota silloin, kun valtio säätää lakeja, jotka pakottavat ihmiset olemaan tottelemattomia Jumalan Sanalle – Ap. t. 5:18–20.

Seurakunnan pitäisi haluta olla "suolana" ja "valona" valtion sisällä, mutta sen ei pitäisi valtion lakeja muuttamalla vaatia muita ihmisiä noudattamaan kristillisiä moraalikäsityksiä. Tietenkin meidän tulee pyrkiä vaikuttamaan lainsäädäntöön hyvällä tavalla, puhua profeetallisia sanoja valtiolle ja pyrkiä muuttamaan yleistä mielipidettä jumalallisten sanojemme ja elämiemme kautta. Meidän ei kuitenkaan tulisi maallisin tavoin pyrkiä pakottamaan sellaisia ihmisiä Jumalan valtakunnan

Seurakunta, valtakunta, Israel ja valtio

piiriin, jotka hylkäävät Jumalan hallitsijan. Seurakunta on hyvillään, jos sen jäsenet haluavat osallistua valtion asioihin, mutta se ei arvosta tällaisia jäseniä yhtään sen enempää kuin muitakaan jäseniään. Seurakunta rukoilee uskovien poliitikkojen puolesta ja tukee heitä, mutta aivan samalla tavalla se myös tukee uskovia putkimiehiä, mekaanikkoja ja kassa-apulaisia.

Tällainen ajattelutapa ei ole valtion hylkäämistä "paholaisen" käsiin, kuten jotkut hengelliset johtajat väittävät. Se ei myöskään tarkoita, että suosittaisiin sekulaaria filosofiaa, joka pyrkii yksityistämään uskonnon ja poistamaan seurakunnan vaikutuksen kaikilta julkisen elämän alueilta, siis myös politiikasta ja koulutuksesta. Tämä ajattelutapa puoltaa sitä, että seurakunnan tulisi pikemminkin huolehtia valtakunnan kuin valtion asioista ja että valtakuntaa ei perusteta tai edistetä valtiollisella lainsäädännöllä – kuten Konstantinus virheellisesti teki. Meidän tulisi pyrkiä siihen, ettemme toista tuota virhettä.

Meidän tulee ymmärtää, että valtio on täysin ja suoraan Jumalan määräysvallan alla, kuten Paavali toteaa Roomalaiskirjeen jakeessa 13:1. On selvää, että seurakunnalla on tärkeä profeetallinen rooli maailmassa. Sen tulee välittää Jumalan sanaa maailmalle, kun Henki niin kehottaa tai kun valtio sitä itse pyytää. Seurakunnan aseet ovat kuitenkin ainoastaan hengellisiä, niitä ovat esimerkiksi rukous ja Sana, eikä valtakunnan asioita pidä edistää maallisin keinoin tai painostamalla.

Meidät on kutsuttu antamaan "keisarille mikä keisarille kuuluu ja Jumalalle mikä Jumalalle kuuluu". Jeesuksen sanat muistuttavat seurakuntaa siitä, että meidän tulee kunnioittaa valtiota eikä pyrkiä anastamaan niitä tehtäviä, jotka sille kuuluvat. Hänen sanansa myös profeetallisella tavalla määräävät, ettei valtio saa puuttua uskonnollisiin asioihin. Tulisikin olla selvää, että tämä pieni jae vaikuttaa valtavalla tavalla sekä seurakunnan että valtion elämään ja toimintaan.

Vaikka tämä aihepiiri onkin hankala, on siitä nouseva perusperiaate selkeä: meidän täytyy alkaa ymmärtää, että seurakunnan ja valtion tulisi elää tällaista "sopuisaa rinnakkaiseloa" tai olla "ystävällismielisesti erillään" suhteessa toisiinsa, ja että me tarvitsemme jumalallista erottelukykyä osataksemme tehdä oikeanlaisia päätöksiä erikseen seurakuntaan ja erikseen valtioon liittyvissä asioissa.

Osa 7

Seurakuntaan kuuluminen

Kristukselle kuulumista ja seurakuntaan kuulumista ei voida Uudessa testamentissa erottaa toisistaan.

Jeesuksen viinipuuopetus Johanneksen evankeliumin jakeissa 15:1-8 osoittaa, että olemme yhtä toistemme kanssa, kun olemme yhtä Jeesuksen kanssa. Tuossa luvussa käytetään yleistä kreikan kielen sanaa meno, joka tarkoittaa "elää pysyvästi jossakin". Se on yleensä käännetty sanalla "pysyä". On aivan mahdoton ajatus, että eläisimme pysyvästi kiinni tosi viinipuussa ilman, että eläisimme lakkaamatta kaikkien muidenkin oksien kanssa, jotka myös ovat kiinni samassa puussa. Ei siis myöskään ole millään tavoin mahdollista pysyä todellisessa seurakunnassa, jos ei pysy Kristuksessa.

Kaikki edellä käsitellyt seurakunnasta käytetyt kielikuvat painottavat sitä, kuinka tärkeä meidän yhteisöllinen suhteemme Jumalan kanssa on. Neljä niistä – ruumis, morsian, rakennus ja viinipuu – kuitenkin antavat ymmärtää, että seurakunta on paljon muutakin kuin vain joukko ihmisiä. Niihin sisältyy ajatus, että seurakuntaan kuuluminen tai sen osaksi tuleminen tarkoittaa elävää yhteyttä – elinvoimaista suhdetta – Kristuksen ja toinen toisemme kanssa.

Ei siis riitä, että ihmisen nimi löytyy jonkun seurakunnan jäsenluettelosta tai että hän on käynyt läpi jonkun uskonnollisen rituaalin. Näillä asioilla on merkitystä ainoastaan niille, jotka pysyvät Kristuksessa ja elävät jatkuvassa elävässä suhteessa hänen kanssaan hänen Henkensä kautta.

Monet kyllä sanovat uskovansa Jumalaan ja olevansa "kristittyjä", mutta silti huomattavan suuri osa heistä ei osallistu millään tavoin säännöllisesti minkäänlaiseen yhteiseen seurakunnan kokoontumiseen, ja vielä harvempi heistä ryhtyy

Jumalan kirkkaus seurakunnassa

toimimaan aktiivisesti jossakin Kristuksen ruumiin paikallisessa ilmenemismuodossa. Erittäin surullista on myös, että jopa osalla niistä, jotka käyvät säännöllisesti seurakunnassa, ei kuitenkaan ole suhdetta Jeesukseen. Kuten kohdassa 2. Tim. 3:5 sanotaan, he ovat ulkoisesti hurskaita, mutta he kieltävät Kristuksen elämää antavan voiman.

Kristillisen elämän alkumetrit
Tapakristityt – ihmiset, jotka ovat vain nimellisesti kristittyjä – ovat yksi seurakunnan suurimmista ongelmista joka puolella maailmaa. He ovat Konstantinuksen kapinan hedelmää, ja siksi heitä onkin aivan erityisen paljon juuri Euroopassa – missä heitä on enemmän kuin kaikkialla muualla maailmassa yhteensä. Tämä on yksi niistä syistä, miksi meidän täytyy julistaa evankeliumia sen koko täyteydessä.

Tiedämme, että Jeesus tarjoaa täyttä pelastusta koko ihmiskunnalle. Hän vaatii kuitenkin myös, että ihminen tekee itse, henkilökohtaisesti, parannusta. Jeesus tarjoaa täydellistä anteeksiantoa armonsa tähden jokaiselle miehelle, naiselle ja lapselle, mutta se saadaan ainoastaan henkilökohtaisen uskon kautta.

Parannuksen tekeminen ja usko liitettiin Uudessa testamentissa vahvasti toisiinsa, ja ihminen otettiin mukaan seurakunnankin elämään vasta, kun hän oli osoittanut niitä molempia. Seurakuntaan liittymiseen sisältyi kuitenkin parannuksen tekemisen ja uskon lisäksi muutakin. Uudessa testamentissa esitellään kaksi muutakin tapahtumaa, jotka liittyivät siihen, kun uskovat aloittivat uuden elämänsä Kristuksessa. Nämä olivat vesikaste ja täyttyminen Pyhällä Hengellä.

Tällä tavoin uskovat aloittivat uuden elämänsä vahvalta perustukselta, ja he olivat valmiita alkamaan seurata Jeesusta. Nämä neljä osasta valmistivat heidät täysin siihen, että he kykenivät aloittamaan yhteyden-, opetuslapseuden- ja todistamisen täyteisen elämän. Meidän tulee nykyäänkin varmistaa, että uudet uskovat

Seurakuntaan kuuluminen

saavat tällaisen uusitestamentillisen aloituksen elämäänsä kristittyinä.

Meidän tulee rohkaista ihmisiä aloittamaan kristillinen elämänsä ja seurakuntaelämänsä raamatullisella tavalla – rohkaista heitä ottamaan edellä mainitut neljä kristillisen elämän alkuvaiheen askelta.

Parannuksen tekeminen
Jakeiden Luuk. 3:8, 13:3 ja Ap. t. 17:30–31 ja 26:20 kaltaiset kohdat havainnollistavat, kuinka tärkeää "parannuksen tekeminen" on. Monet uskovat eivät kuitenkaan ole täysin selvillä siitä, mitä tuo sana oikeastaan tarkoittaa, ja ajattelevat sen ennen kaikkea tarkoittavan käyttäytymisen muuttamista. On tärkeää, että ymmärrämme tarkalleen, mitä Jeesus odotti ihmisten tekevän, kun hän käski heidän tehdä parannusta.

Kreikan kielen sana *metanoia* on yleensä käännetty sanalla "parannuksen teko", ja sanatarkasti se tarkoittaa "mielenmuutosta" tai "muutosta ajattelutavassa". Se on muodostettu yhdistämällä kreikan kielen sanat *meta* ja *noeo*. *Meta* tarkoittaa "jälkeen", ja siihen sisältyy ajatus muutoksesta (kuten sanassa metamorfoosi). *Noeo* taas tarkoittaa "ajatella" tai "ymmärtää".

Tästä voidaan päätellä, että parannuksen tekemiseen sisältyy "muutos sisäisessä ajatusmaailmassa" pikemmin kuin vain "muutos ulkoisessa käyttäytymisessä": raamatullinen parannuksen tekeminen tarkoittaa Jumalan ajatusten ja täysin uudenlaisen jumalallisen ajattelutavan omaksumista – mikä sitten johtaa myös Jumalan mielen mukaiseen elämäntapaan. Parannuksen tekeminen tarkoittaa arvojen, asenteiden ja elämänkatsomuksen radikaalia muuttumista. Siihen sisältyy mielen- ja sydämenmuutos, jotka johtavat ihmisen koko elämän täydelliseen mullistumiseen. *Metanoia* tarkoittaa siis täydellistä vallankumousta.

Uuden testamentin kutsu tehdä parannusta voidaan nykyään yleensä helpoiten ymmärtää, jos sitä ajatellaan kutsuna "muuttaa käsitystä, joka meillä on Jumalasta" tai

Jumalan kirkkaus seurakunnassa

"muuttaa sitä tapaa, jolla ajattelemme Jumalasta". Juuri tämä on myös Paavalin julistuksen ytimessä Apostolien tekojen jakeissa 17:22-30, jotka huipentuvat kutsuun tehdä parannusta. Muuttunut elämä on tällaisen parannuksen tekemisen hedelmää. Se on luonnollinen seuraus siitä, että ihminen ymmärtää, kuka Jumala todella on, mitä hän on tehnyt Kristuksessa ja mitkä hänen muuttumattomat jumalalliset arvonsa ovat.

Tämä tarkoittaa, että uskovan ensimmäinen askel hänen aloittaessaan kristillisen elämänsä on lakata ajattelemasta Jumalasta aiemmilla kielteisillä tavoillaan. Sen sijaan hän alkaa ymmärtää ja sisäistää, että Jumala on Isä, joka on täynnä anteeksiantoa, armoa, laupeutta, rakkautta ja hyväksyntää.

Koska Paavali kirjoitti kaikki kirjeensä vakiintuneille uskoville, hän ei mainitse parannuksen tekemistä juuri koskaan. Roomalaiskirjeen jakeessa 12:2 hän kuitenkin sanoo, että käyttäytymisemme tulisi kummuta juurikin muuttuneesta mielestä. Käyttäytymisemme voi joko muovautua ympäröivän yhteiskunnan normien, arvojen ja päämäärien mukaan tai se voi muuttua mielen muuttumisen kautta.

Jae Room. 12:2 osoittaa, että juuri "mielenmuutos" mahdollistaa sen, että kykenemme näkemään ja tuntemaan Jumalan tahdon. Kun alamme ajatella Jumalan tavoin, olemme pian täysin keskittyneitä hänen tahtoonsa emmekä enää maailman tapoihin.

Huomaathan, että tätä raamatullista kutsua parannuksen tekemiseen tarkastellaan kattavammin kirjan *Jumalan hallintavalta* osassa 2. Siinä tutustutaan tarkemmin niihin kolmeen Uuden testamentin sanaan, joita käytetään parannuksen tekemisen yhteydessä. Ne ovat *metanoeo*, joka – kuten edellä havaittiin – kuvaa parannuksen tekemisen mielensisäistä puolta, *metamelomai*, joka kuvaa siihen liittyvää tunnepuolta ja *epistrepho*, joka kuvaa sitä liikettä, kun ihminen kääntyy pois synnistä ja kehittää uuden elämäntyylin, joka perustuu hänen kuuliaisuuteensa Herralle.

Seurakuntaan kuuluminen

Todellinen parannuksen tekeminen sisältää tietenkin kaikki nämä kolme puolta, mutta juuri ensimmäinen niistä – mielenmuutos – on ehdottoman välttämätön pelastuksen kannalta, sillä vasta kun olemme tehneet parannusta – siis kokeneet täydellisen mielen vallankumouksen, jonka myötä kykenemme alkaa ajatella uudella tavalla Jeesuksesta – voimme todella ottaa hänet vastaan. Ja tästä päästään kristillisen elämän alkuvaiheen toiseen askeleeseen.

Usko
Usko on uuden kristillisen elämän alkumetrien toinen askel. Raamatullinen usko on luonnollista seurausta raamatullisesta parannuksen tekemisestä, sillä usko tarkoittaa totuuden uskomista – tai hyväksymistä – siitä, kuka Jeesus on, ja tuon uuden ymmärryksen mukaan toimimista. Aihetta käsitellään kattavasti *Hengen miekka* -kirjasarjan osassa *Elävä usko*.

Kristityksi tuleminen on suhteen aloittamista Jeesuksen Kristuksen kanssa. Uskoon kuuluu jakeiden Room. 10:8–10 kaltaisten kohtien esiintuoman totuuden uskominen siitä, että Jeesus on Jumalan Poika ja että hän elää, koska Isä Jumala herätti hänet kuolleista.

Raamatullinen usko on paljon enemmän kuin vain jonkin asian älyllistä hyväksyntää. Uskosta käytetty kreikan kielen sana *pistis* on johdettu verbistä *peitho*, joka tarkoittaa "vakuuttaa". *Pistis* tarkoittaa siis ensisijaisesti "olla täysin vakuuttunut jostakin". Se on "kuulemisen synnyttämä vahva vakaumus" – mistä syystä myös Roomalaiskirjeen jakeessa 10:17 niin vahvasti ilmaistaan, että usko tulee Jumalan sanan kuulemisesta.

Raamatullinen usko viittaa kuitenkin aina sellaiseen uskoon, joka saa ihmisen myös toimimaan tietyllä tavalla. Usko Kristukseen tarkoittaa, että ihminen turvaa täysin Jeesukseen, hyväksyy hänet täysin sellaisena, kuka hän on, on täysin kuuliainen hänelle sekä ajattelee ja toimii hänen tavoillaan.

Uuden kristillisen elämän alkumetrejä ajatellen usko tarkoittaa, että:

Jumalan kirkkaus seurakunnassa

- ihminen on täysin vakuuttunut siitä, ettei hän voi millään tavoin itse pelastaa itseään – ei ole pienintäkään seikkaa, jolla hän voisi jollakin tavoin vaikuttaa pelastumiseensa

- ihminen on täysin vakuuttunut siitä, että Kristus on tehnyt kaiken, mitä pelastukseen vaaditaan

- ihminen ottaa Jeesuksen vapaaehtoisesti vastaan, ja hänestä tulee Jumalan lapsi

- ihminen alkaa vaeltaa Jeesuksen kanssa ja hänen teitään.

Kohdissa Joh. 6:35, 20:30–31; Room. 8:32 ja Ef. 1:3 kuvataan sitä, kuinka runsaana meille kuuluu kaikki pelastukseen liittyvä, minkä Jumala on meitä varten valmistanut Jeesuksessa – kun meillä vain on elävä suhde Jeesuksen kanssa.

Usko ei tuo anteeksiantoa, pelastusta tai siunauksia. Jumala on se, jolta saamme kaiken hänen armonsa kautta. Jos uskomme, että Jumala ja hänen Sanansa ovat totta, voimme ottaa vastaan ja käyttää hänen lahjojaan – eli uskoa – täysin Jumalan armoon turvautuen.

Aivan liian monet uskovat ajattelevat, että *meidän* uskomme pelastaa meidät. Pelastus saadaan kuitenkin *hänen* armostaan – se tulee täysin Jumalalta, se on täysin hänen ansiotaan. Meidän osuutemme on vain uskoa, että Jumala on tehnyt kaiken Jeesuksessa, hyväksyä, ettei ole mitään, mitä me voisimme siihen tuoda lisää, ja alkaa elää täysin riippuvaisina Kristuksesta. Tästä voidaan lukea kohdissa Room. 4:5 ja Ef. 2:8–10. Edelliset jakeet osoittavat myös, ettei usko ole vain yksittäisellä hetkellä tapahtuva kääntyminen, vaan se on jatkuvaa elämää, jossa lakkaamatta turvaudumme Jumalaan kaikissa asioissamme.

Vaikka usko onkin kristillisen elämän alkumetrien toinen askel, se on myös – kuten parannuksen tekeminenkin – tarkoitettu koko elämänmittaiseksi prosessiksi. Kun ymmärryksemme Jumalasta ja hänen teistään kehittyy ja kasvaa läpi koko elämämme, samalla meidät on myös kutsuttu

Seurakuntaan kuuluminen

siihen, että luottamuksemme ja turvautumisemme Jeesukseen lakkaamatta kasvaisivat.

Kaste
Vesikaste on alkumetrien kolmas askel, ja se sinetöi tai vahvistaa uuden uskovan päätöksen sitoutua Kristukseen. Se on virallinen merkki tai todiste uskosta, ja sen vuoksi sen täytyykin seurata uskoa eikä edeltää sitä.

Raamatullinen järjestys on "uskoa" ja sitten "ottaa kaste". Tästä voidaan päätellä, ettei pikkulapsia pitäisi kastaa, sillä pieni lapsi ei voi tehdä parannusta tai uskoa eikä vastata täydellä ymmärryksellä kutsuun tulla Jeesuksen opetuslapseksi. Vanhemmat voivat kuitenkin päättää pyhittää lapsensa Herralle, kuten Hanna teki Samuel-vauvalle 1. Samuelin kirjan jakeessa 1:28 ja kuten on tapana monissa sellaisissa seurakunnissa, joissa kastetaan ainoastaan aikuisia tai niitä, jotka ovat tarpeeksi vanhoja itse tekemään päätöksen seurata Herraa.

Toisin kuin parannuksen tekeminen tai usko, kaste ei ole välttämätön asia pelastuksen kannalta. Se on sen sijaan julkinen lupaus seurata Kristusta – uskollisuudenvala hänelle, johon ihminen nyt täysin turvaa. Tätä käsitellään tarkemmin osassa 10.

Tässä kohtaa on kuitenkin syytä huomioida, ettei kaste ole vain jotain sellaista, minkä uusi uskova ottaa todisteeksi uskostaan ja parannuksen tekemisestään. Uusi testamentti tekee selväksi, että myös Jumala itse toimii kasteessa selvällä ja ratkaisevalla tavalla. Vesi on useiden Jumalan aikaansaamien hengellisten asioiden merkki ja sinetti. Esimerkiksi:

◆ Henki liittyy kasteeseen: hän on läsnä kasteessa, hän täyttää Jumalan työn kasteen kautta ja hän on kasteessa luvattu lahja – Joh. 3:5; Ap. t. 2:38, 9:17–18, 10:47; 1. Kor. 12:13; 2. Kor. 1:22; Ef. 1:13 ja Tiit. 3:5

◆ "lapseutemme" sinetöidään kasteessa – Gal. 3:24–27

◆ anteeksisaaminen ja synnistä puhdistuminen liittyvät

Jumalan kirkkaus seurakunnassa

kasteeseen – Ap. t. 2:38, 22:16; Tiit. 3:5 ja Hepr. 10:22

◆ uusi syntymä ja valtakuntaan sisään pääseminen liitetään kasteeseen – Joh. 3:3–5 ja Tiit. 3:5

◆ kasteessa Jumala sinetöi liittomme Pojan kanssa, osallisuutemme Kristuksen kuolemaan ja hautaamiseen sekä liittymisemme Kristuksen ruumiiseen – Matt. 28:19; Ap. t. 8:16, 19:5; Room. 6:1–11; 1. Kor. 12:13 ja Gal. 3:27.

Nämä siunaukset eivät ole *seurausta* kasteesta, vaan Jumala vahvistaa ne kasteen *kautta*. Vaikka hän lupaakin ne kasteessa, ihminen saa nauttia niistä vain olemalla kuuliainen uskonvaelluksessaan kasteen *jälkeen*. Tämän tekevät selväksi Roomalaiskirjeen jakeet 6:1–11.

Kasteeseen – kristillisen elämän alkumetrien kolmanteen askeleeseen – liittyvät siunaukset eivät ole itsestäänselvyys. Kaste on pikemminkin Jumalan lupaus siitä, että hän on varannut nuo siunaukset uudelle uskovalle. Kaste kääntää ihmisen katseen menneeseen, Jeesuksen ristintyöhön, sekä tulevaan, täysin uudenlaiseen uskontäyteiseen elämään.

Hengen vastaanottaminen
Neljäs ja viimeinen alkumetrien askel varustaa uskovan elämään uutta uskontäyteistä elämää seurakunnassa. Uudessa testamentissa käytetään useita eri ilmauksia kuvaamaan Hengen vastaanottamista – täytetty Hengellä, kastettu Hengellä, Hengen voitelema ja Hengen sinetti.

Mitä ilmausta siitä sitten käytetäänkään, Uusi testamentti osoittaa, että Jumala antaa Pyhän Hengen kääntymisprosessin lopulliseksi sinetiksi tai sen täydellistäjäksi. Pyhä Henki tulee ja valtaa "suuren asuinsijan" uskovan elämässä ja varustaa hänet tehokkaaseen palveluksen työhön yhteistyössä itsensä kanssa.

Vanhan testamentin aikaan Henki toimi tällä tavoin profeettojen elämässä: hän sekä asui sisäisesti heissä että valtuutti heidät palveluksen työhön. Joel (j. 2:28–29) ja Hesekiel (j. 36:25–27) kuitenkin profetoivat tulevasta ajasta,

Seurakuntaan kuuluminen

jolloin Henki annettaisiin kaikille uskoville asumaan sisäisesti heissä ja valtuuttamaan heidät palveluksen työhön.

Johanneksen evankeliumin jakeissa 14:16-23 Jeesus opetti, että Henki lähetettäisiin kaikkien uskovien avuksi sen jälkeen, kun hän itse olisi palannut taivaaseen. Toisen Korinttolaiskirjeen jakeet 3:17-18 taas osoittavat, että Hengen päätehtävä on tuoda Kristuksen "läsnäoloa" ja "toimintaa" jokaisen uskovan elämään.

Roomalaiskirjeen jae 8:9 tekee selväksi, että uudestisyntymisen hetkestä lähtien Henki alkaa tehdä työtään jokaisessa kristityssä. Voitelu tai kaste Hengessä sen sijaan tarkoittaa sitä erityistä hetkeä, jolloin Jumala painaa omistajuuttaan osoittavan leimansa uskovaan sinetöimällä hänet Hengellään.

Kun ihminen kuuluu Kristukselle, Henki haluaa varustaa hänet tehokasta palveluksen työtä varten. Tämä varustaminen ei tapahdu automaattisesti, vaan se on jotakin ylimääräistä, mikä tapahtuu uudestisyntymän hetkellä tapahtuvan Hengen tulemisen lisäksi. Kohdat Luuk. 24:49; Ap. t. 1:8, 10:44-45, 11:15-17 ja 19:2-6 havainnollistavat, että Hengen vastaanottaminen on selkeä ja tietoinen kokemus, johon liittyy myös joitakin hengellisiä ilmiöitä.

Apostolien tekojen jakeista 8:14-17, 9:17 ja 19:2 voidaan päätellä, että Uuden testamentin seurakunta piti huolta siitä, että jokainen uskova oli täysin vastaanottanut Hengen, jotta jokainen kykenisi olemaan tehokas Kristuksen todistaja. Tämä selkeä Hengen vastaanottamisen kokemus tapahtuu aina tiettyä tarkoitusta varten – jotta uskovat voisivat elämässään jatkuvasti kokea Pyhän Hengen todellisuutta. Se on jatkuvaa Jumalan voimaannuttavan *läsnäolon kokemista*, mikä varustaa ja vapauttaa meitä sekä auttaa meitä pysymään Kristuksen todistajina.

Tähän varustamiseen liittyy viisi raamatullista periaatetta.

◆ Hengen vastaanottamisen tarkoitus on valtuuttaa meidät tekemään palveluksen työtä – Luuk. 24:49; Joh. 16:7-15 ja Ap. t. 1:8. Henkeä ei annetta itsekkäitä

Jumalan kirkkaus seurakunnassa

tarkoituksia varten tai ihmisten viihdyttämiseksi, vaan jotta seurakunta kykenisi tavoittamaan kadotettuja ja täyttämään Jumalan sille antaman tehtävän.

◆ Valtuuttaminen ja varustaminen on tarkoitettu kaikille, ei vain muutamille erityisille kristityille. Ne on tarkoitettu seurakunnan jokaiselle jäsenelle – Ap. t. 2:38-39. Ne on tarkoitettu kaikille, "keitä ikinä Herra, meidän Jumalamme, kutsuu", eli niitä ei myöskään ole tarkoitettu ainoastaan Uuden testamentin ajan uskoville.

◆ Varustaminen tapahtuu uskon jälkeen. Raamatun kaikissa esimerkeissä ihmiset täytettiin Hengellä aina vasta, kun he ensin olivat uskoneet. Tämä osoittaa myös, ettei valtuutusta anneta automaattisesti uudestisyntymän hetkellä. Raamatusta voidaan havaita, että alkuseurakunnan johtajat pitivät huolen siitä, että jokainen uusi uskova janosi Henkeä, ja he myös rukoilivat yhdessä uusien uskovien kanssa, että nämä vastaanottaisivat Hengen – Ap. t. 8:14-17, 9:17, 19:2-6 ja Ef. 1:13.

◆ Varustaminen on vapaasti saatavilla oleva lahja. Henki vuodatettiin helluntaina, ja se on nyt vapaasti seurakunnan saatavilla. Henki on Jumalan lahja jokaista uskovaa varten. Se ei ole palkinto, joka olisi varattu vain erityisen pyhille ja lahjakkaille uskoville – Gal. 3:2 ja 13-14.

◆ Varustamisen todisteena on profeetallinen puhe – erityisesti kielilläpuhuminen. Kohdat 1. Sam. 10:10-11, 19:20-24 ja 4. Moos. 11:16-30 osoittavat, että kun Henki tuli ihmisten ylle Vanhan testamentin aikaan, ihmiset alkoivat profetoida. Ei pitäisikään tulla yllätyksenä, että myös Uuden testamentin aikaan ihmiset puhuivat profeetallisesti, kun heidät täytettiin Hengellä – Luuk. 1:41-45,67; Ap. t. 2:4, 10:44-47 ja 19:5-6.

Seurakuntaan kuuluminen

Kielet ovat uusi profeetallisen puheen muoto uutta Pyhän Hengen aikakautta varten, mutta Uudessa testamentissa kaikki profeetallisen puheen muodot joko ylistävät Jumalaa tai toimivat voimakkaana todisteena ylösnousseesta Herrasta.

Jotkut ihmiset pohdiskelevat sitä, pääsevätkö he taivaaseen, jos heitä ei ole kastettu tai jos heitä ei ole täytetty Hengellä. Raamattu tekee erittäin selväksi, että me olemme pelastettuja armosta, ainoastaan uskon kautta. Kaste ja Hengen vastaanottaminen eivät ole taivaaseen pääsyn vaatimuksia, mutta ne ovat ennakkovaatimuksia sille, että voimme nauttia ikuisen elämän lupauksista ja eduista jo tässä elämässä.

Kristuksen seuraan liittymisessä ei ole ainoastaan kyse siitä, että saamme "pääsylipun taivaaseen". Se tarkoittaa sitä, että meidät varustetaan elämään Jeesuksen kanssa ja häntä varten maan päällä ja että olemme hänen ruumiinsa, teemme hänen työtään hänen antamallaan tehokkuudella, loistamme hänen kirkkauttaan kaikille kansoille, taistelemme hänen vihollisiaan vastaan ja kaikkea muutakin, mitä edellä on havaittu. Jumala ei halua meidän tyytyvän vain välttämättömään, vaan hän haluaa meidän vastaanottavan kaiken, mitä hänellä on meitä varten varattuna.

Seurakuntaan sitoutuminen

Edellä todettiin, että meistä tulee seurakunnan jäseniä, kun uskomme Jeesukseen. Jokainen todellinen uskova on automaattisesti osa maailmanlaajuista seurakuntaa. Tiedämme kuitenkin myös, että kuulumisemme maailmanlaajuiseen seurakuntaan tulisi näkyä siinä, että kuulumme johonkin paikalliseen seurakuntayhteisöön. Paikallisseurakuntaan sitoutuminen on jokaisen kristityn perusvaatimus.

On selvää, ettei seurakunnassa voi olla todellista elämää ilman sitoutumista – ruumis ei voi toimia ilman sitoutuneita ja selkeästi tunnistettavia jäseniä. Seurakunta tarvitsee kaikkia jäseniään voidakseen toimia. Efesolaiskirjeen jakeissa 4:11–12 seurakunnan johtajia kutsutaan kokoamaan kaikki jäsenet yhteen ja varustamaan heidät palveluksen työhön.

Jumalan kirkkaus seurakunnassa

Tämä on mahdollista vain, jos tiedetään, kuka on sitoutunut seurakunnan mihinkin paikalliseen ilmenemismuotoon. Uudessa testamentissa käytetty kreikankielinen ilmaus seurakunnan jäsenyydelle vaikuttaisi olevan epi to auto. Se esiintyy ensimmäisen kerran Apostolien tekojen jakeessa 1:15, "opetuslapsia oli koolla – epi to auto – noin...", jossa se näyttäisi viittaavan virallisesti muodostettuun ihmisjoukkoon. Lisäksi se esiintyy kohdissa Ap. t. 2:1, 2:44 ja 2:47.

Jotkut hengelliset johtajat ovat sitä mieltä, ettei Uuden testamentin aikaisissa seurakunnissa ollut minkäänlaisia rakenteita ja että Pyhä Henki siunaa vain siellä, missä Hengen toimintaa ei rajoiteta minkäänlaisilla järjestelyillä. Jo Uuden testamentin aikaan ihmiset kuitenkin tiesivät, milloin he liittyivät seurakuntaan tai milloin he erosivat siitä – kuten ilmenee kohdassa 1. Kor. 5:2. Seurakunnan kokoontumisissa ihmiset tekivät tiettyjä asioita. Ihmiset olivat sitoutuneita toisiinsa, ja he kokoontuivat yhteen suorittamaan tiettyjä tehtäviä.

Jokainen uskovien yhteys oli koottu ja järjestetty tiettyjen sääntöjen mukaan – se ei ollut vain löyhästi toistensa kanssa yhteydessä oleva satunnainen joukko ihmisiä. Seurakuntien jäsenet muodostivat yhtenäisen kokonaisuuden. He olivat osallisia samaan ristin avaamaan suhteeseen, ja hengelliset siteet pitivät heitä kiinni toisissaan. Jokainen kodissa kokoontuva seurakunta oli osa yhtä ja samaa ruumista, ja jokainen niistä osoitti rakkautta ja sitoutumista muita tuon ruumiin ilmenemismuotoja kohtaan omalla paikkakunnallaan.

Efesolaiskirjeen jakeiden 4:15–16 ja Kolossalaiskirjeen jakeiden 2:18–19 "ruumista" käsittelevä opetus osoittaa, että kristillistä sitoutumista ja seurakuntaan sitoutumista ei voida erottaa toisistaan. Kristukselle kuuluminen tarkoittaa myös yhteyttä yhteen ruumiiseen – tuon ruumiin osana olemista. Päässä kiinni pysyminen tarkoittaa, että olemme myös sitoutuneita elämään toimivassa, toisistaan riippuvaisessa suhteessa kaikkien muiden paikallisen seurakuntaruumiin jäsenten kanssa.

Seurakuntaan kuuluminen

Jos emme "pysy" paikallisessa seurakuntayhteisössä, on vaarana, että surkastumme hengellisesti. Ja jos joku paikallinen uskovien joukko ei ole sitoutunut muihin sitä ympäröiviin seurakuntiin, on vaarana, että se vahingoittaa yhteistä ruumista. Yksikään henkilö tai seurakunta ei voi elää kristillistä elämää kaikista muista eristäytyneenä: meidän täytyy olla kaikilla tasoilla aidosti sitoutuneita yhteen ruumiiseen.

Sekä Jeesuksen että alkuseurakunnan elämää tutkimalla voidaan havaita, että varhaiset uskovat osoittivat sitoutumistaan viidellä toisiaan täydentävällä tavalla. Viime aikoihin asti useimpien seurakuntien johtajat ovat kuitenkin keskittyneet vain seuraavaan kahteen sitoutumisen muotoon:

♦ ihmisen henkilökohtaiseen vastaukseen Kristuksen kutsuun

♦ seurakuntien yhteisiin kokoontumisiin.

Uskovien on odotettu olevan henkilökohtaisesti sitoutuneita Kristukseen sekä sitoutuvan osaksi paikallisseurakuntaa, joka yleensä toimii lähes täysin erillään paikkakunnan muista seurakunnista. On kuitenkin tärkeää huomata, että alkuseurakunnan uskovat osoittivat sitoutumistaan paljon tätä monimuotoisemmilla tavoilla.

Kumppanuus
Tiedämme jakeiden Joh. 19:26 ja 21:20 perusteella, että Jeesus oli erityisen läheinen apostoli Johanneksen kanssa – Johannes oli Jeesuksen "rakkain opetuslapsi". Vaikka Jeesuksella oli oma henkilökohtainen suhteensa Isän kanssa, suhde jokaisen kahdentoista opetuslapsen kanssa kuten myös jokaisen suurempaan opetuslasten joukkoon kuuluvan kanssa, Johanneksen kanssa hänellä oli aivan erityinen kumppanuussuhde. Jeesus myös usein vietti aikaa ainoastaan kolmen läheisimmän opetuslapsensa – Pietarin, Jaakobin ja Johanneksen – kanssa.

Matteuksen evankeliumin jakeessa 18:20 Jeesus vaikuttaisi kertovan ehdottoman vähimmäisvaatimuksen sille, mikä

Jumalan kirkkaus seurakunnassa

seurakunta on. Hän osoittaa, että Uuden testamentin *ekklesian* yksinkertaisin muoto on sellainen, missä kaksi tai kolme on koolla hänen nimessään ja missä hän on läsnä.

Matteuksen evankeliumin jakeissa 10:1-5 kerrotaan siitä, kun Jeesus valtuutti apostolinsa palveluksen työhön. Apostolit luetellaan siinä pareittain. He eivät koskaan lähteneet palvelemaan yksin, vaan heillä jokaisella oli joku määrätty kumppani.

Luukkaan evankeliumin jakeessa 10:1 kerrotaan siitä, kun Jeesus lähetti suuremman opetuslasten joukon, 70 yhteensä, matkaan pareittain ja Apostolien tekojen jakeet 12:25 ja 16:25 havainnollistavat, että myös Paavalilla oli joukko läheisiä kumppaneita. Jopa Ilmestyskirjan luvussa 11 esiintyy kaksi todistajaa: ei vain yksi muttei myöskään suurta joukkoa.

Kumppanuusperiaate perustuu niihin suhteisiin, jotka ovat ikuisesti olemassa kolmiyhteisen Jumalan kolmen persoonan – Isän, Pojan ja Pyhän Hengen – välillä. Läpi koko Raamatun voidaan toistuvasti havaita viittauksia "Isään, Poikaan ja Henkeen", jotka toimivat yhdessä, sekä myös useita viittauksia "Isään ja Poikaan" ja "Sanaan ja Henkeen". Kumppanuus on uskomme ytimessä, ei individualismi.

Ensimmäisen Mooseksen kirjan jakeet 1:26-27 viittaavat siihen, että ihmisyys on perusluonteeltaan yhteisöllistä. Ne tekevät myös selväksi, että yhteisöllisyys kuvastaa itse Jumalan luonnetta. Jae 2:18 taas osoittaa, kuinka tärkeänä Jumala pitää ihmisten välistä kumppanuutta. Avioliitto on tietenkin kaikista itsestään selvin tapa ilmaista tätä periaatetta, mutta kumppanuus seurakunnassa ei rajoitu ainoastaan kodinsisäisiin suhteisiin.

Vanhassa testamentissa on useita esimerkkejä seurakuntaelämään kuuluvasta kumppanuudesta. Siellä kerrotaan muun muassa seuraavista kumppaneista: Mooses ja Aaron, Daavid ja Jonatan, Elia ja Elisa, Ruut ja Noomi, Haggai ja Serubbabel, Joosua ja Sakarja sekä Esra ja Nehemia. Monet näistä ihmisistä olivat myös tahoillaan naimisissa, mutta heidän puolisonsa eivät olleet esteenä tälle Jumalan yhdistämälle

Seurakuntaan kuuluminen

kumppanuudelle. Eliaa ja Elisaa lukuun ottamatta, jotka molemmat olivat profeettoja, nämä muut Vanhan testamentin kumppanit olivat ihmisiä, joilla oli keskenään erilaiset kutsumukset. Heidän kumppanuutensa vahvisti voimakkaalla tavalla kummankin osapuolen palvelutyötä, minkä vuoksi meillä onkin paljon opittavaa heidän välisistä suhteistaan.

Kumppanuuden periaate on jätetty laajasti varjoon seurakunnan historiassa. Vain harvat miehet ovat palvelleet yhdessä jonkun läheisen kumppanin kanssa. Suurin osa tällaisista miehistä – kuten Charles ja John Wesley, Nikolaus Zinzendorf ja August Spangenberg sekä Dwight Moody ja Ira Sankey – on kuitenkin saanut kokea aivan erityisiä Jumalan siunauksia.

Kumppanuuden periaate oli suuressa osassa laajalle levinneessä herrnhutilaisuudessa, jonka alullepanijoita olivat Zinzendorf ja Spangenberg. Vuosien 1732 ja 1757 välisenä aikana he lähettivät Saksissa sijaitsevasta pikkuruisesta Herrnhutin kylästä yli 50 lähetystyöntekijäparia joka puolelle maailmaa.

Herrnhutilaisilla oli myös suuri vaikutus John Wesleyyn, ja hän pitikin huolta siitä, että hänen käännynnäisillään kaikilla oli hengellinen kumppani, joka opasti heitä opetuslapsena kasvamiseen. Jotkut muut hänen aikansa saarnaajat, kuten Whitfield, saattoivat kyllä nähdä suurempien ihmisjoukkojen kääntyvän, mutta kumppanuuden periaatteen vuoksi perintö, jonka Wesley seurakunnalle jätti, oli muiden jättämiä perintöjä vahvempi ja kauaskantoisempi.

Jos todella haluamme toteuttaa seurakuntaa raamatullisella tavalla, meidän tulisi myös pyrkiä löytämään keinoja sille, kuinka kehittää aitoa kumppanuutta seurakunnan sisällä ja kuinka kannustaa siihen – laiminlyömättä kuitenkaan muitakaan sitoutumisen muotoja. Kuten osassa 11 havaitaan, soluseurakuntamalli tarjoaa seurakunnalle kumppanuuden periaatteelle rakentuvat raamit, sillä solumallin ytimessä on juurikin se periaate, että kaksi tai kolme on koolla hänen nimessään.

Jumalan kirkkaus seurakunnassa

Solu

On opettavaista huomioida, että Jeesus valitsi huolella pienen kahdentoista opetuslapsen joukon, jota hän sitten opetti aivan erityisen läheisellä tavalla. Apostolien teoissa voidaan havaita, että myös Paavali keräsi yleensä ympärilleen pienen ryhmän, joka oppi häneltä ja joka oli mukana hänen palvelutyössään. Hän ei valinnut aina samaa määrää ihmisiä, mutta vaikuttaa siltä, että heitä oli kerrallaan kolmesta kahteentoista.

Tämän kokoisessa ryhmässä on monenlaisia etuja. Ihmiset voivat tuntea toisensa hyvin, he voivat käytännöllisellä tavalla huolehtia toisistaan, he voivat kokea kuuluvansa joukkoon ja heillä voi jokaisella olla oma erityinen roolinsa. Vaikuttaa siltä, että Uudessa testamentissa johtajat kasvattivat ihmisiä palveluksen työhön juuri tällaisissa ryhmissä, sillä niissä jokainen pystyi turvallisella tavalla kasvamaan ja löytämään oman paikkansa osana Kristuksen palvelutyötä.

Iso osa seurakuntaa koskevasta opetuksesta on muotoa "tehkää näin tai näin toinen toisellenne". Kaikkia näitä käskyjä voidaan parhaiten toteuttaa juuri pienissä ryhmissä.

Pienet soluryhmät ovat usein olleet osa seurakunnan toimintaa juuri voimakkaan kasvun ja suurten siunausten aikoina. Tämä seurakuntaelämän puoli oli esimerkiksi merkittävässä osassa niiden saarnaavien munkkien elämässä, jotka ensimmäisinä käännyttivät Euroopan.

Myös Zinzendorf, joka uskoi, ettei "kristinuskoa voi olla olemassa ilman yhteisöllisyyttä", piti huolen siitä, että hänen kumppaninsa kokoontuivat pienryhmiin rukoilemaan yhdessä, huolehtimaan toisistaan ja oppimaan toinen toiseltaan. Tämänkaltaiset solut olivat herrnhutilaisuuden lähetystyön ja seurakuntien istuttamistyön ytimessä. Wesley kehitti myöhemmin herrnhutilaisten solujen pohjalta oman "luokkajärjestelmänsä", joka teki käännynnäisten rukouselämästä ja opetuslapsena kasvamisesta helpompaa jakamalla heidät pieniin ryhmiin, joissa ei ollut enempää kuin noin 12 uskovaa kussakin.

Seurakuntaan kuuluminen

Monet nykyajan seurakunnatkin alkoivat joitakin vuosikymmeniä sitten perustaa soluryhmiä. Liian monet näistä olivat kuitenkin kooltaan yli 12 hengen suuruisia ja siten pikemmin "kokousten" kaltaisia. Koska seurakuntien johtajilla ei ollut 70- ja 80-luvuilla kuin harvoja soluryhmiä, joista ottaa mallia, he päätyivät kehittämään soluista pieniä arki-iltojen kokouksia – pienimuotoisia seurakuntakokoontumisia – pikemmin kuin ryhmiä, joissa ihmiset olisivat saaneet toimia, kasvaa, evankelioida ja huolehtia toinen toisestaan ja jotka olisivat ilmentäneet ekklesiaa ja koinoniaa omalla paikkakunnallaan – siis sellaisia ryhmiä, joita oli aiemmin seurakunnan historiassa ollut.

Soluseurakuntamalli pyrkii korjaamaan näitä aiempia soluihin liittyviä vääriä käsityksiä, ja siihen perehdytään tarkemmin tämän kirjan osassa 11.

Seurakunta
Kun jonkin ryhmän jäsenmäärä kasvaa yli 12 hengen suuruiseksi, ihmisten alkaa olla vaikea enää tuntea kaikkia ryhmän jäseniä yhtä hyvin. Jos ryhmän jäsenmäärä on 12:sta noin 200:taan, on mahdollista säilyttää jonkinlainen läheisyys ja kaikki voivat vielä tuntea toisensa nimeltä ja osallistua toimintaan jollakin tavalla. Tämänkokoisista ryhmistä kerrotaan kohdissa Luuk. 10:1–20 ja Ap. t. 1:15, ja useimmat Uuden testamentin seurakunnista olivat aloittaessaan kaiketi tätä luokkaa.

Tämän kokoisissa seurakunnissa on monia hyviä puolia. Ne ovat tarpeeksi suuria, jotta ne voivat olla näkyvästi läsnä paikallisessa yhteisössään, mutta kuitenkin tarpeeksi pieniä, jotta jokainen jäsen voi osallistua yhteisiin kokoontumisiin omalla panoksellaan, jakeen 1. Kor. 14:26 kuvaamalla tavalla.

Uskonpuhdistuksen jälkeen suurin osa protestanttisen kirkon johtajista on keskittynyt lähes yksinomaan tähän seurakuntaulottuvuuteen. Tällainen kapea-alainen näkökulma on usein ollut esteenä seurakuntakasvulle, uskovien kouluttamiselle ja valtuuttamiselle palveluksen työhön sekä

Jumalan kirkkaus seurakunnassa

uusien käännynnäisten opetuslapseuttamiselle. Kuten osassa 3 todettiin, seurakunta tai kirkko tarkoittaa nykyään monille lähes yksinomaan "seurakuntamaisia" kokoontumisia, ja useimmat ihmiset pitävät juuri seurakunnan kokoontumisia ekklesian täsmällisinä ilmenemismuotoina. Tämä on ehkäpä yksi merkittävimmistä asioista, joiden täytyy muuttua, jos haluamme palata Uuden testamentin aikaiseen elävään kristillisyyteen.

Jumalanpalvelus

Kun ryhmät kasvavat yli 200 hengen suuruisiksi, kokouksien osallistujista tulee väistämättä lähinnä katsojia. Uudessa testamentissa kerrotaan kuitenkin useista sellaisista kokoontumisista, joissa erittäin suuri joukko ihmisiä tuli kuulemaan Jumalan sanaa. Näitä kokoontumisia voitaisiin kutsua jumalanpalveluyhteisöiksi.

Suurissa kokoontumisissa – joissa on 200:sta useaan tuhanteen osallistujaa – on oma erityinen ilmapiirinsä, joka synnyttää vahvan yhteisöllisen identiteetin – vaikkakin vain hyvin harva uskova voi suoranaisesti osallistua kokoontumisten toteuttamiseen. Esimerkkejä ekklesian tästä ilmenemismuodosta voidaan havaita Jerusalemin seurakunnan yhteydessä (j. Ap. t. 2:41 ja 4:4), jolle suuret kokoontumiset olivat tavanomaisia. Jerusalemin seurakunnan uskovat jatkoivat Jeesuksen mallin mukaan toimimista kokoontumalla yhdessä Salomon pylväikköön, joka sijaitsi Jerusalemin temppelin sisäpihalla. Myös vastikään kääntyneet kokoontuivat siellä muiden uskovien kanssa, ja heitä opetettiin ja rohkaistiin uskossaan. Nämä kokoontumiset olivat myös tilaisuus evankelioida, sillä monet juutalaiset, jotka tulivat temppeliin päivittäisiä rukouksiaan varten, tunsivat vetoa tuota uutta eläväistä kristillistä yhteisöä kohtaan.

"Jumalanpalvelukset" olivat tärkeitä, sillä niihin osallistumalla uskovat kokivat olevansa osa jotakin suurempaa kokonaisuutta ja ne myös rohkaisivat heitä tuomaan uskoansa julkisesti esiin. Jumalanpalvelukset toimivat myös todisteena

Seurakuntaan kuuluminen

koko kaupungille siitä, että seurakunta oli olemassa ja että se oli elävä. Jokaisella uskovalla pitäisi nykyäänkin olla mahdollisuus osallistua tällaisiin "jumalanpalvelustyyppisiin" kokoontumisiin, mutta meidän tulee muistaa, että "seurakunta" on paljon enemmän kuin vain jumalanpalvelus.

Pyhä kokous
Jeesukseen uskovina meidät on kutsuttu olemaan hengellisiä kumppaneita toinen toisellemme, olemaan veljiä ja sisaria Kristuksessa. Meidät on kuitenkin myös kutsuttu yhteisesti yhtenä Jumalan kansana muodostamaan hengellinen liittovaltio. Seurakunnan täytyy loistaa Jumalan kirkkautta sekä mikrokosmisella että makrokosmisella tasolla: kokoontua kahden tai kolmen ihmisen voimin, mutta myös osoittaa hengellistä yhtenäisyyttä yhteisellä pyhällä kokouksella tai "juhlakokouksella" (ks. 3. Moos. 23:21).

Tällainen suuri yhteinen kokous ilmentää sitä, että seurakunta on "Jumalan kansa", ja se vahvistaa yhteistä kansallista päämäärämme, identiteettiämme ja Jeesuksen täyteyttä, johon kohdassa Ef. 4:13–16 viitataan. Israelilaisten Vanhan testamentin aikaiset pyhät kokoukset havainnollistavat niitä periaatteita ja tarkoitusperiä, jotka liittyvät tällaisiin kansallisiin kokoontumisiin:

◆ uudenvuodenjuhla, kansallinen katuminen – 3. Moos. 23:23–25

◆ sovituspäivä, kansallinen lunastus – 3. Moos. 23:26–32

◆ lehtimajanjuhla, kansallinen riemuitseminen – 3. Moos. 23:33–44.

Nämä juhlat olivat keskeinen osa Israelin kansan elämää. Ne antoivat ihmisille yhtenäisyydentunteen muistuttamalla heitä siitä, että heidän identiteettinsä oli Jumalassa ja kaikessa, mitä hän oli heidän puolestaan tehnyt.

Heprealaiskirjeen jakeiden 10:24–25 kaltaiset Uuden testamentin kohdat todistavat, että samat periaatteet koskevat myös meitä, vaikkemme enää vietäkään

Jumalan kirkkaus seurakunnassa

samanlaisia rituaalisia juhlia. Toisin kuin solukokoontumiset, seurakuntakokoontumiset tai jumalanpalvelukset, pyhät kokoukset ovat kokoontumisia, joissa voimme täydellisesti ilmaista sitä hengellistä perintöä, joka meille Jumalan kansana kuuluu ja josta kerrotaan kohdassa 1. Piet. 2:9-10. Tällaiset kokoontumiset eivät tämän vuoksi olekaan yhtä säännöllisiä kuin muunlaiset kokoontumiset.

Jeesus - joka on esikuvamme kaikessa - oli sitoutunut olemaan läheisessä kumppanuudessa Pietarin, Jaakobin ja Johanneksen kanssa, kahdentoista opetuslapsensa kanssa, sen suuren opetuslasten joukon kanssa, joista valittiin ne 70, jotka lähetettiin, sekä niiden tuhansien ihmisten kanssa, jotka halusivat kuulla hänen puhettaan. Jeesus kykeni vaivatta keskittymään vuorotellen näihin eri ihmisryhmiin, ja voimme havaita, että alkuseurakunta toimi hänen esimerkkinsä mukaan.

Näiden toisiaan täydentävien sitoutumisen muotojen pitäminen aiheuttaa jatkuvaa jännitettä - kaikilla uskovilla on joku ihmisryhmä, jossa he viihtyvät paremmin, ja joku toinen, jossa he eivät niinkään viihdy. Meidän tulee kuitenkin oikaista joitakin nykyisiä epätasapainoisia painotuksiamme, jotta meille voisi kehittyä kokonaisvaltainen tapa kokea seurakuntaa ja elää sitä todeksi.

Jos tavoitteenamme on raamatullinen seurakunta, meidän on tärkeää löytää uudestaan nämä viisi sitoutumisen tasoa - sekä yksilöuskovina että yhteisesti seurakuntana. Ilman tällaista vahvaa sitoutumista seurakunta jää heikoksi ja jakautuneeksi ja maailma jää tavoittamatta ja vakuuttamatta.

Osa 8

Johtajuus seurakunnassa

Edellä havaittiin, että Uusi testamentti esittelee seurakunnan pikemminkin elävänä yhteisönä kuin jonkinlaisena järjestönä. Tällaisen elävän yhteisön määritelmä voisi olla "järjestelty kokonaisuus, joka koostuu toisissaan kiinni olevista ja toisistaan riippuvaisista osista, ja joka on muodostettu yhteisen elämän jakamista varten".

Tarkoitan tällä sitä, että seurakunta voi toimia tehokkaasti ainoastaan silloin, kun maailmanlaajuisen seurakunnan jokainen erillinen ilmenemismuoto (jokainen kumppanuussuhde, solu, seurakunta, jumalanpalvelukseen kokoontunut ihmisryhmä ja pyhään kokoukseen kokoontunut ihmisryhmä; jokainen kodeissa kokoontuva seurakunta ja jokainen paikallisseurakunta) on riippuvainen toinen toisestaan ja riippuvainen Kristuksesta.

Lisäksi tarkoitan sillä sitä, että seurakunta voi toimia tehokkaasti ainoastaan, jos sillä on jonkinlainen rakenne ja johtajuus. Vanhan testamentin aikaan Jumalan kirkkaus ilmestyi yleensä siellä, missä oli olemassa jonkinlainen rakennelma kuten temppeli tai pyhäkköteltta. Myös jokaiseen kielikuvaan, jota Uudessa testamentissa käytetään seurakunnasta, liittyy jokin rakenne, ja useimmat niistä tuntuvat sisältävän jonkinasteisen ajatuksen johtajuudesta ja hallitsemisesta.

Kaikki seurakunnasta käytetyt kielikuvat ovat myös yhteisöllisiä, ja ne vaativat jonkinlaista järjestelmää toimiakseen. Kivien täytyy olla vieri vieressä, ja ne täytyy kiinnittää toisiinsa. Lihan täytyy olla kiinni lihaksissa ja luissa. Kansat tarvitsevat hyvää hallintoa. Rakennusten täytyy olla huolellisesti suunniteltuja ja kestävästi rakennettuja.

Jumalan kirkkaus seurakunnassa

Ja armeijoilla täytyy olla lahjakkaat johtajat, tai niiden on mahdotonta voittaa.

Ennen näihin asioihin perehtymistä meidän täytyy muistuttaa itseämme kolmesta tärkeästä raamatullisesta periaatteesta:

◆ Kristuksen ruumiin jokainen jäsen on Jumalan asettama – 1. Kor. 12:18

◆ kaikki ruumiin jäsenet ovat kiinni toisissaan, riippuvaisia toisistaan sekä liitetty toisiinsa, ja niitä kaikkia pidetään kiinni toisissaan – Ef. 4:16

◆ kaikki ruumiin jäsenet jakavat Kristuksen, pään, yhteisen elämän – Joh. 15:1–8.

◆ Lisäksi meidän täytyy muistaa ne kolme Kreikan kaupunkien kansankokouksien periaatetta, jotka löytyvät sanan *ekklesia* taustalta:

◆ jokaisella *ekklesialla* oli rajaton valta: se valitsi ja erotti johtajat, johti sotilaallisia operaatioita, keräsi ja jakoi varoja sekä määräsi ihmisille heidän tehtävänsä

◆ jokainen *ekklesia* alkoi rukouksella ja uhraamisella

◆ jokainen *ekklesia* kohteli kaikkia kansalaisiaan tasavertaisesti: kaikilla vapailla kansalaisilla oli yhtäläiset oikeudet ja velvollisuudet – yksikään jäsen ei ollut toista tärkeämpi.

Seurakunnan rakenne
Yksikään seurakunnan ilmenemismuoto ei voi toimia ilman rakennetta. Aina kun perustetaan uusi seurakuntayhteisö, täytyy myös tehdä jonkinlaiset suunnitelmat siitä, miten kokoontumiset ja päätöksenteko järjestetään. On tärkeää antaa Raamatun ja Pyhän Hengen opettaa meitä siitä, millaista seurakunnan elämän tulisi olla.

Uudesta testamentista ei löydy valmista mallia sille, millainen on täydellinen seurakuntarakenne tai kaikista

Johtajuus seurakunnassa

ihanteellisin organisaatio. Siellä on kuitenkin esitetty useita tärkeitä periaatteita. Jokaisen seurakunnan, joka haluaa kehittyä raamatullisempaan suuntaan, tulisi soveltaa näitä periaatteita toiminnassaan.

Yhtä vaikkakin erilaisia

"Ruumis"-kielikuva nostaa esiin sitä, että seurakunnan sisällä on monia erilaisia jäseniä, joilla kaikilla on varsin erilaiset tehtävät. Jokaisen seurakuntarakenteen tulisi pyrkiä ilmentämään sekä ruumiin yhteistä päämäärää että sen eri jäsenten erilaisia tehtäviä.

Yksi seurakunnan pääperiaatteista on, että "on vain yksi seurakunta mutta hyvin monia lahjoja". Jokaisen seurakunnan, joka pyrkii noudattamaan raamatullisia periaatteita, tulisi ilmentää tätä käytännön tasolla. Tavalla tai toisella seurakuntien tulisi olla järjestäytyneitä ja organisoituja mutta samalla varmistaa, että niissä on runsaasti tilaa monenlaisille Kristuksen palvelutyön ilmenemismuodoille.

Tasavertaisia vaikkakin erillisiä

Tasavertaisuuden periaate kuuluu olennaisesti kreikkalaiseen käsitykseen siitä, mikä *ekklesia* on, ja sitä painotetaan myös Uudessa testamentissa. Kohdat 1. Kor. 12:22–26 ja Jaak. 2:1–4 tekevät selväksi, ettei "asemalla" ole mitään sijaa seurakunnassa.

Aivan kuten ihmisruumiin niille osille, jotka halutaan piilottaa, annetaan suurempi kunnia, samoin myös seurakuntaruumiissa tulisi kunnioittaa ja arvostaa niitä jäseniä, jotka vaikuttavat vähempiarvoisilta.

Jumalan silmissä olemme kaikki tasavertaisia ja yhtä hänen ruumiinaan, joten meidän ei pidä ottaa käyttöön sellaisia rakenteita, jotka tekevät joistakin ihmisistä toisia tärkeämpiä. Vaikka ne, joille on uskottu johtamistaitoja, saattavat olla muita näkyvämpiä tai heillä saattaa olla suurempia vastuita kuin muilla, he eivät kuitenkaan ole muita ruumiinjäseniä tärkeämpiä tai heidän yläpuolellaan. Ja vaikka seurakuntaa pitäisikin johtaa yhtä hyvin kuin parhaita yrityksiä johdetaan,

Jumalan kirkkaus seurakunnassa

täytyy perusasenteemme olla ihmisten yhtäläistä arvoa ja samanarvoisuutta korostava.
Tasavertaisuus ei kuitenkaan tarkoita yhtäläisiä tehtäviä. Kreikkalainen *ekklesia* nimitti joitakin jäseniä kenraaleiksi, toisia tuomareiksi, ja jotkut kansalaiset se lähetti pois kaupungista suorittamaan tiettyä tehtävää. Lisäksi kohdat Ef. 4:11-13 ja 1. Kor. 12:4-11 osoittavat, että on yksi Henki mutta monia lahjoja – joita hän jakaa niin kuin tahtoo.
On aina olemassa kiusaus antaa liikaa arvoa jollekin tietylle lahjalle tai pitää jotakin tiettyä tehtävää aivan liian tärkeänä. Vaikka jakeet 1. Kor. 12:28-31 osoittavatkin, että profetoiminen on arvokkaampi armolahja, meidän täytyy aina soveltaa jakeen 1. Kor. 13:13 periaatetta.

Kaikkien jäsenten osallistuminen

Monia nykyajan seurakuntia johtaa ammatillinen eliitti. Jäsenet ajattelevat, että papin tulisi pystyä kaikkeen ja tehdä kaikki heidän puolestaan. Viime vuosien aikana Henki on kuitenkin johtanut seurakuntaa tunnistamaan sen raamatullisen totuuden, että hengellinen palvelutyö kuuluu kaikille pyhille.
Efesolaiskirjeen jakeissa 4:11-12 selvitetään, että johtajien tehtävä on varustaa pyhät palvelutyöhön: johtajien ei siis ole määrä tehdä kaikkea heidän puolestaan. Ruumiin kasvu ja terveys ovat riippuvaisia siitä, että jokainen jäsen toimii omassa tehtävässään. Seurakunnat tarvitsevat rakenteita, jotka kannustavat toteuttamaan tätä elintärkeää periaatetta, sillä vain sellainen ruumis, jonka jokainen jäsen suorittaa omaa tehtäväänsä, kykenee olla tekemässä Kristuksen työtä ja täyttämässä sitä tehtävää, jonka hän on meille antanut.

Täysin joustava

On itsestäänselvää, etteivät kuolleet ruumiit kasva tai muutu. Elävät yhteisöt sen sijaan ovat aina liikkeessä. Luukkaan evankeliumin jakeissa 5:37-39 Jeesus opetti, että uusi viini tarvitsee uudet leilit. Käymätön viini laitettiin tuohon aikaan eläimen nahasta tehtyihin pusseihin. Käymisprosessin aikana

Johtajuus seurakunnassa

viinin tilavuus laajeni, ja koska nahat olivat joustavia, ne eivät revenneet. Kun viini oli käytetty, vanhaa nahkaa ei voitu käyttää uudelleen, sillä se oli menettänyt taipuisuutensa – sen kimmoisuus saatiin palautettua vain uittamalla sitä läpikotaisin jossakin nesteessä.

Samalla tavoin seurakuntarakenteetkaan eivät voi kestää Hengen aikaansaamaa uutta elämää ja kasvua, jos ne ovat jäykkiä ja joustamattomia. Seurakuntarakenteet voivat toimia tehokkaasti ainoastaan silloin, kun ne joustavat tarpeeksi, jotta Henki voi jatkuvasti tuoda uudistusta.

Tärkeää on se, ettemme "kanonisoi" seurakuntarakenteitamme tai anna niille liian suurta painoarvoa. Meidän tulee nähdä, että seurakuntarakenteemme ovat kuin rakennusteline, joka mahdollistaa rakennuksen rakentamisen mutta joka ei ole osa itse rakennusta. Ne ovat kuin puinen eloton kehikko, jota pitkin viiniköynnös kasvaa mutta jota ei tule sekoittaa itse viiniköynnökseen. Vain viiniköynnös kykenee tuottamaan hedelmää – ei se kehikko, jota pitkin köynnös kasvaa.

Kun ymmärrämme tämän, olemme tarkkoina siitä, että rakennamme aina ainoastaan oikeanlaisia seurakuntarakenteita – sellaisia, jotka helpottavat seurakunnan todellista rakentamistyötä. Emme enää pidä kiinni perinteisten seurakuntarakenteiden "pyhistä lehmistä", jotka jo kauan sitten ovat menettäneet merkityksensä ja tehonsa, vaan olemme aina valmiita mukauttamaan, muuttamaan ja hylkäämään tehottomia ja vanhanaikaisia rakenteita ja perinteitä ja korvaamaan niitä uusilla, säilyttäen aidon Hengen johdatukseen nojautuvan joustavan asenteen.

Seurakunnan hallinto

Yksikään "kansakunta", "armeija", "kaupunki", "perhe" tai seurakunta ei voi toimia ilman hallintoa. Seurakunta ei ole milloinkaan historiansa aikana pitäytynyt ainoastaan yhdessä hallintomallissa, sillä Uudessa testamentissa ei anneta selkeitä määräyksiä aiheesta. Siellä tarjotaan kuitenkin suuntaa antavia ohjeita, joita voidaan soveltaa Hengen avulla.

Jumalan kirkkaus seurakunnassa

Tiedämme, että Kristus on seurakunnan pää, joten *ekklesian* jokainen ilmenemismuoto on hänen hallintansa alla. Yksikään inhimillinen järjestelmä ei voi täydellisesti jäljentää tätä Kristuksen hallintavaltaa. Hän saattaa ilmaista valtansa yhden ihmisen, muutamien ihmisten tai koko kansansa kautta. Jumala voi itsevaltiudessaan ilmaista tahtonsa millä tahansa tahtomallaan tavalla. Meidän tehtävämme on ainoastaan olla mahdollisimman kuuliaisia hänelle.

Seurakunnissa on perinteisesti valittu yksi neljästä pääasiallisesta kirkon hallintojärjestelmästä.

Episkopaalinen

Englannin kirkossa jokainen erillinen seurakunta kokoontuu omassa kirkkorakennuksessaan, ja jokaisen seurakunnan johdossa on pappi. Kaikkien pappien yläpuolella taas on piispa. Se on siis hierarkkinen järjestelmä, mutta se voi toimia hyvin silloin, jos jokainen piispa ja pappi on täynnä Jumalan rakkautta ja myötätuntoa. Parhaimmillaan tämä järjestelmä takaa sen, että jokainen pappi saa itsekin kunnollista pastoraalista ohjausta.

Presbyteerinen

Presbyteerisessä hallinnossa valtaa pitää pieni joukko vanhimpia tai presbyteeriläisiä, jotka on valittu tai äänestetty asemaansa jonkin järjestelmän mukaisesti. Tämä hallintojärjestelmä toimii hyvin, jos vanhimmat toimivat hyvässä yhteisymmärryksessä ja ovat yhdessä selvillä Jumalan tahdosta. Sen suuri etu on, että kaikille on selvää, ketkä johtavat paikallista seurakuntaa, ja lisäksi enemmistön periaate tuo toivottua turvaa vanhimpien toimintaan.

Seurakunnallinen

Seurakunnallisessa hallintojärjestelmässä vallitsee demokratia, jossa seurakunnan enemmistö tekee päätökset. Järjestelmä toimii hyvin, jos Jumalan voima saa vaikuttaa koko seurakunnassa ja jos seurakunnassa on yleinen tietoisuus

Johtajuus seurakunnassa

siitä, mikä Jumalan tahto on. Ihanteellisessa tapauksessa tämä järjestelmä toimii linjassa sen tärkeän totuuden kanssa, että Kristus on läsnä koko ruumiissaan, ei vain pienessä eliittiryhmässä. Valitettavasti enemmistö ei kuitenkaan aina ole oikeassa – kuten havaitaan kohdassa 4. Moos. 13:1–14:10.

Apostolinen
Tässä järjestelmässä valtaa pitää apostoli, joka kutsuu ihmisiä seuraamaan itseään ja tekemään Jumalan työtä. Tämäkin järjestelmä voi toimia hyvin, mutta vain jos Jumala on voidellut johtajan ja antanut hänelle näyn. Sen vahvuus on siinä, että ihmisille tarjotaan selkeä näky, jota seurata. Aito apostolinen ja profeetallinen johtajuus toimii perustana seurakunnan elämälle, näyttää Jumalan ihmeellisen suunnitelman mukaisen suunnan, tuo rakenteita seurakuntaan ja vapauttaa Kristuksen ruumiin tekemään Kristuksen työtä. Se herättää kuitenkin myös joitakin kysymyksiä. Mitä tapahtuu, jos apostolinen johtaja väärinkäyttää asemaansa ja hänestä tulee autoritäärinen? Kuinka apostolinen johtajuus toimii suhteessa seurakunnan muihin auktoriteetteihin? Kuka toimii johtajan paimenena? Ja kuka jatkaa hänen työtään, kun hän siirtyy muihin tehtäviin?

Yhtenä apostolisen hallintojärjestelmän muotona voidaan pitää Roomalaiskatolisen kirkon paaviutta. Katolisessa kirkossa seurakuntaa johtaa hierarkian muodostava papisto, jonka ylintä valtaa pitää paavi. Paavi, joka on myös Rooman piispa, tekee koko kirkkoa koskevat arvovaltaiset päätökset. Paavin arvovalta ja asema periytyvät aina yhdeltä paavilta toiselle. Niiden ajatellaan saaneen alkunsa siitä, kun Jeesus nimesi Pietarin ensimmäiseksi paaviksi, kuten kohta Matt. 16:18 katolisen kirkon opissa tulkitaan. Kuten tämän kirjan osassa 2 kuitenkin selvitettiin, Jeesus ei kyseisessä Matt. 16:18 jakeessa viitannut Pietariin puhuessaan "kalliosta", vaan hän pikemminkin halusi kääntää huomion siihen, kuinka luja kallioperusta Pietarin uskontunnustus oli (hänen tunnustaessaan, että Jeesus on Kristus).

Jumalan kirkkaus seurakunnassa

Mikään näistä seurakunnan hallintojärjestelmistä ei selvästikään ole täydellinen, ja historia osoittaa, että Jumala voi käyttää mitä tahansa niistä. Meidän tulisi vain pyrkiä tunnistamaan hänen äänensä – olipa sen välikappaleena sitten seurakunta, ulkoinen palvelutyö, yksilöihminen tai vanhinten joukko. Seurakunnan hallintojärjestelmistä puhuttaessa täytyy pitää mielessä seuraavat seitsemän raamatullista perusperiaatetta:

- ◆ Kristus on yksi ja ainoa pää. Hän on perimmäinen seurakunnan johtaja.

- ◆ On olemassa monia erilaisia johtamistaitoja, eikä niitä kaikkia ole uskottu yhdelle kaiken osaavalle yksilölle.

- ◆ Kristus itse on kaikissa jäsenissä – jokainen jäsen voi Hengen kautta itse kuulla Jumalaa.

- ◆ Jumala on asettanut seurakuntaan apostoleja ja profeettoja hallitsemaan ja ohjaamaan ihmisiä sen näyn mukaan, jonka hän on heille antanut.

- ◆ Jeesus ei tullut palveltavaksi vaan palvelemaan, ja opetuslasten jalkoja pestessään hän antoi esimerkin, jota hänen alaistensa johtajien tulisi seurata. Seurakunnassa ei saa esiintyä autoritäärisiä tai pakottavia johtamisen malleja.

- ◆ Seurakunnan jokainen ilmenemismuoto on yhtenäinen kokonaisuus ja sellaisenaan pätevä yksikkö.

- ◆ Seurakunnan jokaisen ilmenemismuodon tulisi olla riippuvainen kaikista muista paikallisista ilmenemismuodoista – sekä jonkinlaisessa suhteessa myös maailmanlaajuisen ruumiin eri ilmenemismuotoihin.

Seurakunnan johtajuus

Yksikään seurakunta ei voi toimia ilman johtajia ja johtajuutta, ja Jeesus on seurakuntansa johtaja. Hän johtaa ja ohjaa

Johtajuus seurakunnassa

seurakuntaa sanansa ja Henkensä kautta. Mikä roolimme sitten seurakunnassa onkaan, meidän täytyy alistua Kristuksen vallan alle.

Kun alistumme Kristuksen tahtoon, alistumme myös toinen toisemme tahtoon, sillä meidät kaikki on yhtä lailla kiinnitetty Kristukseen. Efesolaiskirjeen jae 5:21 opettaa, että olemme kaikki toinen toisellemme alamaiset (v. 1938 käännös) – koska tunnistamme Kristuksen toisissamme. Tämä tarkoittaa, että johtajuus ei ole sitä, että harvat hallitsevat monia, vaan että kaikki palvelevat toisiaan useilla eri tavoilla – joista johtajuus on vain yksi esimerkki.

1. Paikallinen johtajuus

Uuden testamentin seurakunnalla vaikuttaisi olleen kaksijakoinen johtajuusmalli, jossa johtajuus kuului vanhimmille ja diakoneille.

Vanhimmat ja valvojat

Uudessa testamentissa viitataan sekä *episkopokseen* että *presbuterokseen*. *Episkopos* tulee sanoista *epi*, "yli", ja *skopea*, "katsoa", ja sanatarkasti se tarkoittaa "valvoja". Se on usein käännetty sanalla "kaitsija", ja se esiintyy kohdissa Ap. t. 20:28; Fil. 1:1; 1. Tim. 3:2; Tiit. 1:7 ja 1. Piet. 2:25.

Presbuteros tarkoittaa "vanhin", ja se on vain eri tapa kuvata samaa "valvojaa" tai "kaitsijaa". Tämä havaitaan kohdassa Ap. t. 20:17–28, jossa Paavali kutsuu Efeson seurakunnan *presbuterokset* luokseen ja kutsuu heitä sitten *episkopoksiksi*.

Sana "vanhin" ilmaisee tietyn johtajan kypsää hengellistä havainnointikykyä ja ymmärrystä, ja sanat "valvoja" tai "kaitsija" taas kertovat tuon johtajan roolista tai asemasta seurakunnassa: "vanhimmat" "valvovat" tai "kaitsevat" pyhiä – kuten havaitaan kohdassa 1. Piet. 5:1–4. Edelliset jakeet myös osoittavat, että valvojien tai vanhinten tehtävä oli "paimentaa" Jumalan kansaa, kuten myös jae Ap. t. 20:28 vahvistaa.

Jakeet Ap. t. 14:23, 20:17; Fil. 1:1; Tiit. 1:5 ja Jaak. 5:14 osoittavat, että jokaiseen seurakuntaan tulisi nimetä pieni

Jumalan kirkkaus seurakunnassa

joukko valvojia tai vanhimpia. Ainoat raamatunkohdat, joissa viitataan vain yhteen kaitsijaan, puhuvat joko Kristuksesta – 1. Piet. 2:25 – tai kuvaavat sitä, minkälainen yksittäisen episkopoksen tulisi olla, kuten jakeessa 1. Tim. 3:1. Jakeissa 1. Tim. 3:1–7 ja Tiit. 1:5–9 luetellaan ominaisuuksia, joita jokaisella vanhimmalla tai kaitsijalla tulisi olla. Lisäksi kohdissa Ap. t. 11:30, 15:4–6,23, 16:4; 1. Tim. 4:14, 5:17; Jaak. 5:14 ja 1. Piet. 5:2 voidaan havaita, että vanhimmat, valvojat, kaitsijat:

◆ vierailivat sairaiden luona ja paransivat heitä

◆ opettivat Jumalan Sanaa ja kristillistä oppia

◆ ottivat vastaan ja jakoivat koko yhteisölle tarkoitetut lahjat

◆ tunnistivat, ketkä jäsenet olivat armoitettuja, ja laskivat kätensä heidän päälleen

◆ johtivat ja valvoivat paikallista seurakuntaa

◆ ottivat osaa seurakuntien yhteisiin laajempiin neuvonpitoihin.

Vaikuttaa siltä, että useimmat vanhimmat olivat samanvertaisessa asemassa ja että he toimivat yhdessä, kuten kohdassa 1. Tim. 4:14, jossa vanhinten joukon kerrotaan valtuuttaneen Timoteuksen. Apostolien tekojen jakeissa 15:5–21 annetaan kuitenkin ymmärtää, että Jaakob oli johtava vanhin Jerusalemissa – "ensimmäinen tasavertaisten joukossa" ja että hänellä oli johtava rooli.

On järkeenkäypää olettaa, että seurakunnan jokaisessa aidossa ilmenemismuodossa, ainakin jos se on Uuden testamentin paikallisseurakunnan tasoinen, on niitä, joita on siunattu yhdellä tai useammalla Kristuksen palveluviran lahjalla. Vaikuttaa siltä, että paikallisella tasolla nämä viisi palveluvirkaa tai johtajuustaitoa, jotka mainitaan Efesolaiskirjeen jakeessa 4:11, ilmenivät juuri vanhinten joukossa: heissä oli apostoleja, profeettoja, evankeliumin julistajia, paimenia ja opettajia.

Johtajuus seurakunnassa

Myös useille paikkakunnille suuntautuvaa palvelutyötä tekevät henkilöt sopeutuivat tähän johtajuusmalliin eivätkä pyrkineet anastamaan minkään paikallisen seurakunnan johtajuutta. Täytyy kuitenkin jälleen muistaa, että Uuden testamentin "paikallisseurakunta" ei vastaa sitä, mitä nykyään yleensä kutsutaan "paikallisseurakunnaksi". Kuten osassa 3 havaittiin, nykyajan paikallisseurakunnat muistuttavat pikemminkin Uuden testamentin ajan "kodeissa kokoontuvia" seurakuntia tai "seurakuntayhteisöjä". Tämän vuoksi Uuden testamentin antamaa vanhinten mallia ei voida käyttää oikeuttamaan sitä eristyneisyyttä, mitä monissa nykyseurakunnissa on havaittavissa.

Jae 1. Tim. 5:17 osoittaa, että vain osa niistä vanhimmista, jotka johtivat seurakuntaa, myös saarnasi ja opetti julkisesti. Hallinnoiva johtajuus ei siis välttämättä edellyttänyt saarnaamiskykyjä.

Yhteenvetona voidaan todeta, että vanhimmat on kutsuttu "vartioimaan, ohjaamaan ja paimentamaan", eli vartiomaan laumaa vihollisen hyökkäysten varalta, ohjaamaan ihmisiä kulkemaan Jumalan teitä sekä paimentamaan jäseniä saarnaamalla heille ja opettamalla heitä. Heidän roolinsa tai asemansa oli olla "vartijoita". Heidän hengellinen pätevyysvaatimuksensa oli hengellinen kypsyys, minkä vuoksi heitä kutsuttiin "vanhimmiksi", ja heidän tehtävänsä oli paimentaa Jumalan laumaa, minkä vuoksi heitä kutsuttiin "paimeniksi".

Diakonit
Diakonit oli kutsuttu ja varustettu avustamaan vanhimpia kaikissa palvelemiseen liittyvissä käytännön yksityiskohdissa, jotta vanhimmat kykenivät antautumaan täysin hengellisen vartioinnin työhön.

Kreikan kielen sana *diakonos* tarkoittaa "palvelija", ja sitä käytetään Uudessa testamentissa usein pöytiin tarjoilemisesta – esimerkiksi kohdissa Mark. 1:31 ja Luuk. 10:40. Mielenkiintoista on, että Jeesus esittelee itsensä

Jumalan kirkkaus seurakunnassa

"palvelijaksi" jakeessa Luuk. 22:26 juuri tällaisessa pöytiin tarjoilemisen asiayhteydessä.

Sanaa *diakonos* käytetään lisäksi niistä, jotka palvelevat jollakin yleisellä ja käytännöllisellä tavalla (Room. 15:25 ja 2. Kor. 8:4), sekä niistä, jotka auttavat Paavalia käytännön asioissa (Ap. t. 19:22; Ef. 6:21; Kol. 4:7 ja Filem. 13). Tätä sanaa tutkitaan tarkemmin kirjan Palveleminen Hengessä osassa 1.

Jakeissa Room. 12:7 ja 1. Piet. 4:11 "palveleminen", *diakonia*, nimetään erityiseksi Jumalan antamaksi lahjaksi. Se on samalla viivalla profetoimisen ja johtamisen kanssa, ja Jumala tarkoitti, että ne, jotka ovat kyseisen lahjan häneltä saaneet, myös harjoittaisivat sitä.

Apostolien tekojen luvun 6 Hengen täyttämiä miehiä pidetään usein ensimmäisinä diakoneina – vaikkei heitä sillä nimellä kutsutakaan. Heidän tehtävänsä oli jakaa leskien avustukset, jotta apostolit pystyivät keskittymään Jumalan Sanan jakamiseen.

Kohdassa 1. Tim. 3:8–11 kuvataan diakonien, seurakunnanpalvelijoiden, ominaisuuksia ja jae 1. Tim. 3:8 vaikuttaisi mainitsevan myös naispuoliset diakonit. Ainakin jakeessa Room. 16:1 mainitaan, että naispuolinen Foibe oli yksi seurakunnan palvelijoista.

On tärkeää pitää mielessä, ettei titteleillä niinkään ole merkitystä, vaan oleellista on se, että johtajuuteen liittyvät raamatulliset tehtävät täytetään. Paikallisseurakuntien johdossa täytyy olla "vanhimpia" ja "diakoneita", mutta heitä voidaan kutsua noilla nimillä ainoastaan, jos he myös hoitavat nimikkeisiinsä liittyvät tehtävät.

2. Paikkakuntien välinen johtajuus
Jokaisella Uuden testamentin paikallisseurakunnalla oli omat johtajansa, ja jokainen niistä oli suoraan vastuuvelvollinen seurakunnan päälle, Jeesukselle.

Ilmestyskirjassa seurakunnan päällä on jokaiselle Vähä-Aasian seurakunnalle eri sanoma. Kristuksella oli jokaiselle seurakunnalle oma erityinen sana, mutta myös kaikkien

Johtajuus seurakunnassa

muiden seurakuntien tuli kuulla muiden saamat sanomat. Juuri tämän vuoksi Jeesus sanookin: "Kuulkoon, mitä Henki sanoo seurakunnille" (Ilm. 2:7,11,17,29; 3:6,13 ja 22). Tämä myös vahvistaa sitä seikkaa, että on olemassa vain yksi ruumis ja jokainen paikallisseurakunta on tuon ruumiin yksi ilmenemismuoto. Emme voi eristäytyä toisistamme, vaan seurakuntien välillä täytyy olla suhteita.

Yksi parhaista tavoista ylläpitää näitä suhteita on antaa tunnustusta sellaisille palvelutöille, jotka toimivat useilla eri paikkakunnilla. Tämä tarkoittaa, että meidän tulee ottaa vastaan edustajia sellaisista palvelutöistä, jotka ovat Jumalan lahja koko ruumiille, vaikka niiden toiminta olisikin syntynyt jossakin toisessa seurakunnan ilmenemismuodossa – jopa toisessa maassa. Juuri tätä voidaan havaita myös Ilmestyskirjassa, jossa jokaisella Aasian seurakunnalla oli omat paikalliset johtajansa, mutta samalla ne antoivat tunnustusta Johanneksen laajemmalle palvelutyölle ja myös hyötyivät siitä.

On itsestäänselvää, että kaikkien Efesolaiskirjeen jakeessa 4:11 lueteltujen palveluvirkojen tulisi olla juurtuneina paikallisseurakuntiin, joissa niiden edustajien tulisi toimia vanhinten rinnalla, kuten Apostolien tekojen jakeissa 15:6 ja 22–23. Efesolaiskirjeen jakeen 4:11 palveluviroilla vaikuttaisi kuitenkin olevan myös paikkakuntien välinen tehtävä.

Raamatullisten paikallisseurakuntien kaitsijoiden, "vartijoiden", tulisi aina olla vanhimpia – joista osa luultavasti on lisäksi apostoleja, profeettoja, evankeliumin julistajia, paimenia tai opettajia. Heidän asemansa vanhimpana on yksinomaan paikallinen palvelutyö. Jotkut hengelliset johtajat ovat sitä mieltä, että apostolit toimivat ainoastaan paikkakuntien välillä, sillä he olivat aina jonkun seurakunnan "lähettämiä". Vaikuttaa kuitenkin siltä, että apostolin kutsulla on myös oma tärkeä paikkansa Uuden testamentin paikallisseurakunnissa, sillä apostolista palveluvirkaa tarvitaan antamaan muotoa ja näkyä. Ja taas kerran meidän täytyy myös pitää mielessä, että Uuden testamentin aikaan paikallisseurakunnan käsitys oli paljon laajempi kuin mitä se nykyään on.

Jumalan kirkkaus seurakunnassa

Ne, joilla on jokin Efesolaiskirjeen jakeessa 4:11 luetelluista armoituksista, voivat toimia palveluvirassaan sekä omassa paikallisseurakunnassaan että sitä laajemminkin – kaikissa sellaisissa paikallisseurakunnissa, joiden vanhimmat toivottavat heidät tervetulleiksi ja joissa he toimivat vanhinten alaisuudessa, kuten Paavali Apostolien tekojen kohdassa 21:17–25.

Apostolit

Kreikan kielen sana *apostolos*, "apostoli", on johdettu sanoista *apo*, "jostakin", ja *stello*, "lähettää". Sanatarkasti se tarkoittaa "henkilöä, joka on lähetetty esiin", eli "apostolit" ovat niitä, jotka on lähetetty tai asetettu tehtäväänsä. Se, joka seurakunnassa pohjimmiltaan asettaa apostolit tehtäväänsä, on itse Kristus.

Uudessa testamentissa kerrotaan ainakin kolmenlaisista apostoleista:

- ◆ Jeesus Kristus, jonka Jumala oli lähettänyt – Hepr. 3:1 ja Joh. 17:3

- ◆ ensimmäiset apostolit, jotka olivat Jeesuksen lähettämiä – Luuk. 6:13 ja 9:10

- ◆ apostolit yleisesti, jotka seurakunnan pää lähetti alempien johtajiensa kautta – Ap. t. 14:4, Room. 16:7 ja 1. Tess. 2:6.

Ensimmäiset apostolit olivat Jeesuksen valitsemia. He olivat erityisiä silminnäkijöitä, jotka olivat olleet hänen kanssaan alusta asti. Heidän pätevyysvaatimuksensa olivat erityiset ja ainutlaatuiset. Heillä oli erityinen arvovalta todistaa ja jakaa Jeesuksen opetuksia eteenpäin. He myös luonnolliset kuuluivat ainoastaan ensimmäiseen uskovien sukupolveen.

Jotkut hengelliset johtajat opettavat, että nämä ensimmäiset apostolit olivat ainoita apostoleja. Uudessa testamentissa kutsutaan apostoleiksi kuitenkin myös Barnabasta, Andronikosta ja Juniaa (joka luultavasti oli nainen). Lisäksi Efesolaiskirjeen jakeessa 4:11 todetaan, että kaikki armoitukset on tarkoitettu seurakunnan rakennukseksi

Johtajuus seurakunnassa

kunnes se on täysin kypsä – mikä ei selvästikään toteudu ennen kuin Jeesus palaa takaisin. Tämän vuoksi voidaankin todeta, että apostoleja tarvitaan välttämättä pyhien rakentamiseksi ja varustamiseksi kaikkina aikoina ja kaikissa paikoissa aikojen loppuun asti. Ensimmäiset apostolit lähetettiin kulkemaan Jeesuksen edellä niihin paikkoihin, joihin hän oli menossa, ja apostolit ovatkin aina pioneereja, jotka lähetetään edeltä avaamaan tietä evankeliumille.

Raamattu osoittaa, että apostoleilla on useita erityisiä ominaispiirteitä:

1. Isyys
Jae 1. Kor. 4:15 antaa ymmärtää, että hengellinen isyys on apostolisen palveluviran ytimessä. Apostolin tehtävään liittyvät siis viisas ja elämää antava johtajuus, huolenpito ja varjeleminen sekä kyky laittaa uusia asioita alulle. Jae 1. Kor. 3:10 osoittaa, että apostolit laskevat Jumalan työn perustukset ja rakentavat seurakuntaa. He innoittavat ja motivoivat muita Jumalan antamalla näyllä.

2. Arvovalta
Jae 2. Kor. 10:8 antaa ymmärtää, että apostoleilla on Hengessä arvovalta nähdä Jumalan näyn täyttyvän. On kuitenkin tärkeää huomioida, ettei arvovalta tarkoita määräysvaltaa suhteessa seurakuntiin. Paavali tuki ja rohkaisi seurakuntia. Vaikka hän ottikin ihmisten synnit ja virheet puheeksi, hän ei koskaan määräillyt tai ohjaillut heitä – se tehtävä kuuluu paikallisille vanhimmille.

3. Ihmeet ja merkit
Jae 2. Kor. 12:12 todistaa, että tunnustekojen tekeminen on apostolien välttämätön ominaisuus, mutta kuten jae 1. Kor. 9:2 osoittaa, apostolin tehtävän perimmäinen "todiste" on kuitenkin hedelmä, kuten kaikkien muidenkin palveluvirkojen. Apostolin tehtävän hedelmää ovat vakaat, kasvavat ja vahvat seurakunnat.

Jumalan kirkkaus seurakunnassa

4. Johtajien nostaminen ja armoituksien vapauttaminen
Paavali matkusti ja julisti aina tiettyjen ihmisten kanssa yhdessä, ja hän oli myös vahvasti mukana kasvattamassa ja valtuuttamassa muita palveluksen työhön. Tämä havaitaan kohdissa 2. Tim. 2:2 ja Room. 1:11–12.

5. Seurakuntaelämän rakenteiden luominen ja seurakuntaelämän vahvistaminen
Apostolien tekojen jakeissa 14:23 ja 15:41 kerrotaan, kuinka apostolit nimesivät paikallisia johtajia juuri syntyneisiin seurakuntiin ja kuinka he vierailivat seurakuntien luona vahvistaakseen niitä.

6. Täsmällinen kutsu
Toisen Korinttolaiskirjeen jae 10:13 osoittaa, että Paavali oli kutsuttu toimimaan tarkoin määritellyllä alueella. Apostoleja ei vain "lähetetä" – heidät lähetetään määrättyihin paikkoihin tai määrättyjen ihmisryhmien luo.

Profeetat
Kreikan kielen sana *prophetes*, "profeetta", tulee sanoista pro, "esiin", ja *phemi*, "puhua". Sanatarkasti se tarkoittaa "henkilöä, joka puhuu asioita esiin", ja se kuvaa sellaista henkilöä, joka puhuu Jumalan sanoja ja ilmoittaa hänen ajatuksiaan.

Profeetat on kutsuttu elämään läheisessä yhteydessä Jumalan kanssa. He astuvat hänen läsnäoloonsa kuullakseen hänen ajatuksiaan, jotta voivat sitten saarnata, rohkaista ja selittää, mitä Jumala on tekemässä, tai haastaa seurakunnan ja maailman normeja ja käyttäytymismalleja. Ihannetapauksessa profeetat jakavat vain Jumalan aivoituksia ja tekemisiä eivätkä väritä sanomaansa omilla mielipiteillään tai kulttuurillisilla painotuksillaan.

Uudessa testamentissa vaikuttaisi olevan kahdenlaisia profeettoja:
- ◆ Niitä, jotka toimivat ainoastaan jossakin paikallisseurakunnassa – joissa aina rohkaistiin

Johtajuus seurakunnassa

kaikkia ihmisiä etsimään Jumalaa ja tavoittelemaan profetoimisen lahjaa, 1. Kor. 12:10,28; 13:1,8-9; 14:1-6 ja 29-39.

◆ Niitä, jotka tunnustettiin laajemmin ja jotka toimivat useilla eri paikkakunnilla, Ap. t. 11:27-30 ja 21:10-11. Juuri näihin profeettoihin viitataan myös Efesolaiskirjeen jakeessa 4:11.

Uuden testamentin aikaiseen profeetan palveluvirkaan liittyi seitsemän periaatetta.

◆ Se tunnustettiin julkisesti. Jos paikallisseurakunta oli havainnut jonkun miehen tai naisen saaneen ja jakaneen eteenpäin useita profetioita jonkin tietyn ajan kuluessa, hänet tunnustettiin profeetaksi. Kyseessä ei siis ollut jokin asema, johon ihmisiä nimettiin, vaan profeetat tunnustettiin sen jälkeen, kun he olivat todistaneet olevansa osa Kristuksen profeetallista palveluvirkaa.

◆ Heidän palveluvirkansa sisälsi tosiasioihin perustuvia ilmoituksia – Ap. t. 11:27-30 ja 13:1-3.

◆ He puhuivat Pyhän Hengen innoittamina – Ap. t. 11:28.

◆ He eivät olleet erehtymättömiä sanomansa kaikissa yksityiskohdissa. Agaboksen profetia Apostolien tekojen jakeissa 21:10-11 piti pääosin paikkansa, mutta kaikki yksityiskohdat eivät toteutuneet aivan niin kuin hän oli profetoinut. Tämä ei mitätöinyt hänen sanomansa painoarvoa – sanoma oli silti totta. Paavali ei kuitenkaan muuttanut suunnitelmiaan tuon sanoman vuoksi. Sen sijaan hän hyödynsi sitä valmistautuakseen henkisesti niihin kärsimyksiin, joita hänellä oli edessään.

◆ Tämä osoittaa, että meidän täytyy aina ehdottomasti "arvostella" profetiat, niin kuin jakeissa 1. Kor. 14:29-32 kehotetaan. Kreikan kielen sana *diakrisis,* "arvostella" tai "koetella", tarkoittaa "jakaa erilleen", mikä osoittaa, että

Jumalan kirkkaus seurakunnassa

"toisten" (kreikan sana *allos* viittaa toisiin profeettoihin) ei tarvitse hyväksyä eikä myöskään hylätä koko sanomaa, vaan heidän tulee pikemminkin erotella siitä kaikki inhimillinen kuona ja tuoda sanoman jumalallinen ydin esiin.

- He ennustivat tulevaisuutta – Ap. t. 11:27–30.
- He antoivat palvelutyölle suuntaa vahvistamalla niitä asioita, joita ihmiset jo tiesivät – Ap. t. 13:11–13; 1. Tim. 1:18, 4:14 ja 2. Tim. 1:6.
- He puhuivat siitä, mitä Jumala oli tekemässä, kuten havaitaan Apostolien tekojen jakeissa 11:27–30. Agabos ei vaatinut ihmisiä vastaamaan sanomaansa: hän yksinkertaisesti varoitti heitä tulevasta nälänhädästä ja jätti sitten kuulijoiden omalle vastuulle päättää, kuinka he vastaisivat tuohon sanomaan. Eri paikkakunnilla vaikuttava profeetta puhui Jumalan sanaa, ja paikalliset johtajat päättivät sitten, kuinka tuohon profetiaan tulisi suhtautua. Huomionarvoista on myös, kuinka käytännöllinen tarkoitus tuolla profetialla oli. Se on yksi todellisten ja raamatullisten profeettojen merkki. Heidän palveluvirkansa tarkoitus on palvella Kristuksen ruumista ja puhua seurakuntien olosuhteisiin, niin että tuloksena voisi olla seurakunnan konkreettista kasvua ja rakentumista. Agaboksen profetia sai uskovat toimimaan: he ryhtyivät antamaan avustusta puutteessa oleville uskoville Juudean nälänhädän aikana.

Profeetat on myös kutsuttu puhumaan ihmisten henkilökohtaisiin tilanteisiin, kuten Paavalin vankeus Roomassa osoittaa, sekä kansallisiin ja kansainvälisiin tilanteisiin, joissa he toimivat Jumalan profeetallisena äänenä maailmalle.

Evankeliumin julistajat
Kreikan kielen sana *euangelistes*, "evankelista", tulee sanoista *eu*, "hyvin", ja *angelos*, "viestinviejä", ja se tarkoittaa "henkilöä,

Johtajuus seurakunnassa

joka tuo hyviä uutisia". Verbi *euangelizo*, joka tarkoittaa "julistaa hyviä uutisia", on hyvin yleinen Uudessa testamentissa, mutta nimike *euangelistes* esiintyy Uudessa testamentissa ainoastaan kolme kertaa:

- ◆ Timoteusta kehotetaan tekemään evankelistan työtä – 2. Tim. 4:5 (v. 1938 käännös)
- ◆ Filipposta kutsutaan "evankelistaksi" – Ap. t. 21:8
- ◆ Evankelistan virka luetellaan yhdeksi niistä erityisistä lahjoista, jotka on annettu seurakunnalle – Ef. 4:11.

Vaikka kaikki kristityt onkin kutsuttu "julistamaan hyviä uutisia", on kuitenkin joitakin ihmisiä, joilla on erityinen armoitus toimia evankelioivassa työssä. Uudessa testamentissa mainitaan ainoastaan kaksi evankelistaa, Filippos ja Timoteus, jotka molemmat toimivat sekä paikallisesti että laajemmin useilla paikkakunnilla. Apostolien teoissa kerrotaan Filippoksen matkoista Samariassa ennen hänen asettumistaan Kesareaan, ja Timoteus matkusti Paavalin kanssa ennen asettumistaan Efesokseen.

Paimenet
Kreikan sana poimen tarkoittaa sanatarkasti "paimenta", ja se kuvaa sellaista henkilöä, joka pitää huolta eläimistä ja ruokkii niitä. Sitä käytetään kuvainnollisesti kristillisistä "pastoreista", kun halutaan kuvata niitä, jotka kaitsevat Jumalan laumaa. Jeesus on hyvä Paimen, ja hän pitää lakkaamatta huolta lampaistaan "alemman tason paimenten" välityksellä – niiden paimenten välityksellä, joita hän antaa seurakunnalle.

Läpi koko Raamatun voidaan todeta, kuinka "paimentava" johtajuus on aina se malli, jolla Jumala haluaa kansaansa johdettavan. Tämä havaitaan esimerkiksi kohdissa 1. Moos. 48:15, 49:24; Ps. 23:1, 28:9, 78:70–72; Jes. 40:11; Hes. 34:23–24; Matt. 2:6, 9:36; Joh. 10:11, 21:16–17; Ap. t. 20:28–31 ja 1. Piet. 5:1–4.

Paimenilla on hyvin monenlaisia vastuita heidän johtaessaan laumaansa:

Jumalan kirkkaus seurakunnassa

- koolle kutsuminen – he tuntevat lampaansa, kutsuvat heidät yhteen ja pitävät heidät yhdessä yhtenä laumana
- vartiointi – he vartioivat Jumalan laumaa hengellään
- ohjaaminen – he kulkevat lampaiden edellä ja johtavat heidät hyville laidunmaille
- syöttäminen – he pitävät huolta siitä, että lampaat ovat hyvin syötettyjä
- rukous – he pysyvät valppaina ja rukoilevat lakkaamatta kaikkien pyhien puolesta
- kuunteleminen – he huomioivat jokaista lammasta henkilökohtaisesti; he ottavat kohdan Jaak. 1:19 vakavasti, ja opettelevat kuuntelemaan ja ymmärtämään muita
- ojentaminen – he oikaisevat ja ojentavat puhuen totuutta rakkaudessa, niin että jokainen henkilö voidaan asettaa Kristuksen eteen täydellisenä
- huolenpito – he toimivat kohtien 1. Joh. 3:16–18 ja Jaak. 2:15–18 tavalla ja huolehtivat käytännöllisillä tavoilla puutteessa olevista lampaistaan
- parantaminen – he parantavat sairaat lampaansa ja pitävät huolen siitä, että parantuminen on oleellinen osa lauman elämää
- neuvominen – he kantavat lampaidensa taakkoja jakamalla heille Jumalan sanoja herkällä, luovalla ja rakastavalla tavalla
- tukeminen – he kantavat hengellisen vastuun lampaista ja pyrkivät tukemaan, rohkaisemaan ja rakentamaan heitä.

Johtajuus seurakunnassa

Opettajat
Efesolaiskirjeen jakeessa 4:11 todetaan lisäksi, että Kristus antaa seurakunnalle "opettajia". Kreikan kielen sana *didaskalos*, "opettaja", tarkoittaa "antaa ohjeita" tai "ohjeistaa".

Jumala antaa joillekin ihmisille lahjan ja kyvyn ymmärtää raamatullisia totuuksia ja opettaa niitä käytännöllisellä, säännöllisellä, järjestelmällisellä sekä ymmärrettävällä tavalla kaikille pyhille. Toisen Timoteuskirjeen jakeet 3:16–17 antavat ymmärtää, että opettajien tulisi kirjoitusten avulla:

◆ opettaa muille, mitä Jumala vaatii

◆ nuhdella muita, jos he toimivat väärin

◆ ojentaa muita ja osoittaa, kuinka päästä takaisin oikealle tielle

◆ opettaa muita pysymään oikealla tiellä.

Juuri opettajat kasvattavat uskovia, kun he ohjeistavat heitä tuntemaan Jumalan tiet ja asenteet. Ja juuri opettajia myös Henki käyttää muokatakseen kristittyjen elämää yhä enemmän Kristuksen kaltaisuuteen.

Opettamisen tärkeästä roolista seurakunnassa voidaan lukea kohdista Matt. 28:20; Ap. t. 2:42; 1. Tim. 5:17; Ap. t. 20:28 ja Room. 12:7.

Paimenten ja opettajien tehtävä on korvaamaton. He rakentavat sille perustukselle, jonka apostolit, profeetat ja evankeliumin julistajat ovat ensin laskeneet. Monet heistä jäävät paikoilleen huolehtimaan seurakunnasta, usein yhteen ja samaan paikkaan useiden vuosien ajaksi. He juurruttavat seurakunnan raamatulliselle perustukselle ja korostavat sitä, kuinka ehdottoman tärkeää seurakunnan yhtä oleminen kaikkien uskovien kanssa on, yli sukupolvien ja traditioiden, ympäri maailmaa.

Paimenilla ja opettajilla on lisäksi tärkeä paikkakuntien välinen tehtävä. Niitä, joilla on erityinen armoitus opettaa, pyydetään usein tulemaan milloin minnekin – erityisesti opettamaan muita opettajia. Ja ne, joilla on erityinen

Jumalan kirkkaus seurakunnassa

paimenuuden armoitus, voivat tarjota apuaan niille pastoreille ja johtajille, jotka eivät muuten saa minkäänlaista pastoraalista ohjausta seurakuntansa hallintojärjestelmän rakenteista johtuen.

Efesolaiskirjeen jae 4:12 osoittaa, että kaikki edellä esitellyt palveluvirat ovat Jeesuksen antamia, ja niiden tarkoitus on valmistaa koko seurakunta palveluksen työhön. Lisäksi siinä käytetty kreikan kielen sana diakonia tarkoittaa sellaista palvelemista, joka on luonteeltaan käytännöllistä, muita auttavaa, jalkoja pesevää ja pöytiin tarjoilevaa. Jokainen yksittäinen uskova on kutsuttu palvelemaan Jumalaa, muita opetuslapsia ja maailmaa. Erilaisten johtajien tarkoitus on taata juuri se, että seurakunta kokonaisuutena voitaisiin tuntea nöyrästä palveluksen työstään.

Kaikista tärkeintä kuitenkin on, että Kristuksen ruumis tekee Kristuksen työtä tai palvelutyötä. Johtajuuden lahjat tai virat eivät korvaa ruumiin tehtäväksi annettua työtä. Kaikki Efesolaiskirjeen jakeen 4:11 palveluvirat, kuten muutkin johtamisen avuksi annetut lahjat, on annettu seurakunnalle, jotta seurakunta olisi varustettu palvelemaan maailmaa niin kuin Kristus palveli ja julistamaan maailmalle niin kuin Kristus juhlisti. Tämä on ainoa tapa, jolla Jeesuksen lähetyskäsky (Matt. 28:18–20) voi täyttyä. Lopullinen päämäärä ei koskaan saa olla jonkin johtamisen avuksi annetun lahjan saaminen, vaan kyseisten lahjojen ainoan tarkoituksen tulisi olla varustaa kaikki pyhät palveluksen työhön.

Osa 9

Toimiva seurakunta

Edellä havaittiin, kuinka Efesolaiskirjeen luvussa 3 Kristus antoi seurakunnan perustehtäväksi loistaa Jumalan kirkkautta (hänen luontoaan, viisauttaan, kauneuttaan, arvovaltaansa ja läsnäoloaan) kaikille tämän maailman kansoille sekä taivaallisille valloille ja voimille.

Edellä myös tutkittiin Jeesuksen sanoja Matteuksen evankeliumin jakeessa 16:18 ja todettiin, Jeesuksen rakentama seurakunta on perusluonteeltaan hyökkäävä ja sotaisa. Lisäksi perehdyttiin Jeesuksen rukoukseen Johanneksen evankeliumin luvussa 17 ja ymmärrettiin, että Jeesuksen Sanan tulisi ohjata hänen seurakuntaansa ja että hänen seurakuntansa tulisi olla täynnä hänen iloaan, yhtä hänen rakkaudessaan ja lähetetty hänen maailmaansa, jotta ihmiset voisivat uskoa.

Edellä tarkasteltiin lisäksi sanan *gahal* merkityksiä Vanhassa testamentissa ja ymmärrettiin niiden tarkoittavan sitä, että myös Kristuksen *ekklesia* on koottu yhteen sitä tarkoitusta varten, että se ylistäisi Jumalaa, taistelisi Jumalan vihollisia vastaan ja loistaisi elintavoillaan ja rakkaudenosoituksillaan Jumalan kirkkautta "maailman silmien edessä".

Edellä myös tutkittiin sanoja *ekklesia* ja *koinonia* ja tunnistettiin, että meidät on koottu yhteen jakaaksemme yhteisen tarkoituksen, voidaksemme elää läheisessä suhteessa Jumalan ja toistemme kanssa sekä saavuttaaksemme sen kirkkaan päämäärän, jonka Jumala on meille valmistanut.

Lisäksi tarkasteltiin niitä kielikuvia, joita Raamatussa käytetään seurakunnasta, ja havaittiin, mitä ne opettavat yhteisöllisestä luonnostamme, suhteestamme Jumalaan ja tarkoituksestamme. Edellä myös todettiin, että seurakuntaa ei tulisi sekoittaa "valtakuntaan", "Israelin kansaan" tai "valtioon".

Jumalan kirkkaus seurakunnassa

Kaikki tämä on auttanut meitä luomaan yleiskuvan seurakunnan elämästä ja palvelutyöstä sekä ymmärtämään, ettei meidän kuulu pitää juutalaisen lakia tai suorittaa valtiolle kuuluvia tehtäviä. Uudessa testamentissa ilmenevä yksityiskohtaisempi opetus soveltaa juuri näitä periaatteita ja esittää, että Jumalan seurakunta on "koottu yhteen" viittä perustarkoitusta varten. Nämä tehtävät ovat yhteydessä toisiinsa, ne tapahtuvat osin päällekkäin ja ne vaikuttavat suuresti toisiinsa, mutta kaikkien viiden tehtävän täytyy täyttyä tehokkaasti, jos seurakunta haluaa olla kokonainen ja tasapainoinen Jumalan tarkoittamalla tavalla.

Ylistys
Seurakunnan ylin ja kaikenkattava kutsu on ylistää Jumalaa. Meidät on ennen kaikkea kutsuttu olemaan ylistävä yhteisö.

Mitä on ylistys?
Sana "ylistää" tarkoittaa "antaa arvoa jollekin henkilölle tai asialle" tai antaa jollekin henkilölle se arvo, arvostus tai kunnia, jonka hän ansaitsee.

Aina kun kokoonnumme yhteen, meidän tulisi ylistää Isää ja kiittää häntä siitä, kuka hän on – että hän on koko maailman Luoja ja lunastaja. Meidän tulisi ylistää Jeesusta siitä, kuka hän on – että hän on ikuinen Poika ja koko ihmiskunnan Pelastaja. Ja meidän tulisi ylistää Pyhää Henkeä – joka on auttajamme ja rohkaisijamme.

Kristillinen ylistys pohjautuu Vanhaan testamenttiin ja erityisesti psalmeihin. Jakeiden Ps. 96:4,8; 99:9 ja 148:13 kaltaiset kohdat ovat yhä nykyäänkin aivan yhtä ajankohtaisia kuin mitä ne olivat niiden kirjoitushetkellä tuhansia vuosia sitten.

Ylistyksestä käytetään pääsääntöisesti kahta eri heprean kielen sanaa. *Histahawah* tarkoittaa sanatarkasti "kumartumista", mistä voidaan päätellä, että ylistys on kumartumista Jumalan edessä merkkinä kunnioituksen osoittamisesta. *Histahawah* oli syntisille ihmisille luonnollinen tapa lähestyä pyhää Jumalaa – tämä havaitaan esimerkiksi kohdissa Ps. 95:6–11; 2. Kun. 17:36 ja 2. Aik. 20:18.

Tämä yhteys "kumartumisen" tai "maahan kaatumisen" sekä "Herran ylistämisen" välillä on löydettävissä myös Uuden testamentin puolelta – esimerkiksi kohdissa Matt. 2:11, 4:9; Ap. t. 10:25; 1. Kor. 14:24–25; Ilm. 4:10, 5:14, 7:11–12, 11:16, 19:5,10 ja 22:8.

Yleisin Uudessa testamentissa esiintyvä kreikan kielen sana ylistykselle on *proskuneo*. Se tarkoittaa sanatarkasti "suudella eteenpäin", minkä voidaan ajatella tarkoittavan "nöyrää kumartumista", "suuresti arvostamista" tai "kunnioituksen osoittamista". *Proskuneoon* liittyy vahvasti ajatus siitä, että kaiken ylistyksen tulisi kummuta ihailevasta rakkaudesta.

Kun tulemme yhteen, meidän pitäisi ensin, ennen kuin alamme ylistää ja kiittää Jumalaa, käyttää aikaa siihen, että tunnustamme ja muistelemme nöyrällä sydämellä ihmeellisen Jumalamme suuruutta, pyhyyttä ja valtavaa rakkautta.

Toinen heprean kielen sana, jota ylistyksestä pääasiallisesti käytetään, on *abodah*. Se tarkoittaa "palvelusta" tai "palvelemista". Todellinen ylistys koostuu siis Jumalan ylistämisestä suullamme sekä hänen palvelemisestaan elämällämme – tämä havaitaan Psalmin 116 jakeissa 16–19.

Vastaus

Ylistys on vastauksemme Jumalalle, mikä tarkoittaa sitä, että sen alullepanija on Jumala. Hän innoitti israelilaiset ylistämään, hän kokosi heidät yhteen ylistämään ja hän antoi heille tarkat ohjeet siitä, millä tavalla häntä tuli ylistää.

Toisen Mooseksen kirjan jakeessa 10:26 Mooses sanoo faaraolle, etteivät israelilaiset itsekään tiedä, millaista ylistystä heidän tulisi uhrata Jumalalle kuin vasta sitten, kun he olisivat perillä siellä, mihin Jumala oli heitä johtamassa. He tiesivät, että heidän ylistyksensä tulisi olla Jumalan innoittamaa ja Jumalan määrittelemää.

Jumalan kirkkaus seurakunnassa

Kohdissa Ap. t. 2:11 ja Room. 8:15-16 kuvattu ylistys on vastaus Hengen tekemään työhön. Kun Henki todella tulee yllemme, luonnollisen vastauksemme tulisi olla se, että huudamme Isän puoleen ylistyksessä ja palvonnassa. Efesolaiskirjeen jakeet 5:18-20 taas osoittavat, että seurakunnallinen ylistys perustuu kokemukseemme siitä, että meidät on täytetty Hengellä.

Johanneksen evankeliumin jakeissa 4:23-24 todetaan, että Isä haluaa meidän ylistävän itseään "hengessä ja totuudessa". Hän ei ole kovinkaan kiinnostunut musiikkimaustamme, mutta hän todella haluaa, että sydämemme ja mielemme olisivat puhtaita hänen edessään, että eläisimme aina "Hengessä" ja että mielemme olisivat täynnä "totuutta".

Meidän on toki tärkeää huolehtia myös siitä, että seurakuntamme ylistys on tähdellistä, merkityksellistä, taidokasta ja kulttuurillisesti ajankohtaista, sillä Jumala ei halua ylistyksemme olevan pitkäveteistä, itseään toistavaa tai tylsää. Hän haluaa meidän ylistävän itseään luovilla, raikkailla ja innostavilla tavoilla, jotka heijastavat hänen luovaa luontoaan.

Uhri

Osassa 1 havaittiin, että kirkkaus ja uhri kuuluvat Raamatussa aina tiivisti yhteen. Jumalan kirkkaus ilmenee kaikista selvimmin itsensä uhraamisessa, minkä vuoksi juuri risti onkin seurakunnan merkittävä tunnus – ei tyhjä hauta tai kyyhkynen.

Kaikki ihmisten harjoittaman ylistyksen muodot liittyvät läpi koko Raamatun tavalla tai toisella uhraamiseen. Tästä syystä Jumalan kirkkaus koetaankin nykyään tavallisimmin juuri ylistyksessä.

Toisen Samuelin kirjan jakeen 24:24 periaate tiivistää itseensä kaikki ylistykseen liittyvät raamatulliset käsitykset. Vanhan testamentin aikaan ihmisten täytyi uhrata Jumalalle paras osa siitä, mitä heillä oli. Vaikka veriuhrien aika loppuikin Kristuksen ristillä antamaan lopulliseen uhriin, meitä kutsutaan silti myös Uudessa testamentissa uhraamaan Jumalalle.

Toimiva seurakunta

Tarkemmin sanottuna seurakunta on kutsuttu ylistämään Jumalaa:

♦ antamalla uhriksi ruumiinsa– Room. 12:1, 15:16; Fil. 1:20, 2:17 ja 2. Tim. 4:6

♦ uhraamalla rahoistaan ja omistamistaan asioista – Matt. 6:24; Luuk. 6:38; 2. Kor. 9:11–13; 1. Tim. 6:10 ja Hepr. 13:16

♦ uhraamalla ylistystä ja kiitosta – Ps. 66:1–4; Matt. 26:30; Ap. t. 16:25; 1. Kor. 14:26; Ef. 5:19; Kol. 3:16; Hepr. 13:16 ja Jaak. 5:13.

Raamatullisia periaatteita
Seurakunnan ensisijainen tehtävä on ylistää Jumalaa. Jos tämä ei ole keskeisellä paikalla seurakunnan kaikissa eri ilmenemismuodoissa, eivät muutkaan toiminnot voi toteutua oikealla tavalla.

Ylistystä tarkastellaan yksityiskohtaisemmin Hengen miekka -kirjasarjan osassa Palvonta Hengessä ja totuudessa, mutta tässä yhteydessä meidän on tärkeää tunnistaa kolme seurakunnan ylistystä koskevaa perusperiaatetta.

♦ Ylistys on riippuvaista Pyhän Hengen läsnäolosta – Filippiläiskirjeen jakeessa 3:3 todetaan, että palvelemme (engl. ylistämme, suom. huom.) Jumalaa "Jumalan Hengessä" (v. 1938 käännös). Kaikki ylistyksemme on riippuvaista hänestä. Ilman Jumalan Henkeä emme voi puhua Isälle. Hän innoittaa meitä ylistämään ja rukoilemaan, hän johdattaa meidät totuuteen, hän näyttää todeksi meidän syntimme ja hän antaa meille ihmeellisiä lahjoja, joiden avulla kykenemme palvomaan ja palvelemaan Jumalaa.

♦ Ylistyksen täytyy kohdistua yksinomaan Jumalalle – Psalmien jakeen 34:3 kutsu on ikuinen kutsu ylistää Jumalaa. Jos seurakunnan ylistys muuttuu esiintymiseksi tai yhteiseksi virsien lauleskeluksi, se

Jumalan kirkkaus seurakunnassa

lakkaa olemasta ylistystä.

◆ Ylistyksen täytyy rakentaa Kristuksen ruumista – Paavalin ylistämistä käsittelevässä tärkeässä tekstipätkässä 1. Korinttolaiskirjeen luvuissa 11–14 esiintyy toistuvasti verbi oikodomeo, joka sanatarkasti tarkoittaa "rakentaa taloa", mutta joka usein on käännetty ilmauksella "tehdä yhteiseksi parhaaksi" tai vastaavalla. Jae 1. Kor. 14:26 osoittaa, että kaikenlaisen ylistyksen tulisi aina "rakentaa" Jumalan seurakuntaa tai "olla sen rakennukseksi".

Sana

Osassa 2 todettiin, että seurakunnan tulisi olla ikuisen ja ehdottoman totuuden – Jumalan kirjoitetun Sanan – "pitäjä" tai "vartija". Nykymaailmassa on monia eri kilpailevia totuuksia, ja toisaalta me eurooppalaiset taas elämme postmodernissa kulttuurissa, jossa ei tunnusteta lainkaan sitä käsitystä, että on olemassa jokin ehdoton totuus. Tämän vuoksi meidän täytyykin opettaa ja julistaa totuutta mahdollisimman selkeästi ja huolellisesti.

On aivan ehdottoman tärkeää, että pysymme omistautuneina Jumalan Sanalle. Kaikenlaiset painotukset ja muoti-ilmiöt saattavat häiritä keskittymistämme Raamattuun, mutta Jumalan Sanan tulisi aina säilyä ensimmäisellä sijalla.

Seurakuntaelämän jokaisen puolen täytyy olla juurtuneena kirjoituksiin. Jokaisen palvelutyön täytyy pohjautua raamatullisiin periaatteisiin. Jokainen uskova tarvitsee jatkuvaa rohkaisua siihen, että hän alistaisi ajattelunsa Jumalan Sanan mukaiseksi. Yhä useammilla uusilla uskovilla ei ole minkäänlaista raamatullista taustaa vaan ainoastaan suuri määrä inhimillisiä ajatuksia, minkä vuoksi onkin välttämätöntä, että heille opetetaan välittömästi uskoontulon jälkeen armon ja uskon ikuisia periaatteita.

Apostolien tekojen jakeesta 2:11 voidaan havaita, että aluksi seurakunta ainoastaan ylisti Jumalaa. Se alkoi kuitenkin

Toimiva seurakunta

lähes heti sen jälkeen myös julistaa Jumalan Sanaa (j. 2:14-40). Henki laskeutui, opetuslapset ylistivät, mutta ihmiset "tunsivat piston sydämessään" vasta kuullessaan, kun Sanaa julistettiin Hengen voimassa. Sama tapahtui myös Apostolien tekojen luvussa 3. Siinä eräs mies parani Pyhän Hengen voimasta ja ylisti sitten Jumalaa, mutta Apostolien tekojen jakeessa 4:4 kerrotaan, että ihmiset uskoivat vasta sen jälkeen, kun heille oli julistettu Sanaa.

Raamattu osoittaa, että alkuseurakunta käytti kaikki tilaisuudet hyväkseen julistaakseen Jumalan Sanaa - tämä voidaan havaita kohdissa Ap. t. 4:8-12, 8:4 ja 19:8-20. Apostolien tekojen jakeet 19:8-20 ovat lisäksi erinomainen esimerkki Paavalin omistautuneisuudesta Sanalle sekä siitä, kuinka Jumala kunnioitti hänen omistautumistaan.

Apostolien teoissa käytetään ainakin viittätoista eri kreikan kielen sanaa kuvaamaan niitä moninaisia tapoja, joilla varhaiset uskovat "vartioivat" ja käyttivät Jumalan sanaa. He esimerkiksi:

- *euangelizo*, "levittivät evankeliumin sanaa" – Ap. t. 8:4
- *sugcheo*, "osoittivat" – Ap. t. 9:22
- *anaggello*, "julistivat" – Ap. t. 20:20
- *parakaleo*, "vetosivat ihmisiin" – Ap. t. 2:40
- *ektithemi*, "selittivät" – Ap. t. 28:23
- *kerusso*, "ilmoittivat" – Ap. t. 10:37
- *peitho*, "kehottivat" – Ap. t. 13:43 (v. 1938 käännös)
- *kataggello*, "julistivat" tai "saarnasivat" (englanninkielinen käännös) – Ap. t. 17:13
- *sumbibazo*, "näyttivät toteen" – Ap. t. 9:22 (v. 1938 käännös)
- *diaphero*, "saivat sanan leviämään" – Ap. t. 13:49
- *dialegomai*, "keskustelivat" – Ap. t. 17:2
- *laleo*, "puhuivat" – Ap. t. 13:42

Jumalan kirkkaus seurakunnassa

- *parrhesiazomai*, "julistivat rohkeasti" – Ap. t. 9:27–29
- *didasko*, "opettivat" – Ap. t. 18:11
- *diamarturomai*, "todistivat" – Ap. t. 8:25.

Muualla Uudessa testamentissa voidaan lukea, että seurakunta vetosi Jumalan Sanaan myös tilanteissa, joissa kiisteltiin, väiteltiin, paljastettiin asioita, ojennettiin, tunnustettiin, asetettiin joku johonkin tehtävään, nuhdeltiin, oikaistiin ja opetettiin.

Toisen Timoteuskirjeen jakeiden 3:15–17 tulisi jo yksinään riittää vakuuttamaan meidät Sanan elintärkeästä merkityksestä seurakunnan elämässä. Ne muistuttavat meitä siitä, että kirjoitukset:

- antavat meille viisautta, jotta tiedämme kuinka pelastua
- ovat syntyneet Jumalan Hengestä
- ovat hyödyllisiä opetukseksi vanhurskaudessa (v. 1938 käännös)
- tekevät meistä täydellisiä
- varustavat meidät perusteellisesti kaikkiin hyviin tekoihin (v. 1938 käännös).

Läpi koko Uuden testamentin meitä kehotetaan jatkuvasti "pitämään" Sana ja suhtautumaan siihen vakavasti. Uudesta testamentista voidaan nostaa esiin useita seurakuntaa ja Sanaa koskevia periaatteita. Meidän täytyy:

- muistaa, että se on Jumalan Sana, että se sisältää Jumalan sanoja ja hänen salaisuuksiaan – 1. Kor. 4:1; 1. Tess. 2:13 ja 1. Piet. 4:11
- lakata pitämästä kiinni ihmisten perinnäisistä käsityksistä ja tavoista tai olemasta niiden petettävissä – Mark. 7:8–13; Kol. 2:8 ja 2. Piet. 3:16
- pitää Sana tallessa – mikä onnistuu vain Pyhän Hengen kautta – 2. Tim. 1:13–14

Toimiva seurakunta

◆ käsitellä Sanaa yksinkertaisesti ja suoraviivaisesti, eikä väännellä sitä – 2. Timoteuskirjeen jakeessa 2:15 käytetty sana *orthotomounta*, "opettaa oikein", on lainattu teiden rakentamisen sanastosta, ja se tarkoittaa "leikata suoraan"

◆ opiskella Sanaa, kunnes se on täysin saanut täyttää meidät – Matt. 13:52 ja Kol. 3:16

◆ ymmärtää, että Sana on äärimmäisen voimallinen – Jes. 55:10–11; Jer. 23:29 ja Hepr. 4:12.

Jos mikä tahansa seurakunta alkaa joustamaan Jumalan Sanan ensisijaisesta arvovallasta, se alkaa muuttua epätäydelliseksi, huonosti varustetuksi tekemään hyviä tekoja ja typeräksi koskien pelastukseen liittyviä asioita.

Jos lakkaamme "pitämästä" Jumalan Sanaa keskeisellä paikalla, emme voi myöskään kokea Jumalan kirkkautta ja alamme vähä vähältä kuihtua ja kuolla.

Todistaminen
Edellä on toistuvasti todettu, että seurakunta on kutsuttu loistamaan Jumalan kirkkautta kaikille kansoille. Tästä voidaan päätellä, että todistaminen on yksi seurakunnan tehtävistä.

Kohdat Joh. 15:26–27 ja Ap. t. 1:8 kertovat, että seurakunnan jäsenet on kutsuttu olemaan Jeesuksen todistajia – sanoillaan, teoillaan ja elämäntyylillään – aina maan ääriin saakka. Aina kun tavalliset uskovat on varustettu ja valtuutettu todistajiksi, seurakunta on kokenut räjähdysmäistä kasvua. Niiltä seurakunnilta, joissa ei ole syttynyt palo todistaa, on jäänyt jotain oleellista ymmärtämättä omasta kutsustaan – joka on mennä ja tehdä kaikista ihmisistä kaikissa kansoissa Jeesuksen opetuslapsia.

Kreikan kielen sana *martureo*, "todistaa", tarkoittaa "puhua siitä, mitä on nähty tai kuultu". Uudessa testamentissa sitä käytetään pääosin kuvaamaan todistusta Jeesuksesta, jonka antaa/antavat:

153

Jumalan kirkkaus seurakunnassa

- Isä – Joh. 5:32, 8:18 ja 1. Joh. 5:9–10
- Jeesus itse – Joh. 3:11, 4:44 ja 5:31
- Pyhä Henki – Joh. 15:26 ja Hepr. 10:15
- kirjoitukset – Joh. 5:39 ja Hepr. 7:8,17
- Jeesuksen teot – Joh. 5:36 ja 10:25
- profeetat ja apostolit – Ap. t. 10:43, 23:11 ja 1. Kor. 15:15.

Tämä korostaa sitä, että kaikkien sanojemme ja tekojemme tulisi kääntää ihmisten katseet Jeesukseen. Me olemme Jeesuksen todistajia, emme itsemme tai seurakunnan jonkun ilmenemismuodon todistajia.

Johanneksen sanat kohdissa Joh. 1:27 ja 3:28–30 sopivat erittäin hyvin myös meidän aikaamme. Meidänkin tavoitteemme täytyy olla se, että todistamme Jeesuksesta, houkuttelemme ihmisiä hänen luokseen, rohkaisemme heitä seuraamaan häntä, opastamme heitä siinä, kuinka rakastaa häntä, ja niin edelleen.

Meidän täytyy aina muistaa, ettemme kykene olemaan tehokkaita Jeesuksen todistajia omassa voimassamme tai omine kykyinemme. Tarvitsemme Hengen apua. Johanneksen evankeliumin jakeet 15:25–27 muistuttavat meitä siitä, että Henki on "Todistaja", ja meistä voi tulla todistajia vain, jos annamme hänen tehdä työtään elämässämme.

Apostolien tekojen jakeessa 1:8 opetuslapsille kerrottiin, että heidän täytyi odottaa, että Hengen voima tulisi heidän päälleen, ennen kuin heistä voisi tulla todistajia, ja sama koskee seurakuntaa yhä edelleen.

Todistaminen ei ole jotakin erityistä toimintaa, jota seurakunta silloin tällöin tekee, vaan kaikki, mitä sanomme ja teemme, on todistamista. Totuus on, että me kaikki todistamme lakkaamatta Jeesuksesta – valitettavasti vain iso osa siitä, mitä sanomme ja teemme, ei tuo hänelle kovinkaan paljoa kunniaa tai houkuttele kovinkaan monia ihmisiä hänen luokseen.

Todistamista käsitellään yksityiskohtaisemmin *Hengen miekka* -kirjasarjan osassa *Kadotettujen tavoittaminen*, mutta

Toimiva seurakunta

tässä kohtaa meidän tulisi ymmärtää, että todistaa voidaan muun muassa:

◆ saarnaamalla

◆ toimimalla toisten hyväksi

◆ evankelioimalla henkilökohtaisesti

◆ keskustelemalla ja väittelemällä

◆ parantamalla sairaita

◆ vapauttamalla ihmisiä

◆ riemuitsemalla

◆ ihmeillä ja merkeillä

◆ kirjallisuuden avulla

◆ erilaisten taiteen muotojen avulla.

Seurakunta tarvitsee epätoivoisesti Hengen johdatusta löytääkseen sellaisia tapoja todistaa, joilla se voi tavoittaa oman sukupolvensa ja kulttuurinsa ihmisiä. Kuitenkin kaikista tehokkaimpia todistajia ovat aina sellaiset uskovat, jotka elävät tavallista, Jeesukselle omistautunutta elämää ja jotka juoruilevat hyviä uutisia sellaisella kielellä, jota heidän ympärillään olevat ihmiset voivat ymmärtää.

Hyvinvointi

Jotkut seurakunnat ovat niin evankelioivia, että niissä lyödään laimin ihmisten sielunhoitoa, ja toisissa taas tapahtuu juuri päinvastoin. On tärkeää löytää jumalallinen tasapaino tässä asiassa ja pitää huoli siitä, että ihmiset saavat seurakunnissamme riittävää pastoraalista tukea.

Johanneksen evankeliumin jakeissa 21:15-17 Pietari sai ensin käskyn "ruoki minun karitsoitani", sitten käskyn "kaitse minun lampaitani" ja viimeisenä vielä käskyn "ruoki minun lampaitani". Jakeissa 15 ja 17 on käytetty kreikan kielen verbiä *bosko*, joka tarkoittaa "ravita", kun taas jakeessa 16 on käytetty verbiä *poimaino*, joka tarkoittaa "hoivata" tai "toimia

Jumalan kirkkaus seurakunnassa

paimenena". Tästä havaitaan, että Jumalan lauman ruokkiminen Jumalan Sanalla on jatkuva ja säännöllinen vaatimus: se on ensisijainen tehtävä. Toinen tehtävä, lauman hoivaaminen – yhtenä Kristuksen alemman tason paimenena toimiminen – sisältää kurinpitoa, arvovaltaa, ennalleen palauttamista ja avun antamista käytännön tasolla. Ruokkimiseen verrattuna nämä ovat kuitenkin toisarvoista asioita.

Tämä ei tarkoita sitä, että seurakunnan hyvinvoinnista huolehtimisen tulisi rajoittua ainoastaan vierailemiseen sellaisten ihmisten luona, jotka ovat sairaita tai jotka ovat menettäneet jonkun läheisensä. Hyvinvoinnista pitäisi sen sijaan huolehtia sellaisilla käytännöllisillä tavoilla, joita kuvataan kohdissa Joh. 13:2–14, Ap. t. 4:34–37, 6:1–7 ja 11:27–30. Toisaalta se on myös Jeesuksen käskyn (Joh. 13:31–35) noudattamista.

Johanneksen evankeliumin jakeissa 13:31–35 nivotaan yhteen kirkkauden loistaminen, tehokas todistaminen ja käytännöntason hyvinvoinnista huolehtiminen. Kuten edellä todettiin, seurakunnan viisi tehtävää ovat yhteydessä toisiinsa ja tapahtuvat osin päällekkäinkin, mutta niiden kaikkien tulisi silti täyttyä tehokkaasti, jos seurakunta haluaa olla kokonainen ja tasapainoinen Jumalan tarkoittamalla tavalla.

Kohdat Ap. t. 2:40–47 ja 4:31–37 antavat ymmärtää, että alkuseurakunnan uskovien tapa huolehtia toisistaan käytännöllisillä tavoilla oli yksi merkittävä syy sille, miksi seurakunta oli niin vetovoimainen. Edellä mainituissa raamatunkohdissa on itse asiassa lähes mahdotonta erottaa toisistaan "ylistämistä", "hyvinvointia", "sanaa" ja "todistamista". Molemmat edellä mainitut raamatunkohdat ovat suurenmoinen esimerkki seurakunnasta, joka toimii tehokkaasti Hengessä – tuoden kunniaa Jumalalle ja tavoittaen vaikutuspiirissään olevia ihmisiä.

Emme saa tämän lisäksi myöskään unohtaa, että meidät on kutsuttu huolehtimaan ympärillämme olevan yhteiskunnan hyvinvoinnista. Yksikään seurakunta ei saisi lyödä laimin yhteiskunnallista vastuutaan, sillä Jeesus kutsuu meitä

Toimiva seurakunta

palvelemaan kanssaan. Meidän tulee kuitenkin olla tarkkoina siitä, ettemme anasta tai toisinna niitä tehtäviä, jotka kuuluvat yksinomaan valtiolle. Seurakuntien tulisi painottaa yhteiskunnallista osallistumistaan erityisesti silloin, kun yhteiskunnassa on hajontaa, kun sosiaaliset tarpeet eivät tule täytetyiksi tai kun hallitukset luistavat vastuustaan huolehtia vanhuksista, kodittomista, henkisesti sairaista tai muista sosiaalisesti eriarvoisessa asemassa olevista ihmisistä.

On hyvä muistaa, että Jumala on usein lähettänyt herätyksen juuri sellaisiin seurakuntiin, jotka ovat olleet merkittävässä osassa jossakin kiistanalaisessa yhteiskunnallisessa kysymyksessä. Esimerkiksi ne Pohjois-Amerikan seurakunnat, joissa koettiin 1860-luvulla herätystä, olivat pääsääntöisesti sellaisia, joissa vastustettiin orjuutta ja huolehdittiin käytännöllisellä tavalla pakoon päässeistä ja entisistä orjista.

Myös hieman tuon ajan jälkeinen "evankelinen herääminen" Britanniassa ilmeni pääosin vain sellaisissa seurakunnissa, joissa oltiin syvästi huolissaan teollisuuden, koululaitoksen, vankilalaitoksen ja mielenterveyspuolen uudistuksista ja joissa huolehdittiin käytännöllisillä tavoilla hyväksikäytetyistä, rahattomista ja lukutaidottomista lapsista.

Sodankäynti

Edellä todettiin Matteuksen evankeliumin jakeen 16:18 viittaavan siihen, että seurakunta on mukana hengellisessä sodankäynnissä. Tiedämme, että Vanhassa testamentissa Jumalan kansan täytyi taistella jokaisella askeleella ottaessaan luvattua maata haltuunsa. Edellä myös opittiin, että kaikilla kreikkalaisten kaupunkien neuvostoilla oli tärkeä sotilaallinen tehtävä. Lisäksi havaittiin, että seurakunta on kutsuttu loistamaan Jumalan kirkkautta paitsi tämän maailman kansoille, myös kaikille taivaallisille valloille ja voimille.

Meidän täytyy siis ymmärtää, että seurakunta ei voi olla tekemässä Jeesuksen tekoja ilman, että se myös joutuisi kohtaamaan niitä hengellisiä voimia, jotka vastustavat Jumalan valtakuntaa. Sodankäyntiä käsitellään kirjan *Toimiva*

Jumalan kirkkaus seurakunnassa

rukous osassa 7, jossa havaitaan, että se on osa seurakunnan kaikkea elämää.

Efesolaiskirjeen jakeissa 6:10-18 kuvataan sodassa olevaa seurakuntaa ja annetaan kuva Jumalan armeijasta, joka seisoo olka olkaa vasten ja käy lähitaistelua vihollista vastaan. Koko edellä mainitun raamatunkohdan ydinasia on rukous. Puemme yllemme Jumalan taisteluvarustuksen, jotta voimme rukoillessamme olla valmiita vastustamaan vihollista.

Yksi tärkeä, vaikkakin aivan liian pienelle huomiolle jätetty hengellisen sodankäynnin periaate löytyy 2. Korinttolaiskirjeen jakeista 10:5-6. Niissä Paavali puhuu valheellisista opeista, joita väärät apostolit, joihin hän viittaa 2. Korinttolaiskirjeen jakeessa 11:13, olivat tuoneet mukanaan Korintin seurakuntaan. Hän selittää, että heidän valheelliset oppinsa olivat luoneet mielen "linnoituksia" (v. 1938 käännös) ja ihmistä itseään korottavia järjen päätelmiä, jotka vastustivat Kristuksen tuntemista. Tämä on hyvin luonteenomaista paholaisen suunnitelmille, sillä paholainen on aina ollut pettäjä ja valehtelija jo Eevan ajoista asti, joihin Paavalikin viittaa 2. Korinttolaiskirjeen jakeessa 11:3. Paavali vastusti näitä valheellisia oppeja apostolisella opetuksellaan, ja hän oli myös valmis todistamaan sanansa osoittamalla apostolista voimaa saadakseen tuomiolle nämä väärät opettajat sekä heissä vaikuttavat demoniset voimat.

Seuraavat kolme Vanhan testamentin kohtaa opettavat meille joitakin tärkeitä sodankäynnin periaatteita:

Danielin kirjan jakeet 10:12-21 osoittavat, että:

- ◆ on olemassa demonisia olentoja, jotka pyrkivät vastustamaan Jumalan työtä

- ◆ nämä olennot ovat sidoksissa tiettyihin ajallisiin ja maantieteellisiin alueisiin

- ◆ taivaallinen ja maanpällinen toiminta ovat yhteydessä toisiinsa

- ◆ Daniel saavutti hengellisen läpimurron rukoustensa avulla.

Toimiva seurakunta

Toisen Mooseksen kirjan jakeet 17:8-16 opettavat, että hengellinen voitto saadaan, kun

◆ seurataan Jumalan ohjeita

◆ käytetään Jumalan arvovaltaa oikealla tavalla

◆ Jumalan kansa toimii yhdessä ja pitää yhtä toinen toisensa kanssa

◆ rukoillaan sinnikkäästi.

Ensimmäisen Aikakirjan jakeet 14:8-17 taas antavat ymmärtää, että meidän tulee:

◆ pysyä linnoituksessamme, siis Herrassa

◆ antaa Herran johtaa ja ohjata meitä

◆ toimia yhteistyössä Herran kanssa

◆ varautua siihen, että vihollinen hyökkää sinnikkäästi

◆ odottaa, että Jumala toimii meidän puolestamme.

Efesolaiskirjeen jakeet 6:10-18 osoittavat, että meidän tulisi varustautua sodankäyntiä varten Jumalan henkilökohtaisella taisteluvarustuksella, jota kuvataan kohdassa Jes. 59:15-19. Edellä mainituissa Efesolaiskirjeen jakeissa on kerrottu, millaista elämäntyylimme tulisi olla. Lisäksi niissä käytetty kreikan kielen sana ilmentää, että puemme tuon sota-asun päällemme vain kerran – vaikka meidän sitten täytyykin kulkea se yllämme joka päivä.

Seurakunnan täytyy vastustaa demonisia voimia rukouksella, paastolla ja ylistyksellä, mutta sen tulee tehdä sitä varoen ja Hengen johdatuksessa – ei hätäisesti ja ajattelemattomasti, viidesti jokaisessa kokouksessa! Sodankäyntirukous on Jumalan tehtävälistalla, mutta meidän täytyy antaa Hengen johtaa meitä selvästi kaikessa, mitä teemme.

Sodankäyntiin liittyy kuitenkin vielä enemmän kuin vain edellä mainitut asiat. Luukkaan evankeliumin jakeen 10:19 mukaan meille on annettu Kristuksen valta tallata kaikkea vihollisen voimaa. Tämä voi tarkoittaa seuraavanlaisia asioita:

Jumalan kirkkaus seurakunnassa

- okkultismin vaaroista varoittamista
- demonien ulosajoa
- mielen linnoitusten ja järjen päätelmien hajottamista
- paholaisen vallassa olevien ihmisten vapauttamista
- Jumalan hallintavallan esille tuomista yhteiskunnassa siten, että olemme "suolana" ja "valona"
- kiusausten vastustamista
- evankeliumin julistamista
- Jumalan antamien profeetallisten sanojen puhumista
- mammonan hylkäämistä.

Seurakunnalla on häijy vihollinen, ja 1. Pietarin kirjeen jakeet 5:8-9 muistuttavat meitä siitä, että hän kulkee ympäriinsä etsimässä, kenet voisi niellä. Edellä mainitut jakeet kuitenkin myös muistuttavat meitä siitä, että me voimme vastustaa häntä – jos olemme lujia uskossa. Lupaus, jonka Jeesus antoi Matteuksen evankeliumin jakeessa 16:18 on kestävä, mutta sillä on arvoa vain, jos seurakunta sinnikkäästi tekee hyökkäyksiä vihollisen valtakuntaan, vastustaa vihollisen voimia ja vapauttaa niitä, joita vihollinen on ottanut vangikseen.

Osa 10

Seurakunnan sakramentit

Kirkon pyhiä toimituksia kutsutaan yleisesti sakramenteiksi. Sana juontuu latinan kielen sanasta *sacramentum*, joka sanatarkasti tarkoittaa "juhlallista valaa". Sana *sacramentum* korvasi varhaisessa kristillisessä kirjallisuudessa kreikan kielen sana *musterion*, joka esiintyy useissa Uuden testamentin kohdissa – esimerkiksi kohdissa Matt. 13:11; Mark. 4:11; Luuk. 8:10; Room. 16:25; 1. Kor. 4:1; Ef. 3:9; Kol. 1:27; 1. Tim. 3:9 ja Ilm. 10:7.

Sana *musterion* on aina käännetty suomen kieleen sanalla "mysteeri" tai "salaisuus", mutta sanaa "sakramentti" alettiin käyttää jostakin, joka on "merkki Jumalan armosta". Nykyään sanaa "sakramentti" käytetään sellaisesta toimituksesta, jota pidetään "sisäisen ja hengellisen armon ulkoisena ja näkyvänä merkkinä".

Keskiajalla kirkko määritteli seuraavat seitsemän toimitusta sakramenteiksi: kaste, konfirmaatio, ehtoollinen, katumus, kuolevien voitelu öljyllä, pappisvihkimys ja avioliitto. Idän ortodoksinen kirkko ja roomalaiskatolinen kirkko pitävät edelleen näitä toimituksia sakramentteina, mutta protestanttiset kirkot ovat sitä mieltä, että Kristus määräsi tai asetti ainoastaan kaksi sakramenttia: kasteen ja ehtoollisen. Katolilaisten mukaan sakramentit ovat armon välikappaleita tai kanavia, joiden kautta Jumala välittään hengellisiä siunauksia. Protestantit sen sijaan ajattelevat, että sakramentit eivät ole armon välikappaleita vaan merkkejä armosta.

Kaste ja ehtoollinen ovat "sakramentteja" tai "salaisuuksia", koska ne ovat evankeliumin siunauksen "ulkoisia ja näkyviä merkkejä". Ne on annettu seurakunnalle Jumalan armosta voimalliseksi osoitukseksi hänen elämästään Kristuksen

Jumalan kirkkaus seurakunnassa

ruumiissa. Voimme vastaanottaa ne uskon tähden, ja ne ovat keskeisellä paikalla useimpien seurakuntien elämässä. Seurakunnan mikään ilmenemismuoto ei itse asiassa voi olla aidosti raamatullinen ilman niitä.

Merkkejä armosta
Meidän on välttämätöntä ymmärtää, että kaste ja Herran ateria – ehtoollinen – ovat merkkejä Jumalan armosta eivätkä ainoastaan merkkejä jostakin inhimillisestä toiminnasta. Ne ovat ensisijaisesti merkkejä Jumalan hyvästä tahdosta meitä kohtaan ja vasta toissijaisesti, uskon todellisuudessa, merkkejä meidän uskostamme.

Jos kaste ja ehtoollinen olisivat ainoastaan uskoa ilmaisevia toimituksia, ne eivät olisi "salaisuuksia", eivätkä siis myöskään "sakramentteja". Oma kokemuksemme kuitenkin todistaa, että ne todella ovat "salaisuuksia". Vaikka meidän saattaakin olla vaikeaa selittää, mitä ehtoollisen tai kasteen hetkellä tarkalleen ottaen tapahtuu, tunnistamme kuitenkin vaistomaisesti, että Jumala on noissa hetkissä erityisellä tavalla läsnä. Voimme aina uudelleen ja uudelleen "tuntea", että Jumala on voimallisesti läsnä seurakunnan jumalanpalveluksissa ehtoollisen ja kasteen hetkillä.

Sakramenttien "salaisesta" luonteesta todistavat myös eri kirkkokuntien välillä vallitsevat niitä koskevat erimielisyydet ja ristiriitaiset mielipiteet – joita oli paitsi menneinä vuosisatoina myös vielä nykyäänkin eri suuntausten välillä.

On surullinen tosiasia, että monet sellaiset hengen täyttämät johtajat, jotka ovat yhdessä muiden kanssa sitoutuneita evankeliumin työhön, jotka palvelevat armolahjoilla ja joilla on hedelmää kantavat, voidellut palvelutyöt, saattavat silti olla keskenään erimielisiä kastetta ja ehtoollista koskevissa mielipiteissään.

Huomion keskipisteenä risti
Vaikka seurakuntien johtajilla onkin usein eriäviä mielipiteitä kasteesta ja ehtoollisesta, he kaikki ovat kuitenkin yhtä mieltä

Seurakunnan sakramentit

siitä, että ne ovat tärkeitä asioita. Tämä johtuu siitä, että ne molemmat ovat selkeästi Kristuksen asettamia.

Jeesus antoi seuraajilleen seuraavat käskyt: "Tehkää kaikki kansat minun opetuslapsikseni: kastakaa heitä Isän ja Pojan ja Pyhän Hengen nimeen" ja "tehkää tämä minun muistokseni" – Matt. 28:19 ja Luuk. 22:19.

Molemmat sakramentit ovat niin tärkeitä lisäksi siksi, että ne osoittavat suoraan Jeesuksen uhriin – ristiin, joka on kaikista väkevin merkki Jumalan armosta. Kaste on monin tavoin kuin toisinto Kristuksen kuolemasta ja ylösnousemuksesta, joista uskova on osallinen uskosta, ja ehtoollinen on vahva muistutus siitä, että meidän kaikkien tulee edelleen olla uskossa osallisia hänen särkyneestä ruumiistaan ja vuodatetusta verestään.

Edellä havaittiin, että Jumala antaa kirkkautensa loistaa kaikista selvimmin siellä, missä uhrataan ja missä on itsensä uhraamista. Ei siis olekaan yllättävää, että "tunnemme" hänen "kirkkaan" läsnäolonsa kaikista voimakkaimmin juuri kasteen ja ehtoollisen hetkillä.

Seurakunnalle annettuja lahjoja
On tärkeää, ettemme erehdy pitämään sakramentteja vain seurakunnan harjoittamina tapoina tai seurakunnassa tapahtuvina toimintoina. Jeesus asetti kasteen ja ehtoollisen seurakunnalle – ne ovat kaksi erityistä, seurakunnalle annettua lahjaa.

Meidän voi olla helpompi ymmärtää sakramentteja, kun käsitämme, että erilaisella mutta aivan yhtä todellisella tavalla seurakunta itse on lopullinen "sakramentti", sillä eikö juuri Kristuksen ruumis ole kaikista ilmeisin "sisäisen ja hengellisen armon ulkoinen ja näkyvä merkki".

Tiedämme esimerkiksi, että seurakunta on "salaisuus", sillä kukaan meistä ei täysin ymmärrä niitä totuuksia, jotka kätkeytyvät Efesolaiskirjeen jakeiden 2:14–15 kaltaisiin kohtiin. Kykenemme varmasti myös käsittämään, että seurakunta on "se" sakramentti, jossa Kristuksen läsnäolo, toiminta ja armo ilmenee tässä maailmassa.

Jumalan kirkkaus seurakunnassa

Toisaalta sakramenttien merkitys saattaa aueta paremmin, jos niitä ajatellaan "armon lahjoina" tai "Hengen työkaluina". Ajatellaanpa sitten pelastusta, kristillisiä palvelutöitä tai Hengen lahjoja, niiden taustalla vaikuttava perusperiaate on aina sama: Jumala on niiden alullepanija, Jumalan vapaasti antamat lahjat ilmaisevat hänen armoaan ja meidän täytyy ottaa ne vastaan uskossa.

Jumala ei tee mitään, mitä emme tahdo. Hän ei pakota ketään ottamaan pelastusta vastaan, puhumaan kielillä tai palvelemaan. Toisaalta me emme voi myöskään luoda näitä asioita itse tai saada mitään aikaiseksi: me emme voi pelastaa itseämme, parantaa ketään tai tulkita kielillä puhuttua asiaa. Ne ovat lahjoja, jotka saamme Jumalalta uskon kautta.

Jumala pyrkii kaikin mahdollisin keinoin painottamaan sitä, että hän haluaa suhteen kanssamme – että eläisimme kumppanuudessa Hengessä ja Hengen kanssa. Hän haluaa meidän tarttuvan uskon kädellämme hänen armon käteensä ja kulkevan hänen kanssaan, hänen johdatettavanaan kaiken aikaa.

Hyvin samankaltaiset seikat pätevät myös kasteeseen ja ehtoolliseen. Ne ovat Jumalalta tulevia lahjoja, joilla molemmilla on oma erityinen tarkoituksensa. Ne täytyy kuitenkin ensin "avata kuin lahjapaketti" ja ottaa vastaan uskossa. Kaikilla Jumalan lahjoilla on omat tarkoituksensa. Edellä esimerkiksi opittiin, että Hengen lahjat on annettu seurakunnan "muokkaamiseksi" – rakentamaan meitä yksilöinä ja yhdessä, niin että voimme palvella Jumalaa vielä tehokkaammin.

Joidenkin on vaikea ymmärtää, miksi sakramentteja ylipäätään tarvitaan, mikä niiden tarkoitus on, jos kerran Henki jo tuo Jumalan läsnäolon ja asettaa Jumalan sinetin elämäämme. Tämä saattaa myös olla se syy, miksi eloisat seurakunnat eivät useinkaan laita suurta painoarvoa kasteelle ja ehtoolliselle, vaan opettavat, että ne ovat vain vertauskuvallisia toimituksia, joilla ei ole todellista hengellistä voimaa.

Seurakunnan sakramentit

Meidän ei tarvitsekaan ymmärtää "miten" Jumalan lahjat rakentavat seurakuntaa, vaan ainoastaan tiedostaa, että ne tekevät niin ja että – ilman meidän uskoamme – ne eivät voi niin tehdä. Vasta kun alamme suhtautua kasteeseen ja ehtoolliseen tämänkaltaisella tavalla, voimme todella alkaa ymmärtää niiden merkitystä kokonaisvaltaisemmin.

Kaste

Kreikan kielen verbi *baptizo*, "kastaa", on yksi sanan *bapto*, "kastaa upottamalla", muoto. Se voi tarkoittaa "pulahtaa", "vajota", "hukkua", "kastella läpimäräksi", "hukuttaa joku johonkin", "upottaa" tai "kyllästyttää". Me ymmärrämme sanan kaste nykyään "uskonnollisella" tavalla, mutta on myös tärkeää käsittää, että Uuden testamentin aikaan se oli aivan tavallinen arkinen sana.

Sanaa *baptizo* käytettiin Uuden testamentin aikaan kahdella tavalla. Se oli tavallinen sana, kun puhuttiin:

♦ vaatteen värjäämisestä "upottamalla" se väriainetta sisältävään astiaan

♦ nesteen keräämisestä "upottamalla" muki tai kannu kulhoon tai tynnyriin.

Ensimmäinen näistä merkityksistä puhuu sen puolesta, että kristilliseen kasteeseen liittyy sellaista kastautumista, minkä lopputuloksena on yhtä täydellinen muutos kuin mitä värjäyksellä saadaan aikaan. Voimme odottaa saavamme jotain siitä väristä ja luonteesta, mikä on ominaista sille, mihin meitä kastetaan. Toinen merkitys taas puhuu sen puolesta, että kasteessa meidän tulisi täyttyä sillä, mihin meidät kastetaan.

Juutalainen tausta

Sanalla *baptizo* on tärkeä juutalainen tausta, joka auttaa meitä ymmärtämään, mitä voimme odottaa kasteessa tapahtuvan. Sitä vastaavaa heprean kielen sanaa *tabal* käytettiin Vanhassa testamentissa siitä, kun:

165

Jumalan kirkkaus seurakunnassa

◆ papit kastoivat iisoppia tai sormensa uhrivereen osana pääsiäisen viettoa tai syntiuhrien uhraamista – 2. Moos. 12:22; 3. Moos. 4:6 ja 17

◆ papit kastoivat sormensa öljyyn osana spitaalisten puhtaaksi julistamista, jonka jälkeen spitaaliset päästettiin takaisin yhteiskuntaan – 3. Moos. 14:16

◆ papit kastoivat jotakin vereen merkkinä puhdistumisesta – 3. Moos. 14:6 ja 51

◆ Joosefin puku kastettiin vereen – 1. Moos. 37:31

◆ Naaman kastautui Jordanissa tullakseen terveeksi – 2. Kun. 5:14.

Tästä voidaan päätellä, että voimme odottaa kristillisen kasteen liittyvän sekä kastamiseen pääsiäisen uhrivereen – synneistä puhdistumiseksi – sekä kastamiseen öljyyn – terveeksi tulemiseksi sekä pääsemiseksi osaksi Jumalan kansaa.

Vaikkei Raamatussa olekaan merkintää asiasta, on kuitenkin yleisessä tiedossa, että jos pakanat halusivat kääntyä juutalaisuuteen, heidän täytyi kastaa itsensä – kastautua vedessä Naamanin tavoin – todistajien läsnä ollessa. Ensin miehet ympärileikattiin, sitten miehet, naiset ja lapset kaikki kastoivat itsensä pestäkseen pois pakanuuden aikaansaamat epäpuhtautensa, minkä jälkeen he toivat vielä uhrilahjan. Tämän jälkeen heitä pidettiin israelilaisina.

Tästä voidaan päätellä, että voimme odottaa kristillisen kasteen olevan yksi osa kääntymisen prosessia – yksi puoli siinä, että ihmisestä tulee Jumalan perheen jäsen.

Uuden testamentin kaste
Uuden testamentin kaste erosi juutalaisesta esikuvastaan kahdella oleellisella tavalla:

◆ Kukaan ei enää kastanut itse itseään – joku muu aina kastoi, sillä kaste on pohjimmiltaan merkki siitä, mitä Jumala on tehnyt meidän edestämme.

Seurakunnan sakramentit

♦ Nimisana *baptisma*, "kaste", otettiin käyttöön ensimmäistä kertaa – sitä ei oltu ennen käytetty kreikan kielessä lainkaan, mistä voidaan päätellä, että kristillinen kaste on jotakin uutta.

Kaste mainitaan Uudessa testamentissa ensimmäisen kerran Johanneksen "parannuksen kasteen" yhteydessä – Luuk. 3:3 (v. 1938 käännös). Se oli kaste *"eis* (jotakin tarkoitusta varten) syntien anteeksisaamiseksi". Johannes ei väittänyt, että hänen kasteensa antaisi synnit anteeksi. Hänen kasteensa sen sijaan auttoi ihmisiä tekemään parannusta ja kääntymään pois synneistään, minkä vuoksi sitä voidaankin kutsua parannuksen kasteeksi. Kristillinen kaste taas on ennen kaikkea uskon kaste.

Vaikkei Jeesuksen tarvinnutkaan tehdä parannusta ja kääntyä pois synnistä, hän täytti Jesajan kirjan jakeen 53:12 samaistumalla syntisiin ja ottamalla kasteen heidän tavoin. Toteuttamalla tämän Jumalan vanhurskaan vaatimuksen hän myös pätevöitti ja valmisti itsensä Hengen voiteluaan ja sitä seuraavaa palvelutyötään varten. Markuksen evankeliumin jakeessa 1:10 kerrotaan, kuinka kasteen hetkellä Henki laskeutui Jeesukseen. Tämän jälkeen Jeesuksesta sanotaan, että hän oli aina täynnä Pyhää Henkeä.

Kohdat Joh. 3:22 ja Joh. 4:1–2 osoittavat, että kaste liittyi siihen, kun joku halusi tulla Jeesuksen opetuslapseksi, ja Matteuksen evankeliumin jakeesta 28:19 selviää, että meille on annettu käsky kastaa uskovia: kaste on osa sitä, että teemme heistä opetuslapsia.

Uuden testamentin mukaan kasteeseen sisältyvät seuraavat seikat:

♦ syntien anteeksisaaminen – Ap. t. 2:38

♦ puhdistuminen synneistä – Ap. t. 22:16 ja 1. Kor. 6:11

♦ yhteys Kristuksen kanssa – Gal. 3:27

♦ osallisuus Kristuksen kuolemaan ja ylösnousemukseen – Room. 6:3–4 ja Kol. 2:11–12

♦ Jumalan lapsen asema Kristuksen tähden – Gal. 3:26–27

Jumalan kirkkaus seurakunnassa

- omistautuminen Jumalalle – 1. Kor. 6:11
- tuleminen osaksi Kristuksen ruumista – Ap. t. 2:41–47 ja Gal. 3:27–29
- Hengen omistaminen – Ap. t. 2:38; 1. Kor. 6:11 ja 12:13
- uusi elämä Hengessä – Tiit. 3:5–6 ja Joh. 3:5
- armo elää Jumalan mielen mukaista elämää – Room. 6:1–14 ja Kol. 2:12–3:17
- tuleminen Jumalan valtakunnan perilliseksi – Joh. 3:5.

Tämä lista kasteen eri puolista on monipuolinen kuvaus siitä, millaista Jumalan pelastava armo on. Monien ihmisten on kuitenkin vaikea ymmärtää, mitä tekemistä kasteen kaltaisella ulkoisella teolla on näiden sisäisten hengellisten muutosten kanssa.

Seurakuntien johtajat ovat suhtautuneet tähän kysymykseen läpi historian yhdellä seuraavista kolmesta erilaisesta ja vastakkaisesta tavasta:

- Näkyvä merkki, kaste, tuo aina mukanaan myös lahjan

    Kun henkilö kastetaan, kaikki luvatut asiat tulevat automaattisesti hänen elämäänsä.

    Jeesus kuitenkin varoitti niistä vaaroista, jotka liittyvät siihen, että ihminen tekee oikeita asioita ilman, että tuntee Jeesusta henkilökohtaisesti (Matt. 7:21–23). Roomalaiskirjeen jae 2:29 osoittaa, että ulkoisten merkkien täytyy olla seurausta hengellisistä todellisuuksista. Lisäksi sovitus saadaan aina yksin armosta uskon kautta eikä koskaan minkään kuvainnollisen teon kuten kasteen kautta. Tämä tulee erityisen selväksi kohdassa 1. Piet. 3:18–22.

- Näkyvä merkki ei saa aikaan yhtään mitään

    Kaste on ainoastaan merkki ihmisen uskosta, eikä hengellisessä todellisuudessa tapahdu kasteen hetkellä mitään. Kaste on vain inhimillinen "aamen" siihen, mitä

Seurakunnan sakramentit

Jumala on jo tehnyt, sekä todistus muille ihmisille.

Tämä käsitys liittyy ennen kaikkea menneinä aikoina ilmenneeseen ensimmäisen näkökulman kyseenalaistamiseen sekä vaikeuksiin ymmärtää sakramentin käsitettä ihmisjärjen keinoin. Tälle käsitykselle on lähestulkoon mahdotonta löytää perusteita Uudesta testamentista, sillä Uudessa testamentissa ei missään yhteydessä kerrota, että kaste olisi ainoastaan ollut todistukseksi muille ihmisille. Tosiasia on, että Uudessa testamentissa kaste todellakin aina liitetään tiiviisti evankeliumin siunauksiin.

Suudelmakaan ei ole ainoastaan merkki rakkaudesta, vaan se myös kasvattaa rakkautta, ja halaus ei ole ainoastaan merkki ystävyydestä, vaan se myös lujittaa ystävyyssuhdetta. Nämä yksinkertaiset vertauskuvat havainnollistavat myös kasteen ja ehtoollisen luonnetta.

◆ Näkyvä merkki sinetöi tai vahvistaa lahjan

Kaste on *sacramentum*, jumalallinen "juhlallinen vala". Kun kastetta tarkastellaan tästä näkökulmasta, sitä voitaisiin ajatella ikään kuin omistajuuden osoittavana kauppakirjana. Pelkkä kauppakirjan hallussapito ei yksinään riitä, vaan tiettyjen ehtojen täytyy myös täyttyä ja uuden omistajan täytyy henkilökohtaisesti "kokea" tai omistaa uusi omaisuutensa. Toisaalta tuota kauppakirjaa ei myöskään voida pitää merkityksettömänä asiakirjana.

Tiedämme, että Raamatussa usko tarkoittaa Jumalan lupauksen uskomista, sen omista omalle kohdalle ja sen todeksi uskomista jo silloin, kun lupaus ei vielä näy omassa kokemusmaailmassamme.

Tästä näkökulmasta tarkasteltuna kaste on Jumalan antamien pelastukseen liittyvien lupausten "juhlallinen vakuus" tai pantti. Kun henkilö on ottanut uskon kasteen, hän voi välittömästi alkaa uskossa odottaa noiden lupausten täyttymistä näkyvällä tavalla omassa kokemusmaailmassaan.

Kaste ja armo
Kaikki kasteesta puhuvat raamatunkohdat Heprealaiskirjeen jaetta 10:22 lukuun ottamatta painottavat sitä, että Kristuksen nimi, Kristuksen ylösnousemus, Pyhä Henki tai Jumalan tai Kristuksen Sana saavat aikaan kasteeseen liitetyt seikat. Heprealaiskirjeen kymmenennessä luvussa kaste yhdistetään Kristuksen työhön.

Tästä voidaan päätellä, että itse Jumala tekee työtään uskovissa, kun heidät kastetaan. Roomalaiskirjeen luvussa 6 ja Kolossalaiskirjeen jakeessa 2:12 käytetään passiivimuotoa, mikä korostaa entisestään kasteeseen liittyvää Jumalan tekemää armontäyteistä työtä. Nämä kohdat antavat ymmärtää, että aivan kuten Jumala teki työtään Jeesuksessa hänen ylösnousemuksessaan, hän tekee samankaltaista työtä uskovissa, kun heidät kastetaan. Kaste on siis tilanne, jossa Jumala osoittaa armoaan meille. Hän itse vahvistaa meissä sisäisesti kaiken sen, mistä kaste toimii ulkoisena merkkinä.

Kaste ja usko
Kastetta voidaan pitää evankeliumin ilmentymänä, lunastuksen esiintymismuotona. Kristuksen sovituskuoleman tähden jokaisella ihmisellä voi olla uusi elämä, ja "osallistumme" – *koinonia* – hänen uuteen elämäänsä "olemalla osallisia" häneen. Edellytyksenä on siis myös jonkinasteista ihmisen omaa tahtomista ja tekemistä.

Läpi koko Uuden testamentin voidaan havaita, että samat armon lahjat liitetään aina sekä kasteeseen että uskoon ja että oletuksena on aina, että usko johtaa kasteeseen ja että kaste on seurausta uskosta. Voidaankin sanoa, että Uudessa testamentissa kaste on "uskon tähden jumalallisesti sovittu kohtaaminen armon kanssa". Se on "uskon teon huipentuma".

Seurakunnan sakramentit

Yksinkertaisesti sanottuna tarvitsemme uskoa:

◆ ennen kastetta –, jotta voimme kasteessa tunnustaa Kristuksen ja hänen evankeliuminsa

◆ kasteessa –, jotta voimme ottaa vastaan Jumalan armontäyteiset lahjat ja lupaukset

◆ kasteen jälkeen –, jotta voimme "pysyä" hänen antamassaan armossa, ymmärtää sitä armoa, jolla hän on tehnyt työtään meissä, ja elää todeksi kaikki uskoon ja kasteeseen liittyvät lupaukset.

Kaste ja Henki
On selvää, että Hengen voitelu tapahtuu Uudessa testamentissa yleensä kasteen yhteydessä. Henki vastaanotetaan kuitenkin armosta uskon kautta – ei automaattisesti kasteessa tai kasteen kautta.

On myös selvää, ettei Henkeä oikeastaan voi erottaa Kristuksesta ja hänen armolahjoistaan, sillä Henki itse on merkittävin lahja, jonka Kristus armosta antaa seurakunnalle. Missä Kristus on, siellä on hänen Henkensä. Olemme joko Kristuksessa tai emme ole Kristuksessa ja meillä joko on Henki tai meillä ei ole Henkeä – kuten Roomalaiskirjeen jae 8:9 tekee selväksi.

Tämä tarkoittaa sitä, että Kristuksen nimessä tapahtuvaa kastetta, joka on Kristukseen "pukeutumista", ei voida erottaa Hengen kasteesta ja Henkeen "pukeutumisesta". Todellinen kaste, aidossa uusitestamentillisessa merkityksessä, on aina yhteydessä Hengen kasteeseen – kastamiseen pyhään öljyyn ja täyttymiseen elävällä vedellä.

Kaste ja seurakunta
Jos kasteessa kerran liitytään Kristukseen, siinä vääjäämättä tullaan myös osaksi seurakuntaa. Tämä on väistämätöntä, sillä seurakuntahan on Kristuksen ruumis. Tämä havaitaan 1. Korinttolaiskirjeen jakeessa 12:13.

Jumalan kirkkaus seurakunnassa

Edellä esitetty ajatus vaikuttaa olleen olennainen osa Paavalin ajattelua, sillä monissa kohdissa, joissa hän kirjoittaa kasteesta, hän siirtyy seuraavaksi suoraan opettamaan seurakunnasta – esimerkiksi Galatalaiskirjeen jakeissa 3:27–28. Kasteella on siis sekä henkilökohtainen että yhteisöllinen puoli: siinä me olemme tekemisissä henkilökohtaisesti Kristuksen kanssa sekä yhteisöllisesti hänen ruumiinsa kanssa.

Apostolien tekojen jakeessa 2:41 jokainen yksittäinen käännynnäinen erottautui ympärillään olevista ei-uskovista ottamalla kasteen, minkä jälkeen hänet luettiin Jeesuksen seuraajien joukkoon. Tämä on yksi syy, miksi kasteen tulisi olla näkyvä, julkinen teko.

Meidän täytyy pyrkiä löytämään uudelleen se merkitys, joka kasteella on seurakunnalle, ja nostamaan se takaisin keskeiselle paikalle. Uudessa testamentissa kaste ei ollut ainoastaan ulkoinen teko, jonka perusteella uskova liitettiin paikallisen seurakunnan jäseneksi, vaan siihen liittyi myös Hengen kaste ja liittäminen yhteen ainoaan Kristuksen ruumiiseen.

Meidän täytyy pyrkiä löytämään keinoja ilmaista ja korostaa juuri tätä totuutta omanakin aikanamme. Lisäksi meidän täytyy painottaa uskon osuutta kasteessa unohtamatta kuitenkaan Jumalan armon ihmettä.

Herran ateria

Kuten edellä havaittiin, Herran ateria, ehtoollinen, on *koinonia*, "yhteysateria", ja keskeinen osa seurakuntaelämää.

Ehtoollisen leipä ja viini edustavat sitä, että Kristuksen elämä jatkuu kristillisessä yhteisössä. Voidaankin ajatella, että kaste on "sakramentti, joka kuvaa kristillisen elämän alkamista" ja ehtoollinen "sakramentti, joka kuvaa kristilliseen elämään osallistumista". Meitä ei ainoastaan kasteta uuteen elämään, vaan meidän täytyy myös jatkaa tuohon elämään osallistumista. Ehtoollinen on Jumalan antama lahja, jonka kautta tämä on meille mahdollista.

Ehtoollisen sakramentti ei ole pelkkä muistotilaisuus. Se on ylösnousseen Herran elävää kohtaamista. Toistuva

Seurakunnan sakramentit

osallistuminen ehtoollisen viettoon vahvistaa voimallisesti ja sinetöi yhä uudestaan kaiken sen, mitä Kristus on ristillä puolestamme tehnyt sekä kaiken sen, mitä olemme häneltä uskon kautta saaneet.

Kasteen tavoin yhteysateriakaan ei tee sinällään mitään uutta meissä, vaan se ainoastaan vahvistaa sen, mitä meillä jo on. Kaste otetaan vain kerran merkiksi ja vahvistukseksi osallisuudestamme Kristukseen, mutta ehtoollista tulisi jakaa toistuvasti ja säännöllisesti vahvistukseksi ja sinetiksi siitä kaiken aikaa jatkuvasta yhteydestä, joka meillä on Kristuksen ja toinen toisemme kanssa.

Herran ateria perustuu viimeiseen ateriaan, jonka Jeesus nautti apostoliensa kanssa ennen ristin tapahtumia (Mark. 14:17–26 ja Luuk. 22:14-20). Herran aterian vietosta tuli jo hyvin varhaisessa vaiheessa keskeinen osa alkuseurakunnan yhteisiä rukous- ja ylistyshetkiä, joiden yhteydessä siitä käytettiin nimitystä "leivän murtaminen", kuten voidaan havaita kohdissa Ap. t. 2:42–46, 20:7 ja 1. Kor. 11:17–34.

Juutalainen tausta
Jeesuksen viimeinen ateria oli osa pääsiäisen juhlallisuuksia. Ei ole selvää, oliko se virallinen pääsiäisateria, kuten Matteuksen (26:17–30), Markuksen (14:12–26) ja Luukkaan (22:7–38) evankeliumeissa annetaan ymmärtää, vai oliko se juuri ennen pääsiäistä nautittu juhlallinen ateria, kuten Johanneksen evankeliumista (13:1) voitaisiin päätellä. Tästä ei pidä suoralta kädeltä vetää sitä johtopäätöstä, että Johanneksen evankeliumi olisi tässä asiassa ristiriidassa muiden evankeliumien kanssa. Raamatuntutkijat ovat osoittaneet uskottavilla tavoilla, että Johanneksen käyttämä ilmaus kuvaa samaa ajankohtaa kuin mitä Matteus, Markus ja Luukaskin kuvaavat. He ovat selittäneet tämän erilaisilla kalentereilla, joissa pääsiäispäivä ei kaikissa ollut merkitty samalle päivälle. Meille nykyihmisille tämä saattaa vaikuttaa kaukaa haetulta, mutta ajanlaskumme alun juutalaisessa kulttuurissa tämä oli täysin mahdollista.

Jumalan kirkkaus seurakunnassa

Minä päivänä ateria sitten tarkalleen ottaen nautittiinkaan, se liittyi kuitenkin selkeästi pääsiäisen viettoon. Ehtoollisen merkitystä ei voidakaan täysin ymmärtää ilman jonkinlaista käsitystä siitä pääsiäisateriasta, johon se pohjautui.

Pääsiäisaterian vietto perustui tapahtumiin, joiden seurauksena Israelin kansa vapautettiin Egyptistä (ks. 2. Moos. 11:1–13:16). Jeesuksen aikana pääsiäisateriaan liittyi neljä merkityksellistä seikkaa.

1. Ihmiset katselivat menneeseen – he muistelivat Jumalan laupeutta, jonka osoituksena heidät vapautettiin Egyptin orjuudesta.

Tätä tehtiin kertomalla aina uudelleen tarinaa Egyptistä lähdöstä aivan kuin ensimmäistä kertaa ja elämällä uudelleen noita vapautumisen hetkiä. Ihmiset söivät karvaita yrttejä jakaakseen "orjuuden karvauden" sekä happamatonta leipää, jota he kutsuivat "kärsimyksen leiväksi, jota isämme söivät päästessään pois Egyptistä".

2. Ihmiset katselivat sisäänsä – he puhdistivat itsensä ja kotinsa kaikesta, mikä oli pahaa tai likaista.

Ennen juhlaa kaikki käyttivät aikaa henkilökohtaiseen puhdistautumiseen ja kotinsa "kevätsiivoukseen". Pääsiäistä voitiin viettää vasta, kun kaikki likaantumisen jäljet oli poistettu.

3. Ihmiset katselivat ympärilleen – juhla ei ollut yksityistilaisuus, se oli perin pohjin yhteisöllinen tapahtuma.

Aterialle osallistui koko perhe. Vanhimmalle naiselle osoitettiin kunnioitusta, yksi vieras valittiin jotakin erityistä etuoikeutta varten, lapsilta kyseltiin kysymyksiä – ja heille jopa järjestettiin pieni "etsintäleikki", jossa he etsivät piilotettua leipää.

4. Ihmiset katselivat tulevaan – he odottivat Messiasta ja hänen uutta aikaansa ja rukoilivat hänen saapumistaan.

Seurakunnan sakramentit

Ruokapöytään katettiin tyhjää tuolia vastapäätä tyhjä paikka Elialle, joka valmistaisi tien Messiaalle. Myös etuovi jätettiin häntä varten raolleen, ja lapset lähetettiin ulos katsomaan, oliko hän tulossa. Perheet odottivat pelastusta sanomalla: "Tänä vuonna olemme täällä, ensi vuonna Israelin maassa. Tänä vuonna olemme orjia, ensi vuonna vapaita!"

On ilmeistä, että seurakunnan yhteysateria on saanut vahvoja vaikutteita juutalaisen pääsiäisen vietosta. Kaikki edellä esitellyt neljä seikkaa ovat havaittavissa myös ehtoollisessa – ja, huomionarvoista on, että ne ovat havaittavissa myös kasteessa.

Ehtoollisella katsellaan menneeseen

Luukkaan evankeliumin jakeessa 22:19 Jeesus antoi meille ohjeen: "Tehkää tämä minun muistokseni". Meidät on kutsuttu muistelemaan kiitoksella sitä, että Jumala armonsa ja laupeutensa tähden vapautti meidät synnin orjuudesta Jeesuksen kertakaikkisen kuoleman kautta – hänen, joka oli todellinen pääsiäiskaritsa. Tästä voidaan lukea 1. Korinttolaiskirjeen jakeista 11:23–35.

Aivan kuten pääsiäisateria muistutti toistuvasti siitä, että Jumala oli pelastanut kansansa Egyptistä, ja sateenkaari on pysyvä merkki siitä, että Jumala pelasti tulvan keskellä, samoin ehtoollinen on sekä merkki että pysyvä muistutus meille siitä pelastustyöstä, jonka Jumala teki ristillä.

Ehtoollisessa on kuitenkin tämän lisäksi kyse muustakin. Siinä me elämme uudestaan henkilökohtaisen valintamme turvautua ristiin. Leipä ja viini eivät ole merkityksettömiä eleitä, vaan ne ovat Jumalan "juhlallinen vala" – lupaus tai vahvistus Jumalan laupeudesta ja anteeksiannosta.

Vanha testamentti on täynnä opetusta muistelemisen tarkoituksesta ja merkityksestä. Siellä kerrotaan muistoesineistä, muistouhreista, muistoaterioista ja muistopäivistä. Ne annettiin, jotta israelilaisten olisi helpompi muistaa jokin tietty Jumalan mahtava teko. Toisinaan ne taas annettiin vahvistamaan jotakin suurta Jumalan lupausta.

Jumalan kirkkaus seurakunnassa

Näiden muistomerkkien tarkoitus oli pitää israelilaisten usko hengissä ja säilyttää heidän yhteytensä historian Jumalaan. Ne annettiin usein lapsille erityisenä osoituksena huolenpidosta – niiden avulla kyettiin siirtämään kokemus Jumalasta seuraavalle sukupolvelle, jotta uusi sukupolvi kykeni tuntemaan Israelin Jumalan ja saamaan osansa hänen hyvyydestään. Tämä voidaan havaita esimerkiksi kohdissa 2. Moos. 12:14 ja Est. 9:28.

Samankaltaiset seikat toteutuvat myös ehtoollisessa. Kun otamme osaa ehtoolliseen, me muistelemme Kristuksen läsnäoloa ja voimaa kansansa keskellä, juhlistamme hänen voittoaan synnistä ja kuolemasta ja tunnustamme oman osuutemme tuohon tapahtumaan.

Tällaiset muistomerkit toimivat myös yhtä lailla muistutuksina Jumalalle, kuten havaitaan kohdissa 1. Moos. 9:16–17 ja 2. Moos. 2:24–25. Tämä tarkoittaa, että aina kun osallistumme ehtoolliselle, Jumala on tuossa hetkessä läsnä täyttämässä jokaisen lupauksen, jota tuo muistoateria edustaa. Koska ehtoollinen on muistoateria, kaikki, mitä sillä nautittu leipä ja viini kuvastavat, on tarjolla uskon kautta kaikille, jotka ottavat sen vastaan.

Emme muistele ehtoollisella ainoastaan Kristuksen uhria ristillä, vaan omistamme sen myös omalle kohdallemme, olemme osallisia siihen tai jaamme sen. Leivän ja viinin vastaanottaminen konkreettisesti korostaa juuri tätä tärkeää totuutta.

Ehtoollisella katsellaan sisäänpäin
Ensimmäisen Korinttolaiskirjeen jakeet 11:17–34 korostavat sitä, kuinka tärkeää meidän on valmistautua ehtoollisen viettoon. Ennen leivän ja viinin ottamista meidän tulisi tutkia itseämme, tunnustaa ne asiat, joiden tiedämme olevan väärin, ja pyytää Jumalaa antamaan meille anteeksi ja puhdistamaan meidät.

Tulemme ehtoolliselle tietoisina siitä, että se on merkki Jumalan armosta, joten tulemme myös turvaten Kristuksen vanhurskauteen emmekä omaan kyvykkyyteemme. Tulemme nöyrän katuvalla mielellä, pyytäen laupeutta ja anteeksiantoa väärien ajatustemme ja tekojemme tähden. Tämän itsetutkiskelun ei pidä johtaa siihen, ettemme ota osaa ehtoolliseen, vaan sen pitäisi pikemminkin valmistaa meidät tulemaan tuolle aterialle kohtaamaan Herraa puhtain käsin ja puhdistetuin sydämin – sitä voitaisiin oikeastaan verrata käsien pesemiseen ennen ruokailua.

Ehtoollisen luonne puhuu sen puolesta, että voimme rohkeasti osallistua sille kaikkine tarpeinemme. Jos kerran ehtoollinen on muistutus ristin synnyttämistä eduista ja ehtoollisella tulemme osallisiksi noista eduista, voimme todellakin tulla odottaen, että tarpeemme täytetään. On aivan aiheellista odottaa, että ehtoollisella saamme anteeksiannon ja puhtaan sydämen, vahvistusta ja virvoitusta uskossamme, hengellistä uudistumista ja ruumiin parantumista.

Ehtoollisella katsellaan ympärille

Ehtoollinen ei ole yksityisasia, se on "tärkein" merkki seurakunnan *koinoniasta*. Koko Jumalan perhe – kaikki "kodin" miehet, naiset ja lapset sekä mahdolliset vieraat ja vierailijat – kaikki kokoontuvat yhteen juhlistaakseen yhteyttään toinen toisensa kanssa ja Jumalan kanssa.

Tiedämme, että seurakunta on perhe, ja ehtoollinen on siis perheateria. Edellä havaittiin, että ehtoollinen pohjautuu juutalaiseen pääsiäiseen – jota perheet juhlivat omissa kodeissaan – ja että sillä on paljon yhteistä Vanhan testamentin muistomerkkien kanssa, joiden yksi tarkoitus oli välittää kokemus Jumalasta uusille sukupolville.

Sen vuoksi onkin murheellista, että jotkut seurakunnat ovat tehneet yhteysateriasta jonkinlaisen rituaalin, että toiset ovat hukanneet juhliin kuuluvan ilon, joka oli pääsiäisen vietolle luonteenomaista, ja että monet ovat poistaneet siitä yhteisöllisyyden tunteen: useat seurakunnat viettävät ehtoollista ainoastaan, kun lapset eivät ole paikalla, ja jotkut jopa kieltävät vierailijoita osallistumasta sille.

Jumalan kirkkaus seurakunnassa

Ehtoollinen on liiton ja yhteyden ateria, jonka on tarkoitus vahvistaa ruumista. Yhdessä syöminen, yhteyden kokeminen Kristuksen ruumiissa ja veressä, on tärkeä osa sitä, että olemme *koinonia* ja *ekklesia*.

Ehtoollisella katsellaan tulevaisuuteen
Ensimmäisen Korinttolaiskirjeen jakeessa 11:26 sanotaan, että ehtoollinen on "siihen asti kun hän tulee". Ehtoollisella katselemme täynnä toivoa tulevaan ja odotamme sulhasen saapumista, "karitsan juhla-ateriaa".

Toisin kuin juutalaiset, me uskomme, että Messias on jo tullut ja että hänen valtakautensa on jo alkanut. Tiedämme kuitenkin myös, ettei hänen valtakuntansa ole vielä tullut koko täyteydessään, että "elämme kahden päällekkäisen todellisuuden ajassa". Tätä ajatusta käsitellään tarkemmin kirjassa Jumalan hallintavalta. Se tarkoittaa sitä, että juutalaisten antaman mallin mukaan meidänkin tulisi elää "ovi raollaan", aina valppaana odottaen rakkaamme paluuta. Edellä mainitussa 1. Korinttolaiskirjeen jakeessa Paavali tekee nimenomaan selväksi, että ehtoollisella me "julistamme Herran kuolemaa, siihen asti kun hän tulee".

"Todellinen läsnäolo"
Samoin kuin monet kristilliset johtajat ovat eri mieltä siitä, mitä kasteessa tapahtuu, heillä on myös hyvin vaihtelevia käsityksiä ehtoollisen salaisuudesta. On olemassa neljä pääasiallista selitystä sille, kuinka koemme Kristuksen läsnäolon ehtoollisella.

1. Perinteisen katolisen näkemyksen mukaan Kristus on läsnä ehtoollisessa "transsubstantiaatio" -nimisen prosessin kautta. Sen mukaan leivän ja viinin olemukset muuttuvat, niin että niistä tulee *aineellisesti* todella Jeesuksen veri ja ruumis, vaikka niiden ilmenemismuodot – siis se, miltä leipä ja viini todellisuudessa näyttävät – säilyvätkin samoina. Kristus on oikeasti ja *aineellisesti* läsnä leivässä ja viinissä.

Seurakunnan sakramentit

Transsubstantiaatio perustuu sille uskomukselle, että Jeesus puhui kirjaimellisesti eikä vertauskuvallisesti sanoessaan "tämä on minun ruumiini".

2. Martti Luther uskoi, että Kristuksen ruumis ja veri olivat läsnä leivässä ja viinissä, mutta ei katolilaisten opettamalla tavalla. Hän hylkäsi heidän näkemyksensä, että leipä ja viini muuttuisivat olemukseltaan Kristuksen ruumiiksi ja vereksi. Sen sijaan hän opetti, että ruumis ja veri sisältyivät "leipään ja viiniin, niiden yhteyteen ja niiden alle". Tämä oppi tunnetaan nimellä "konsubstantiaatio". Myös siihen sisältyy ajatus siitä, että aina kun syömme leivän ja juomme viinin, nautimme Jeesuksen ruumiin ja veren kirjaimellisesti ja aineellisesti.

3. 1500-luvulla vaikuttanut sveitsiläinen teologi ja Lutherin aikalainen Ulrich Zwingli hylkäsi sekä katolisen että luterilaisen näkemyksen. Hän opetti, että leipä ja viini olivat puhtaasti vertauskuvallisia. Hänen näkemyksensä mukaan Kristus on läsnä Hengen kautta kaiken aikaa, ja että ehtoollinen ei merkittävästi vaikuta kokemukseemme Kristuksen läsnäolosta – lukuun ottamatta niitä ilmeisiä hyötyjä, joita hänen muistelemisensa synnyttää.

Nämä kolme näkemystä ovat edelleen vallalla eri kirkkokunnissa, ja useimmat helluntaiseurakunnat ja vapaiden suuntien seurakunnat kannattavat Zwinglin näkemystä. On kuitenkin olemassa neljäskin näkemys, ja juuri tämä näkemys on lähimpänä sitä, mitä Raamattu opettaa ehtoollisesta.

4. Toinen 1500-luvulla elänyt sveitsiläinen teologi Jean Calvin oli reformoidun kirkon piirissä syntyneen kalvinismin merkittävin alullepanija. Hänen oppinsa tuli tunnetuksi nimellä "reseptionismi". Zwinglin tavoin hänkin uskoi, että Kristus on läsnä Henkensä kautta, kun nautimme ehtoollista, ja että leipä ja viini eivät muuta muotoaan. Calvin kuitenkin väitti, että kun joku sellainen nauttii leipää ja viiniä, jonka usko on aitoa ja elävää, hän saa tuossa hetkessä Jumalalta jotakin

Jumalan kirkkaus seurakunnassa

hengellistä. Calvinille Kristuksen läsnäolo oli hengellistä, ei aineellista, minkä vuoksi hän hylkäsikin opetuksen "todellisesta läsnäolosta" ja korosti sen sijaan niitä hengellisiä hyötyjä, joita uskovat saavat nauttiessaan ehtoollista.

Calvinin näkemyksen mukaan sakramentit ovat Jumalan liiton merkkejä ja sinettejä. Ehtoollisessa (ja kasteessa) Jumala siis sinetöi uskovassa sydämessä sen armon, jonka merkkejä sakramentit ovat.

Ehtoollisen viettäminen täysin uusitestamentillisella tavalla, uskossa, on siis Pyhän Hengen voimallisen toiminnan kokemista. Pyhä Henki tuo julki Kristuksen hengellistä läsnäoloa erityisellä tavalla, joka vahvistaa ja rikastuttaa hengellistä elämäämme. Juuri tämän vuoksi ehtoollinen onkin niin tärkeä osa tervettä seurakuntaelämää.

Hengellistä ravintoa
Anglikaaninen liturgia rohkaisee uskovia ehtoollisella "täyttymään hänestä sydämessään uskon kautta kiitoksella". Tämä ilmaus auttaa tuomaan esiin sitä, että ehtoollinen on hengellisen elämämme ruokaa. Jollakin salatulla tavalla, jota emme täysin ymmärrä, Kristus välittää omaa elämäänsä meihin, kun vastaanotamme leivän ja viinin. Näin voimme kokea yhteyttä hänen kanssaan, ja hän täyttää tai syöttää meitä uskon kautta.

Johanneksen evankeliumin luvussa 6 on useita ruumiiseen ja vereen viittaavia kohtia, jotka vaikuttavat olevan viittaus paitsi ehtoolliseen myös Sananlaskujen kirjan jakeiden 8:1-9:12 ilmaisemaan ajatukseen, että "Jumalan Sana" on "Jumalan viisauden" täyttymys. Noissa jakeissa Jumalan viisaus sanoo: "Tulkaa, syökää minun leipääni ja juokaa viiniä, minun sekoittamaani. Hyljätkää yksinkertaisuus, niin saatte elää" (v. 1938 käännös).

Vaikka meidän aivan syystäkin tulee hylätä kaikki yksinkertaiset ja typerät, kirjaimelliset tulkinnat, joiden mukaan meidän tulisi konkreettisesti syödä Kristuksen ruumista ja juoda hänen vertaan, Johanneksen evankeliumin luvussa 6 ja

Seurakunnan sakramentit

erityisesti jakeissa 47-57 Jeesus osoittaa, kuinka keskeinen osa kristityn elämää ehtoollinen todella on. Se on täyttymistä ja yhteyttä hänen ruumiissaan ja veressään, ja sen kautta Jeesus vahvistaa meille elämänsä, hänen läsnäolonsa sisäisesti meissä sekä sen, että hän huolehtii hengellisestä ravitsemisestamme. Tämän vahvistaa myös 1. Korinttolaiskirjeen luku 10, jossa Paavali vertaa ehtoollista siihen hengelliseen ruokaan ja juomaan, jota israelilaisille annettiin erämaassa.

Liittoateria
Kohdissa Matt. 26:28, Mark. 14:24 ja 1. Kor. 11:25 todetaan, että viini edustaa uuden liiton verta. Vanhan testamentin aikoina Jumala ilmaisi suhteensa kansaansa usein veriliittojen muodossa. Veri kertoi liiton pysyvyydestä – se oli sekä liiton vakuus että sen merkki. Tätä tarkastellaan laajemmin kirjan Elävä usko osassa 9.

Uusi liitto syrjäyttää vanhan liiton, ja ehtoollinen on ateria, jossa uudistamme osallisuutemme tuohon uuteen liittoon: uudistamme sitoutumisemme liiton vaatimaan kuuliaisuuteen ja vannomme uudelleen uskollisuuttamme Herralle.

Se on kuitenkin myös hetki, jossa Herra sinetöi sydämissämme liiton mukanaan tuomat edut ja tekee työtään elämässämme täyttääkseen liiton lupaukset. Voidaankin sanoa, että liiton lupauksia ei ainoastaan tuoda julki ehtoollisella vaan että ne myös toteutuvat ehtoollisen kautta, ja että niitä ei ainoastaan esitellä ehtoollisella vaan että ne myös tulevat todellisiksi ehtoollisen kautta.

Kun otamme leivän ja viinin, tartumme kiinni liiton lupauksiin, kiitämme Jumalaa niistä ja astumme sisään kaikkeen, mistä veri on maksanut puolestamme täyden hinnan.

Hengellinen ykseys
Ehtoollinen myös vahvistaa ykseyttämme Kristuksessa. Kun nautimme yhdessä ehtoollista, tulemme koolle paikallisella tasolla kokemaan yhteyttä ja samalla saamme myös kokea

Jumalan kirkkaus seurakunnassa

yhteyttä koko Jumalan kansan kanssa maailmanlaajuisen seurakunnan tasolla. Voitaisiinkin sanoa, että osallistumalla ehtoolliselle me paitsi osoitamme myös kasvatamme sitä ykseyttä, joka meillä on Kristuksessa. Ehtoollinen on hyvin paljon enemmän kuin vain näkyvä apu yhteyden kokemiseen tai yhteyttä havainnollistavaa vertauskuvallista toimintaa.

Paavali sanoo tämän asian hyvin vahvoilla sanoilla 1. Korinttolaiskirjeen jakeessa 10:17, jossa hän ilmaisee, että olemme yksi ruumis, joka on osallinen yhdestä leivästä, eli ehtoollisen leivästä. Tästä voidaan päätellä, että osallisuus Kristuksen yhteysateriaan on yksi tehokkaimmista meille annetuista tavoista, joilla voimme kasvattaa ristin synnyttämää ykseyttämme. Ehtoollisessa on siis yhtä lailla kyse yhteydestämme toinen toisemme kanssa kuin myös yhteydestämme Jumalan kanssa.

Ensimmäisen Korinttolaiskirjeen luvussa 11 painotetaan sitä, kuinka tärkeää uskovien olisi korjata keskinäisiä suhteitaan osana valmistautumistaan ehtoollisen viettoon. Valmistautuessamme ehtoollisen viettoon meidän tulisi ottaa toinen toisemme huomioon, laittaa syrjään kaikki, mikä on yhteyden kokemisen esteenä ja varmistua siitä, että rikkinäiset suhteet korjataan jumalallisessa anteeksiannon ja sovinnon hengessä.

Kiittäminen
Herran ateriaa kutsutaan joskus myös "eukaristiaksi". Kyseinen sana tulee kreikan kielen sanasta eucharisteo, joka tarkoittaa "kiittää", ja se viittaa Jeesuksen rukoukseen viimeisellä aterialla, jossa hän kiitti leivästä ja viinistä ja siunasi sen. Tästä voidaan lukea kohdissa Matt. 26:26–27, Mark. 14:22–23 ja 1. Kor. 11:23–24.

Ehtoolliskokoukset ovat aivan liian usein merkityksettömien rituaalien värittämiä kuivakkaita muistotilaisuuksia, vaikka niiden tulisi olla kiitoksentäyteisiä loistokkaita juhlahetkiä. Kun alamme ymmärtää ehtoollisen todellista sakramentillista luonnetta – kun käsitämme kaiken sen, mitä Jumala vannoo

Seurakunnan sakramentit

ja vahvistaa ehtoollisessa, ja otamme omaksemme kaiken sen, minkä voimme uskon kautta ehtoollisella vastaanottaa – siitä tulee väistämättä runsasta kiitosta kaikuva seurakunnan tilaisuus.

Keskeinen asia
Meidän ei koskaan tulisi väheksyä sen merkitystä, mitä Paavali opettaa 1. Korinttolaiskirjeen luvuissa 11–14. Noissa luvuissa hän punoo yhteen ylistyksen, ehtoollisen, Hengen lahjat ja sen, kuinka rakkaus on kaikista tärkeintä. Tästä voidaan päätellä, että niiden seurakuntien, jotka painottavat Hengen lahjoja, tulisi myös pitää ehtoollista tärkeänä asiana, ja että Hengen lahjojen tulisi olla tärkeä osa ehtoollisen viettoa.

Edellä havaittiin, että "leivän murtaminen", Herran aterian vietto, oli keskeinen osa Uuden testamentin seurakunnan elämää: juuri siinä ilmeni heidän *koinoniansa* – se, että he olivat osallisia Kristukseen ja toinen toiseensa. Ehtoollisella tulisikin olla nykyistä keskeisempi asema myös oman aikamme seurakuntaelämässä.

Ehtoollisaterialla me kokoonnumme yhteen viettääksemme aikaa toinen toisemme sekä Herran kanssa: muistelemme, tuomme kiitosta, rakastamme, käännämme katseemme tuleviin tapahtumiin täynnä luottamusta, vastaanotamme asioita Jumalalta, saamme vahvistusta, jotta kykenemme palvelemaan sekä rakennumme itse ja rakennumme yhdessä yhtenä ruumiina.

Osa 11

Soluseurakunta

Tässä kirjassa on tähän mennessä käsitelty jo useita eri aiheita. Osassa 13 tutkitaan vielä, mitä Uudessa testamentissa kerrotaan lopun ajan seurakunnasta ja tutustutaan siihen innostavaan näkyyn, jota Jumala kutsuu myös meidät elämään todeksi. Kirjan tässä osiossa perehdytään kuitenkin soluseurakunnan käsitteeseen ja siihen kysymykseen, miksi Pyhä Henki on meidän aikanamme nostamassa juuri tätä seurakuntamallia esiin.

Jotta edellä mainittuun kysymykseen voitaisiin vastata, on aiheellista ensin tehdä yhteenvetoa joistakin sellaisista tärkeistä seikoista, joita tässä kirjassa on tähän mennessä opittu.

Lähetyskäsky: seurakunnan työnkuvaus
Jeesus ei jättänyt arvailunvaraa sen suhteen, mitä hän on kutsunut meidät tekemään. Matteuksen evankeliumin jakeissa 28:18-20 hän käskee meidän tehdä kaikista kansoista hänen opetuslapsiaan. Toteutamme tätä elämällä evankeliumia todeksi ja julistamalla sitä, kutsumalla ihmisiä uskomaan Kristukseen, kastamalla niitä, jotka uskovat, sekä opetuslapseuttamalla ja opettamalla heille kattavasti kaikkea sitä, mitä Jeesus opetti. Tämä tarkoittaa seurakunnan näkökulmasta useita tärkeitä seikkoja.

♦ Olemme vastuussa lähetyskäskyn noudattamisesta seurakunnan päälle. Se on tärkein seurakunnalle annettu tehtävä, ja kaiken, mitä teemme, tulisi palvella lähetyskäskyn tarkoitusta.

♦ Lähetyskäskyssä on kyse muustakin kuin vain evankeliumin saarnaamisesta. Siihen liittyy myös

Jumalan kirkkaus seurakunnassa

jokaisen uskovan tekeminen opetuslapseksi.

◆ Lähetyskäskyn toteuttaminen on koko seurakunnan tehtävä – jokaisen jäsenen, ei vain johtajien ja muutamien lahjakkaiden yksilöiden.

◆ Työ voitaisiin tiivistää seuraavanlaisesti: se on "opetuslasten tekemistä, kasvattamista ja lähettämistä".

Pyhien varustaminen palveluksen työhön
Efesolaiskirjeen jakeissa 4:11–16 löytyy osa niistä kaikkein tärkeimmistä seikoista, joita Uudessa testamentissa opetetaan siitä palvelutyöstä, jota Kristus tekee ruumiinsa, siis seurakunnan, kautta. Kyseiset jakeet painottavat ennen kaikkea sitä, että Kristuksen työ tapahtuu hänen ruumiinsa kautta. Tämä tarkoittaa, että Kristuksen ruumiin jokainen jäsen on kutsuttu tekemään Kristuksen palvelutyötä – siis tekemään sitä, mitä Jeesuskin teki. Siinä ei ole ainoastaan kyse siitä, että "tehdään asioita seurakunnassa", kuten monet hengelliset johtajat asian ilmaisevat, vaan siitä, että koko seurakunta "tekee Kristuksen työtä". Seurakunta menestyi Apostolien tekojen aikaan äärettömän hyvin juuri siksi, että jokainen uskova oli mukana siinä prosessissa, jossa tehtiin, kasvatettiin ja lähetettiin opetuslapsia. Efesolaiskirjeen luvusta 4 voidaan löytää joitakin niistä tärkeimmistä periaatteista, joita tuohon aikaan noudatettiin.

◆ Kaikki Kristuksen palveluvirat toimivat seurakunnissa: niissä oli apostoleja, profeettoja, evankeliumin julistajia, paimenia ja opettajia.

◆ Edellä mainittujen palveluvirkojen tarkoitus oli varustaa (opettaa, valmistaa ja lähettää) pyhät (kaikki uskovat) tekemään Kristuksen työtä. Palvelutyössä mukana oleminen ei ole tarkoitettu ainoastaan niille, joiden "elämänkutsumus" on joku Efesolaiskirjeen jakeessa 4:11 esitellyistä palveluviroista, vaan se on tarkoitettu kaikille uskoville.

Soluseurakunta

- Kristuksen ruumis voi rakentua menestyksekkäästi ainoastaan silloin, kun sen jokainen jäsen hoitaa omat tehtävänsä. Koko ruumiin tulee siis olla liikkeellä ja toiminnassa.

- Jokaisella jäsenellä on oma erityinen asemansa ja tehtävänsä ruumiissa, mutta työ on yhteinen – tehdä, kasvattaa ja lähettää opetuslapsia.

- Kaiken palvelemisen perimmäinen tarkoitus on, että voisimme tehdä Kristuksen ruumiista täysi-ikäisen, kokea Kristuksen täyteyden ja saattaa loppuun sen työn, jonka hän on meille antanut tehtäväksi. Tätä seikkaa käsitellään tarkemmin osassa 13.

Eri tasot, joilla *ekklesia* toimii

Osassa 7 tarkasteltiin eri *ekklesian* tasoja tai toisin sanoen Uudesta testamentista löytyviä seurakunnan erilaisia ilmenemismuotoja, joita ovat siis:

- kumppanuus
- solu
- seurakunta
- jumalanpalvelus
- pyhä kokous.

Havaitsimme, että "kumppanuus", eli se, että "kaksi tai kolme on koolla hänen nimessään", on seurakunnan ehdoton vähimmäisvaatimus ja että se on seurakunnan keskeinen yksikkö. Havaitsimme kuitenkin myös, että pienet ryhmät, siis solut, ovat pääasiallisin keino, jonka kautta seurakunta tekee työtään.

Erillisillä seurakunnilla on oma paikkansa, ja ne ovat välttämättömiä yhteiskunnalle todistamisen ja yhteyden kokemisen kannalta. Myös yhteisöllisiä jumalanpalveluksia ja pyhiä kokouksia tarvitaan, jotta meihin voisi juurtua tunne siitä, että kuulumme maailmanlaajuiseen seurakuntaan, Jumalan

Jumalan kirkkaus seurakunnassa

"uuteen kansaan". Tällaisista kokoontumisista kerrotaan erityisesti Jerusalemin seurakunnan yhteydessä. Se nautti näistä kahdesta *ekklesian* tasosta kokoontumalla päivittäin temppelin sisäpihalle sekä ottamalla osaa Israelin kansallisiin juhliin. On tärkeää huomioida, että seurakunta jopa syntyi juuri yhden tällaisen Israelin kansallisen juhlan, helluntain, aikana. Voidaan kuitenkin havaita, että jokapäiväinen evankelioiminen, yhteyden kokeminen, uusista uskovista huolehtiminen sekä uskovien kasvattaminen ja ohjeistaminen tapahtui nimenomaan kodeissa – hyvin samankaltaisella tavalla, jolla nykyajan solumallitkin toimivat. Solut ovat se paikka, jossa seurakunnan tekemä työ todellisuudessa tapahtuu – pääosin siksi, että todellinen opetuslapseus voi toteutua ainoastaan pienessä ryhmässä, jossa henkilökohtainen opettaminen linkittyy myös ihmissuhteisiin ja henkilökohtaisiin esimerkkeihin.

Meidän aikamme seurakunta
Osassa 3 käsiteltiin rakenteiden ja järjestäytymisen merkitystä seurakunnassa ja havaittiin, että kaikenlaisten rakenteiden täytyy olla joustavia eikä niitä pidä sekoittaa seurakunnan todelliseen elämään. Rakenteet helpottavat *ekklesian* toimintaa, mutta meidän ei pitäisi sekoittaa niitä *ekklesiaan* tai samaistaa *ekklesiaa* niihin. Osassa 8 taas havaittiin, ettei Uudessa testamentissa missään kohdin kerrota tarkasti, millainen seurakunnan rakenteen tai johtajuuden tulisi olla. Meille on annettu periaatteita, joita noudattaa, muttei sellaisia määräyksiä, jotka soveltuisivat kaikkiin paikkoihin kaikkina aikoina.

On esimerkiksi sanomattakin selvää, että Intian pienten kylien seurakunnat eroavat merkittävästi Euroopan suurten kaupunkien seurakunnista – vaikka seurakunnan ydinolemus onkin sama kaikkialla. Ja että seurakuntamallit, jotka soveltuivat Englannin maaseutujen seurakuntiin viktoriaanisella aikakaudella, ovat täysin sopimattomia 2000-luvun Lontoon, Sydneyn tai New Yorkin seurakuntiin.

Soluseurakunta

Uskovien täytyy jokaisessa sukupolvessa valita ja kehitellä Hengen johdatuksessa sellaisia seurakuntamalleja, jotka sopivat kyseiselle sukupolvelle ja sen alueen ihmisille, joita palvelemaan heidät on kutsuttu.

Yksi malli, jota Pyhä Henki meidän aikanamme nostaa esiin – ja joka monin paikoin maailmassa vaikuttaa toimivan hyvin – on "soluseurakunta" -nimellä tunnetuksi tullut malli. Soluseurakuntamallissa seurakunta rakentuu täysin soluista, jolloin solut ovat keskeisessä asemassa ja pääasiallisin keino, jolla seurakunnan jokapäiväinen palvelutyö toteutuu. Tässä mallissa ei myöskään unohdeta muita tässä kirjassa tutuksi tulleita *ekklesian* tasoja, mutta solut ovat siinä pääasiallisin keino toteuttaa *ekklesian* työtä.

Soluseurakuntamalli yhdistää erittäin nykyaikaisella ja ajankohtaisella tavalla kaikki tärkeimmät *ekklesian* periaatteet, jotka tässäkin kirjassa on esitelty. Soluseurakuntarakenne ei sellaisenaan löydy Uudesta testamentista, mutta kuten ollaan havaittu, mistään toisestakaan seurakuntamallista ei anneta tarkkaa kuvausta missään kohdin Raamattua. Oleellista on, että soluseurakuntamalli pohjautuu vankasti Jumalan Sanan periaatteisiin.

Israel Vanhassa testamentissa

Edellä on havaittu, että Uuden testamentin seurakunta rakentuu monien Israelin kansaa koskevien periaatteiden varaan. Monet näistä periaatteista käsittelevät sitä, kuinka israelilaiset järjestäytyivät historian eri aikoina.

- ◆ Israel koostui 12 heimosta, joissa jokaisessa oli lukuisia perhekuntia, jotka taas kukin muodostuivat useista perheistä.

- ◆ Mooseksen appi Jetro kehotti Moosesta valitsemaan tuhannen päälliköitä, sadan päälliköitä, viidenkymmenen päälliköitä ja kymmenen päälliköitä 2. Mooseksen kirjan jakeessa 18:21. Näin Mooseksen ei tarvinnut enää itse vastata kaikesta, vaan koko Israel

Jumalan kirkkaus seurakunnassa

jaettiin ryhmiin, jotka muodostuivat pienimmillään kymmenestä hengestä ja suurimmillaan tuhannesta hengestä.

◆ Juutalaiset kodit olivat aina yhteyden ja ystävyyden keskuksia, minkä vuoksi ne sopivatkin myös Uuden testamentin aikaan ihanteellisesti paikoiksi, joissa kasvattaa opetuslapsia.

Seurakunta Uudessa testamentissa

Kuten todettu, Jerusalemin seurakunta kokoontui kodeissa yhteyden kokemista varten. Uudet juutalaiset uskovat eivät ainoastaan kokoontuneet kokemaan yhteyttä yhteisen pöydän ääreen, vaan heitä luonnollisesti myös ohjeistettiin siihen, kuinka elää Kristuksen osoittamalla tavalla ja kuinka tavoittaa muita ihmisiä evankeliumilla. Näistä kolmesta avainseikasta voidaan päätellä, että:

◆ alkuseurakunnassa ei ollut kirkkorakennuksia, joten kodit olivat luonnollisesti se paikka, jossa *ekklesia* toimi

◆ kaikista uskovista kasvatettiin opetuslapsia, ja kodeissa kokoontuvat pienet ryhmät, tai solut, olivat luonnollinen ympäristö tehdä tuota kasvattamistyötä

◆ kodit olivat paikkoja, joissa opetuslasten tarpeista huolehdittiin ja joissa he saivat henkilökohtaista sielunhoitoa.

Jeesuksen malli

Jeesus vietti suurimman osan laatuajastaan kahdentoista opetuslapsensa kanssa. Hän opetti ja ohjeisti heitä niiden kolmen vuoden ajan, joina hän toteutti palvelutehtäväänsä maan päällä. Jeesus valmisteli kahtatoista opetuslastaan, jotta he osaisivat tehdä hänen ylösnousemuksensa ja taivaaseen astumisensa jälkeen kaikista kansoista hänen opetuslapsiaan. Hän rakensi työnsä sille periaatteelle, että pienet opetuslasten

Soluseurakunta

ryhmät lähettäisivät monia uusia opetuslapsia saarnaamaan evankeliumia, parantamaan sairaita ja vapauttamaan ihmisiä riivaajista. Noilla kahdellatoista oli korvaamattoman tärkeä rooli Jeesuksen mallissa.

- ◆ Jeesus valitsi kaksitoista opetuslastaan, jotta he voisivat olla hänen kanssaan ja jotta hän voisi lähettää heidät saarnaamaan, kuten havaitaan Markuksen evankeliumin jakeessa 3:14.

- ◆ Nuo kaksitoista kulkivat Jeesuksen mukana koko hänen palvelutyönsä ajan.

- ◆ Nuo kaksitoista avustivat häntä hänen työssään, ja heidät lähetettiin "harjoittelijoina lähetysaktioille", kuten kohdassa Matt. 10:5–15.

- ◆ Jeesus varusti samanlaisella tavalla myös muita opetuslapsia ja lähetti myös heidät. Luukkaan evankeliumin jakeessa 10:1 hän lähetti 72 tällaista opetuslasta.

- ◆ Jeesus opetti opetuslapsiaan omaksumaan oman mallinsa, eli tekemään, kasvattamaan ja lähettämään opetuslapsia.

Kaksitoista opetuslasta helluntain jälkeen

Pyhä Henki tuli vain viikkoja Jeesuksen kuoleman ja ylösnousemuksen jälkeen, ja Apostolien tekojen jakeen 1:8 mukaan opetuslapset sysättiin sen myötä liikkeelle toteuttamaan lähetystyön ensimmäisiä vaiheita. Pietarin helluntaipäivän saarna sai aikaan 3000 ihmisen suuruisen sadon seurakuntaan. Nämä ihmiset ottivat vastaan sanoman Kristuksesta, ja heidät kastettiin. Nykyajan mittapuun mukaan tämä olisi aivan liian suuri ihmisjoukko, jotta heistä voitaisiin kunnolla pitää huolta, mutta Apostolien tekojen jakeesta 2:42 voidaan lukea, että he kaikki "pysyivät apostolien opetuksessa ja keskinäisessä yhteydessä ja leivän murtamisessa ja rukouksissa" (v. 1938 käännös).

Jumalan kirkkaus seurakunnassa

Ainoa tapa, jolla kahdentoista opetuslapsen (yhdentoista alkuperäisen opetuslapsen sekä Mattiaksen) oli mahdollista hoitaa tehokkaasti näiden 3000 uuden uskovan "lujittaminen kiinni yhteyteen", oli jakamalla Jerusalemin seurakunnan 120 jäsentä ryhmiin ja opetuslapseuttamalla uudet uskovat solurakenteen kaltaisissa puitteissa.

Tämä oli heille varmasti myös kaikkein luonnollisin tapa toteuttaa seurakuntaa, sillä heidän täytyi ainoastaan ottaa käyttöön Jeesuksen esimerkin mukainen malli ja hänen käyttämänsä tavat. Aivan kuten Jeesus oli opetuslapseuttanut, varustanut ja valtuuttanut heidät, hekin nyt alkoivat vuorostaan opetuslapseuttaa muita. Näin Jeesus oli tarkoittanutkin, ja juuri tällaisen opetuslapseuden mallin Uusi testamentti meille antaa.

Toisin kuin nykyään ajatellaan, opetuslapseus ei ole ainoastaan sitä, että pidetään luentoja tai järjestetään muutama raamattutunti. Siinä on kyse henkilökohtaisista suhteista, joissa opetuslapseuttaja opettaa niitä, joista hän on tekemässä opetuslapsia, ja antaa heille omalla esimerkillään mallin, kuinka he voivat soveltaa oppimiaan asioita käytäntöön. Tätä voidaan toteuttaa ainoastaan pienissä ryhmissä kuten soluissa, sitä ei tapahdu meille nykyään niin tyypillisissä seurakunnan sunnuntaikokouksissa.

Paavali otti Jeesuksen mallin käyttöön, kuten voidaan havaita hänen ohjeistaan Timoteukselle jakeessa 2. Tim. 2:2. Timoteuksen tuli välittää eteenpäin Paavalin opetuksia ja hänen antamaansa esimerkkiä muille, ja varustaa näitä muita vuorostaan välittämään sitä eteenpäin taas seuraaville.

Paavali, kuten eräät muutkin Uuden testamentin kirjoittajat, painottivat, että opetuslapseudessa on juurikin kyse opettamisesta omalla esimerkillä, eikä ainoastaan opettamisesta pelkillä sanoilla. Tämän tekevät selväksi seuraavat jakeet: 1. Kor. 4:16–17, 11:1; Ef. 5:1; Fil. 3:17; 2. Tim. 2:2, 3:10 ja 1. Piet. 5:3.

Soluseurakunta

"Toinen toistamme" -raamatunkohdat
Jeesuksen tapa kasvattaa, opettaa ja opetuslapseuttaa ihmisiä pienissä ryhmissä on tarkoitettu kaikille uskoville. Uusi testamentti osoittaa, että meidän kaikkien on tarkoitettu palvelevan toinen toistamme tällaisella tavalla – juuri siinä ilmenee "ruumiin yhteinen palvelutyö" ja "kaikkien uskovien pappeus". Uudessa testamentissa on yli 40 viittausta tähän prosessiin, jossa opetuslapseutta toteutetaan vastavuoroisesti ja jossa rakennamme toinen toistamme:

- olemme kukin toistemme jäseniä – Room. 12:5
- rakkaus on ensisijainen velvollisuutemme – Room. 12:10, 13:8; 1. Tess. 3:12, 4:9; 1. Piet. 4:8; 1. Joh. 3:11, 3:23, 4:7,11,12; 2. Joh. 5.

Ja meidän tulee:

- palvella toisiamme – Gal. 5:13
- tulla toimeen keskenämme – Ef. 4:1–2
- huolehtia toinen toisestamme – 1. Kor. 12:25
- olla yksimielisiä ja antaa tuon yksimielisyyden syntyä nöyryydestä ja muiden huomioon ottamisesta – Room. 12:16 ja 15:5,7
- neuvoa toisiamme – Room. 15:14
- tervehtiä toisiamme – Room. 16:16; 1. Kor. 16:20; 2. Kor. 13:12 ja 1. Piet. 5:14
- puhua totuutta rakkaudessa – Ef. 4:25
- antaa anteeksi toisillemme – Ef. 4:32 ja Kol. 3:13
- Hengen täyttämän ylistyksemme kautta rakentaa toisiamme – Ef. 5:19 ja Kol. 3:16
- olla toisillemme alamaiset – Ef. 5:21 ja 1. Piet. 5:5
- olla aidosti yhtä toistemme kanssa – 1. Joh. 1:1–3 ja 7
- rohkaista ja lohduttaa toisiamme – 1. Tess. 4:18 ja 5:11

Jumalan kirkkaus seurakunnassa

- rohkaista ja kannustaa toisiamme – Hepr. 3:13, 10:24–25
- puhua hyvää toisistamme – Jaak. 4:11
- tunnustaa syntimme ja rukoilla toistemme puolesta – Jaak. 5:16 ja 1. Piet. 1:22
- olla myötätuntoisia toisiamme kohtaan – 1. Piet. 3:8
- olla vieraanvaraisia toinen toisellemme – 1. Piet. 4:9
- palvella toisiamme ja täyttää toistemme tarpeita – 1. Piet. 4:10.

Nämä raamatunkohdat antavat hyvin kauniin kuvan siitä, millainen aito yhteisö seurakunta on. On kuitenkin selvää, etteivät nämä "toinen toistamme" -kohdat voi mitenkään täyttyä sellaisissa perinteisissä sunnuntaikokouksissa, joita useimmissa länsimaisissa nykyseurakunnissa vietetään. On eri asia hyväksyä mielessään yhteisöllisyyden käsite kuin todella pyrkiä toteuttamaan yhteisöllisyyttä Uuden testamentin kuvaamalla tavalla. Seurakunta ei muutu yhteisölliseksi ainoastaan toivomalla sitä vilpittömästi. Meidän täytyy luoda seurakuntiimme sellaiset rakenteet, joiden avulla jokaisen jäsenen on mahdollista elää todeksi edellä listatut asiat – että jokainen jäsen voi sekä kohdata muita ihmisiä kyseisillä tavoilla että hyötyä omassa elämässään siitä, että muut kohtaavat häntä noilla tavoilla.

On selvää, että soluseurakuntarakenne on ihanteellinen, kun halutaan toteuttaa kaikkia edellä kuvattuja asioita, sillä soluissa ihmiset voivat rakentaa aitoja ihmissuhteita, joissa kannetaan toisten taakkoja sekä siunataan ja rohkaistaan toinen toista. Ei riitä, että vain toivomme edellä listattujen asioiden tapahtuvan tai että vain odotamme niiden toteutuvan itsestään. Meillä täytyy olla malli, joka tarkoituksella avaa mahdollisuuden kyseisten asioiden toteutumiselle ja jonka avulla kykenemme varustamaan, opetuslapseuttamaan ja lähettämään ihmisiä olemaan Kristuksen ruumis.

Soluseurakunta

Soluseurakuntamalleja

Jotkut ihmiset ihmettelevät, miksi seurakuntiin tarvitaan toimintaa määritteleviä malleja ja miksi erityisesti juuri soluseurakuntamallia. Kuten havaittiin "toinen toistamme" -jakeiden yhteydessä, Uusi testamentti paljastaa, että seurakunta on elävä ja toimiva yhteisö, jossa jokaisella jäsenellä on oma tärkeä osansa. Juuri tämän vuoksi onkin tärkeää pitää huolta siitä, että seurakuntarakenteemme mahdollistavat tällaisen yhteisöllisen elämäntyylin ja että ne rohkaisevat ja ennen kaikkea myös valmistavat seurakunnan jäseniä elämään yhteisöllistä elämää. Tämä pätee erityisesti länsimaissa, joissa yhteisöllisyyttä ei esiinny samalla tavalla kuin monissa länsimaiden ulkopuolisissa yhteiskunnissa, joissa ihmiset pitävät tiiviimmin yhtä. Länsimaissa yksilökeskeisyys on pitkälti korvannut kaikenlaisen yhteisöllisyyden ja yhteisöllisen elämän tunteen.

Vielä tärkeämpi syy on kuitenkin se, että tarvitsemme tarkoitusperäisen seurakuntamallin, jonka *tähtäimessä* on juuri opetuslapseus. Opetuslapseus ei vain yksinkertaisesti toteudu, ellei seurakuntamalli sitä tarkoituksellisesti painota. Ihmiset ajautuvat aivan liian helposti erilleen seurakunnasta ja seurakunta kadottaa heidät, tai he yksinkertaisesti vain kulkevat lauman mukana ja etenevät vain jotenkuten opetuslapseuden polulla.

Soluseurakuntarakenteen avulla kaikki uskovat voivat sekä tulla muiden opetuslapseuttamiksi että itse vuorostaan opetuslapseuttaa muita. Tämä kaikki tapahtuu soluissa. Juuri niissä ihmisille voi osana seurakunnan kulttuuria kasvaa opetuslapsen elämäntyyli. Seurakuntarakenteet määrittelevät pitkälti sen, kuinka seurakunta toimii, ja seurakunnan tulisi kokonaisuudessaan olla rakentunut Jeesuksen lähetyskäskyn ympärille: eli sen tulisi tehdä, kasvattaa ja lähettää opetuslapsia.

Ympäri maailmaa on käytössä useita eri soluseurakuntamalleja. Näistä kaksi luultavasti eniten menestynyttä mallia ovat "viisi-kertaa-viisi" -malli ja "kahdentoista malli".

Jumalan kirkkaus seurakunnassa

Viisi-kertaa-viisi -malli

Tämän mallin kehitti Etelä-Korean Soulissa vaikuttava David Yonggi Cho 1960-luvun alkupuolella. Se perustui "Jetron periaatteeseen" 2. Mooseksen kirjan jakeen 18:21 mukaan. Se, mikä erottaa tämän mallin muista soluseurakuntamalleista, on periaate, jota voidaan kutsua "viiden periaatteeksi". Siinä solut ryhmitellään vastuuvelvollisuussyistä aina viiden solun ryhmiin. Jokaisen viiden solun ryhmittymän solunjohtajat ovat sitten vastuussa jollekin "valvojalle", ja viisi "valvojaa" ovat aina vastuussa jollekin toiselle "valvojalle" ja niin edelleen.

Tässä mallissa solut myös yleensä kasvavat jakautumalla. Jokaisessa solussa on sekä johtaja että harjoitteleva tai avustava johtaja. Kun solu kasvaa riittävän suureksi, avustava johtaja aloittaa uuden soluryhmän, jonka ydinjäsenistöksi hän ottaa joitakin alkuperäisen solun jäseniä. Solujen kasvu toteutuu näin ollen siis hyvin samankaltaisella tavalla kuin millä ihmiskehonkin solut jakautuvat ja lisääntyvät.

Kahdentoista malli

Tämän mallin kehitti Kolumbian Bogotassa vaikuttava Cesar Castellanos viime vuosisadan viimeisten kahdenkymmenen vuoden aikana. Castellanos hyödynsi Chon määrittelemiä soluseurakunnan periaatteita, mutta kehitti lisäksi erityisen kahdentoista periaatteen. Hän kutsui malliaan nimellä "G12" (jossa "G" edusti sanaa "government", eli kahdentoista hallinto). Se perustui hänen käsitykseensä, että Jeesuksen ja hänen 12 apostolinsa malli on esikuva ja tapa, jolla Kristuksen hallinto voidaan palauttaa seurakuntaan.

Monet hengelliset johtajat ovat ottaneet perusperiaatteen kahdestatoista käyttöön, mutta jättäneet huomioitta sen auktoriteettirakenteen, joka kuului Castellanoksen mallin alkuperäiseen versioon. Kahdentoista mallin ydin on, että on olemassa kahdenlaisia soluja – "avoimia soluja", joiden päätarkoitus on evankelioiminen ja uusista uskovista huolehtiminen, sekä "tukisoluja" tai "kahdentoista hengen ryhmiä". Juuri näissä tukisoluissa ihmisiä opetuslapseutetaan

Soluseurakunta

ja varustetaan johtajuuteen, jotta jokainen tuon kahdentoista hengen ryhmän jäsen voisi perustaa oman avoimen solunsa, josta kasvattaa oma kahdentoista hengen joukkonsa johtajia.

Solut eivät siis jakaudu, vaan niistä tulee johtajuusryhmiä, joissa jokainen jäsen saa viikoittain kokea yhteyttä ja saada varustusta ja ohjausta toimia solutyössä. Solut lisääntyvät kahdentoista periaatteen mukaisesti, eli jokainen alkuperäisen ryhmän kahdestatoista johtajasta kasvattaa oman kahdentoista johtajan ryhmänsä ja niin edelleen. Tällaiset solut kasvavat siis aina kahdentoista kertoimella, eli 12:sta tulee 144, joista tulee 1728 ja niin edelleen.

Soluseurakuntamallien arviointia

Molemmat näistä pääasiallisista soluseurakuntamalleista ovat osoittautuneet menestyksekkäiksi, ja ne ovat saaneet aikaan nopeaa kasvua ja laadukasta opetuslapseutta eri puolilla maailmaa. Koska molemmat näistä malleista saivat kuitenkin alkunsa länsimaiden ulkopuolisissa maissa, jotkut hengelliset johtajat ovat olleet sitä mieltä, etteivät ne voi toimia länsimaissa.

Tämä ei kuitenkaan pidä paikkaansa, kuten monien soluseurakuntien nousu Britanniassa, Euroopassa, Pohjois-Amerikassa ja Australiassa osoittaa. Soluseurakunnan ydinperiaatteet voidaan helposti siirtää kulttuurista toiseen sillä edellytyksellä, että niitä ei vain toisinneta sellaisenaan uudessa paikassa vaan että niiden suhteen olla joustavia ja että ne mukautetaan paikalliseen ympäristöön sopiviksi. Soluseurakuntamalli saattaa olla länsimaissa aluksi haastava juuri siitä syystä, että solun kautta meidän täytyy paitsi evankelioida myös rakentaa yhteisöllisyyttä, kun taas länsimaiden ulkopuolisissa maissa yhteisöllisyys on jo valmiiksi olemassa osana ihmisten kulttuuria.

Kahdentoista mallin vetovoima on siinä, että se soveltaa Jeesuksen yksinkertaista mallia valita kaksitoista, opettaa heitä, varustaa heitä ja valtuuttaa heidät sitten tekemään uusia opetuslapsia. Koska soluryhmät myös pysyvät yhdessä,

Jumalan kirkkaus seurakunnassa

niissä voi syntyä pitkäaikaisia suhteita, kun ihmisten ei tarvitse jännittää, milloin heidän ryhmänsä hajotetaan solun jakautumisen vuoksi. Kahdentoista mallissa johtajuudesta tulee paljon henkilökohtaisempaa ja läheisempää. Molemmat soluseurakuntamallit painottavat seuraavia periaatteita:

- ◆ tarkoituksellinen opetuslapseus
- ◆ jokainen jäsen palvelee
- ◆ huomio on ihmisissä eikä ohjelmissa
- ◆ Uuden testamentin "toinen toistamme" -kehotusten toteuttaminen käytännöllisellä tavalla
- ◆ Kristuksen opetusten toteuttaminen käytännöllisellä tavalla solujen kautta
- ◆ seurakunnan pääasiallinen työ tapahtuu juuri soluissa
- ◆ johtajien kouluttaminen
- ◆ evankeliointi ja todistaminen ovat elämäntapa
- ◆ soluissa uusista uskovista pidetään huolta ja heidät otetaan osaksi yhteyttä
- ◆ koko ruumis otetaan mukaan osallistumaan
- ◆ opetuslasten määrän moninkertaistuminen.

Tämä tiivistetty katsaus soluseurakunnan käsitteeseen osoittaa, että soluseurakuntamallit ovat tapa pitää lähetyskäskyä arvossaan ja laittaa "kädet ja jalat" Matteuksen evankeliumin luvulle 28. Vaikuttaa siltä, että Pyhä Henki pyrkii löytämään keinoja uudistaa meidän aikamme seurakuntaa, jotta meistä voisi tulla tehokkaampia opetuslasten tekijöitä ja jotta voisimme täyttää niitä periaatteita, joita Uuden testamentin ajan seurakunta noudatti. Viisas johtaja tarttuu kiinni näihin periaatteisiin ja soveltaa niitä omassa palvelutyössään. Emmehän halua päätyä ainoastaan Jumalan Sanan "kuulijoiksi" vaan pikemminkin sen "tekijöiksi".

Osa 12

Seurakuntaverkostot

Yksi suurimmista herätyksen esteistä nykyajan seurakunnissa Britanniassa, Euroopassa ja muissa maailman kolkissa on se, että niin monilla on väärä käsitys siitä, mitä "seurakunta" tai "kirkko" oikeastaan tarkoittaa. Tämän kirjan osissa 3 ja 4 tarkasteltiin niiden kahden tärkeän sanan merkityksiä, joita Uudessa testamentissa käytetään seurakunnasta. Raamatun opetus on täysin selkeää, mutta väärät käsitykset ovat juurtuneet niin syvälle mieliimme ja ne ovat niin kiinteä osa perinteistä seurakuntakäsitystämme, että meidän voi olla hyvin vaikea ymmärtää ja soveltaa sitä, mitä Raamattu todellisuudessa opettaa. Jeesuksen sanat siitä, että perinteemme tekevät Jumalan Sanan tyhjäksi (Matt. 15:1–10), eivät koskaan ole sopineet mihinkään niin hyvin kuin meidän aikamme käsityksiin seurakunnasta. Seurakuntaa koskevat väärät käsityksemme rajoittavat tehokkuuttamme ja vaikeuttavat kykyämme rakentaa vahvoja ja toimivia seurakuntia omassa ajassamme.

Monet ihmiset käyttävät ilmauksia "paikallisseurakunta", "kansallinen kirkko" tai "kirkkokunta", mutta kuten osassa 3 havaittiin, niiden merkitys ei useinkaan vastaa sitä, mitä "seurakunta" tai "kirkko" raamatullisesti tarkasteltuna todellisuudessa tarkoittaa.

"Seurakunta" Uudessa testamentissa

Olemme havainneet, että sanaa "seurakunta" käytetään Uudessa testamentissa pääosin kolmella eri tavalla:

- ◆ kuvaamaan kaikkia uskovia sekä maan päällä että taivaassa – eli maailmanlaajuista seurakuntaa

- ◆ kuvaamaan kodissa kokoontuvaa seurakuntaa – eli

Jumalan kirkkaus seurakunnassa

seurakuntayhteisöä

◆ kun viitataan jonkin tietyn kaupungin tai alueen uskoviin – siis *kaupunkiseurakuntaan*.

Jokainen näistä seurakunnan ilmenemismuodoista on tärkeä, ja niistä jokaisen täytyy olla osana myös nykyistä ajatteluamme ja käytäntöämme. Maailmanlaajuinen seurakunta muistuttaa meitä siitä, että on olemassa vain yksi todellinen seurakunta ja Kristuksen ruumis, joka koostuu kaikkina aikoina eläneistä kaikista uskovista. Se on näkyvässä muodossaan vasta, kun koko Jumalan kansa kootaan yhteen taivaassa. Se on muistutus siitä, että me kaikki kulumme toisillemme ja Herralle.

Seurakuntayhteisö mainitaan vain muutamissa yksittäisissä raamatunjakeissa, kuten kohdissa Room. 16:5, 1. Kor. 16:19 ja Filem. 2, mutta se on äärettömän tärkeä osa sitä, kuinka ymmärrämme ja ilmennämme seurakuntaa. Uuden testamentin aikaisessa yhteiskunnassa koti ei tarkoittanut samaa kuin ydinperheen asuttama tyypillinen nykykoti. Se oli kukoistava yhteisö, joka itsessään oli melkein kuin kokonainen kylä. Tämän perusteella on selvää, että Jumala haluaa seurakunnan toimivan kokonaisvaltaisesti aivan kaikilla yhteiskunnan tasoilla ja murtautuvan osaksi jopa kaikkein pienimpiäkin yhteisöjä.

Tällainen yhteisöllinen tapa hahmottaa seurakuntaa sisältää joitakin ilmeisiä etuja. Siellä missä painotetaan paikallisia, pienten ihmisryhmien muodostamia yhteisöjä, kukoistavat myös läheiset ihmissuhteet ja joukkoon kuulumisen tunne. Seurakunnalla täytyy olla uskottavia ilmenemismuotoja kaikilla yhteiskunnan tasoilla – niin maaseudun kylissä kuin kaupunkien eri kolkissa sijaitsevissa erillisissä yhteisöissäkin.

Ne, mitä nykyään kutsumme "paikallisseurakunniksi", muistuttavat lähimmin juuri näitä Uuden testamentin aikaisia seurakuntayhteisöjä (kodeissa kokoontuvia seurakuntia). Paikallisseurakunnat ovat vahvuusaluettamme. Heikkoutemme on kuitenkin, että yritämme näiden yhteisötyyppisten seurakun-

Seurakuntaverkostot

tien kautta ilmaista kaikkea sitä, mitä Raamatussa opetetaan seurakunnasta. Jos seurakuntayhteisö irrotetaan uusitestamentillisen kaupunkiseurakunnan ilmenemismuodosta, se ilmentää vain osittain sitä, mitä Raamattu paljastaa seurakunnan luonteesta. Kuten osassa 3 todettiin, Uuden testamentin aikainen *kaupunkiseurakunta* koostui useista edellä kuvatun kaltaisista yhdessä paikassa kokoontuvista seurakuntayhteisöistä. Kaikki saman alueen eri seurakuntayhteisöt yhdessä muodostivat sen, mitä kutsuttiin tuon kaupungin tai alueen seurakunnaksi.

Itsenäisyyden myytti
Myöskin osassa 3 havaittiin, että meidän aikamme "paikallisseurakunta"-käsite on ristiriidassa Uuden testamentin ilmoituksen kanssa. Uuden testamentin aikaiset paikallisseurakunnat (kuten Jerusalemin, Efeson, Korintin tai Antiokian seurakunnat) olivat Kristuksen ruumiin ilmenemismuotoja yhdessä kaupungissa tai yhdellä alueella. Yksikään niistä ei siis ollut yksi itsenäinen seurakunta, vaan jokainen niistä oli pikemminkin verkosto, joka muodostui useista toisistaan riippuvaisista seurakunnista, jotka yhdessä muodostivat oman kaupunkinsa tai alueensa seurakunnan. Juuri tähän periaatteeseen perustuu seurakuntaverkostojen käsite. Eiväthän käsi tai jalkakaan toimi itsenään, erillään muusta ruumiista, ja sama koskee myös tietyn paikkakunnan tai alueen seurakuntia. Yhdessä ne muodostavat yhden ruumiin.

Uudessa testamentissa ei koskaan tarjota vaihtoehdoksi joko suppean alueen seurakuntayhteisöä tai koko laajan kaupunkialueen seurakuntaa, joko pientä tai suurta, vaan kaikkien tulisi toimia yhdessä niin, että jokainen osa täyttää oman tehtävänsä. Ainoastaan tällä tavalla voimme todella vaikuttaa hengellisesti kaupunkeihimme, kuntiimme ja kansakuntiimme.

Nykykäsityksemme "paikallisseurakunnasta" on yleensä, että se on yksittäinen seurakunta, jolla on paimen,

Jumalan kirkkaus seurakunnassa

johtoryhmä, rakennus, jossa se kokoontuu, sekä paikallinen alue, jota se kutsuu omakseen. Ajaudumme kuitenkin kauas Uuden testamentin opetuksesta, jos pidämme tätä perinteistä "paikallisseurakunnan" mallia oman aikamme ainoana oikeana seurakunnan ilmenemismuotona. Tällainen käsitys saa ihmiset muodostamaan pieniä, eristäytyneitä ja kapeakatseisia seurakuntia, jotka väittävät olevansa Kristuksen ruumis omalla alueellaan. Tällaiset seurakunnat eivät kiinnitä lainkaan tai vain hyvin vähän huomiota muissa "paikallisseurakunnissa" kokoontuviin veljiinsä ja sisariinsa. Ne saattavat kyllä silloin tällöin hyväksyä jonkin vastavuoroisen saarnavierailun, osallistua johonkin veljelliseen toimintaan tai ehkäpä joihinkin oman kirkkokuntansa yhteisiin asioihin, mutta näitä lukuun ottamatta ne pitävät itseään "itsenäisinä seurakuntina", joilla on suora yhteys Kristuksen hallintoon ja jotka "paikallisseurakuntina" ovat itsessään täysivaltaisia. Monetkaan asenteet eivät aiheuta niin paljon hajaannusta Kristuksen ruumiissa kuin tällainen ajattelutapa. Todellinen yhteys voidaan saavuttaa vain, jos jonkin kaupungin tai alueen kaikki seurakunnat ymmärtävät olevansa osa yhtä ja samaa Kristuksen ruumista.

Verkostoitunut seurakunta
"Verkostoitunut seurakunta" -käsite hylkää sen kapeakatseisin ja sisäänpäin kääntyneen taipumuksen, joka on tyypillinen niin monille aikamme pienille niin kutsutuille "paikallisseurakunnille" ja heidän "kylämentaliteetilleen". Tällaiset pienet seurakunnat ovat usein sisäänlämpiäviä, ja ne keskittyvät ainoastaan omiin asioihinsa. Verkostoituneet seurakunnat sitä vastoin pyrkivät kasvamaan useiden tuhansien ihmisten seurakunniksi. Niillä on kaupunginlaajuinen kasvuhakuinen mentaliteetti, ja niille on tunnusomaista keskittyä ulospäin suuntautuviin asioihin.

Nykyajan paikallisseurakunnissa vallitsee usein yksipuolinen kulttuuri, kun taas verkostoituneissa seurakunnissa on tilaa kaikille eri kulttuuri-, kansallisuus- ja kielitaustoista tuleville ihmisryhmille, jotka ovat myös osa nyky-yhteiskuntaa. Niissä

Seurakuntaverkostot

pyritään ilmentämään tätä valitsemalla *monikulttuurinen* lähestymistapa seurakunnan asioihin.

Kylämentaliteetin omistavien seurakuntien vahvuus on yleensä vahva yhteyden kokeminen ja riittävän sielunhoidon tarjoaminen jäsenilleen. Niiden johdossa on yleensä henkilöitä, joiden palveluvirka on joko paimen tai opettaja tai (korkeintaan) näiden kahden yhdistelmä. Verkostoituneet seurakunnat taas vaalivat kaikkia *viittä palveluvirkaa* ja näkevät, että myös apostoleilla ja profeetoilla on tärkeä osansa seurakunnan hallinnossa.

Kylämentaliteetin omistavat seurakunnat pitävät itseään itsenäisinä kokonaisuuksina. Ne eivät siis ajattele olevansa kokonaisuuden osia, joiden täytyisi yhdentyä laajempaan verkostoituneeseen seurakuntaan. Verkostoituneet seurakunnat taas koostuvat toisistaan riippuvaisista osista, jotka toimivat yhteydessä toisiinsa ja yhteydessä koko kokonaisuuteen. "Verkostoitunut seurakunta" -ajattelutapa suhtautuu seurakuntaan kaikenkattavasti ja kasvuhakuisesti, ja se pyrkii tunnustamaan kaikki tietyn kaupungin tai alueen sisällä esiintyvät Kristuksen ruumiin ilmenemismuodot.

Megaseurakunta

Suunnilleen 1980-luvulta lähtien alkoi ensin Pohjois-Amerikassa ja sitten muuallakin maailmassa syntyä uudenlaisia seurakuntia. Osasyynä tälle oli juuri edellä kuvatun "paikallinen kyläseurakunta" -lähestymistavan kyseenalaistaminen. Megaseurakuntailmiö levisi nopeasti ympäri Amerikkaa, ja useiden tuhansien ihmisten seurakuntia alkoi syntyä yhä uusiin suuriin kaupunkeihin.

Nämäkään seurakunnat eivät kuitenkaan ilmentäneet seurakuntaa Uuden testamentin koko ilmoituksen mukaisesti, vaan ne olivat ainoastaan kokonsa ja vaikutusvaltansa puolesta suurempia. Niissä oli silti kyse "sinun seurakunnastasi" ja "minun seurakunnastani". Ero oli vain siinä, että megaseurakunnat olivat suurempia kuin useimmat paikalliset kylämäiset seurakunnat. 1980-luvun megaseurakunnat kasvoivat suuriksi sellaisten

Jumalan kirkkaus seurakunnassa

"seurakuntakasvun" periaatteiden mukaan, jotka pohjautuivat pikemmin sosiologiaan kuin aitoon hengellisyyteen. Niille oli tunnusomasta, että niiden johdossa oli vaikutusvaltainen ja karismaattinen johtaja, jolla oli loistavat johtamistaidot ja jonka tukena oli tiukasti hänen kontrollissaan oleva johtoryhmä –, joka usein koostui hänen perheenjäsenistään. Niiden johtoajatus oli "suuri on kaunista", ja seurakunnan kasvu tuntui olevan ainoa asia, jolla oli merkitystä. Kaiken toiminnan ainoa tavoite oli tuon päämäärän toteuttaminen. Seurakuntakasvuun suhtauduttiin tavalla, jossa "kaikki keinot olivat sallittuja".

Se että USA:ssa ei ollut 1980-luvun loppupuolella yhtään sen enempää kristittyjä kuin 1980-luvun alkupuolellakaan todisti sen puolesta, että megaseurakuntien menestys perustui ennen kaikkea siihen, että ne vetivät puoleensa ihmisiä, jotka jo olivat uskovia, eikä niinkään siihen, että ne olisivat tehneet todellista Kristuksen työtä: uusien opetuslasten tekemistä, kasvattamista ja lähettämistä palvelemaan Mestaria.

Meidän 2000-luvun uskovien tulisi paitsi huolehtia siitä, että seurakunnat kasvavat, myös pitää huoli siitä, että jokainen kristitty on täysin kasvatettu, varustettu ja lähetetty liikkeelle. Olemme saaneet todistaa, kuinka edellisinä vuosikymmeninä nopeasti kasvavat seurakunnat saivat jäsenistönsä kilpailemalla muiden seurakuntien kanssa siitä, kenellä oli parhaat korkean profiilin puhujat, suosituimmat saarnojen aiheet ja kuuluisimmat kristilliset "viihdyttäjät". Meidän tulisi kuitenkin panostaa aitoon uusitestamentilliseen kristillisyyteen, jossa on ennen kaikkea kyse kalliin hinnan maksavasta opetuslapseudesta eikä niinkään ihmismassoihin vetoavien ohjelmien ja henkilöiden houkuttelemisesta. "Verkostoituneen seurakunnan" -käsitettä voitaisiin parhaiten kuvata ilmauksella "metaseurakunnan" rakentaminen – se ei siis ole viime vuosina tutuksi tulleiden megaseurakuntien rakentamista.

Metaseurakunta

Myös "metaseurakunta" on useiden tuhansien ihmisten seurakunta, mutta sitä muovaava ajattelutapa siitä, mikä seurakunta on, eroaa olennaisesti edellä käsitellystä megaseurakuntien ajattelutavasta. Metaseurakunnilla on kokonaisvaltainen lähestymistapa seurakuntaan, mikä ilmenee siinä, että ne muodostuvat verkostoista, jotka koostuvat useista soluista, seurakunnista ja palvelutöistä. Näin koko ruumis kykenee toimimaan täysivaltaisesti.

Edellä vertailtiin kyläseurakunnan ja verkostoituneen seurakunnan lähestymistapoja ja samoin voidaan myös korostaa megaseurakuntien ja metaseurakuntien eroavaisuuksia. Megaseurakunnat on usein organisoitu yhden rakenteen alle, jolloin seurakunnan kaikki osastot ja palvelutyöt ovat eri työmuotojen johtajien kautta suoraan johtavan pastorin alaisuudessa. Metaseurakunnissa sen sijaan kaikki seurakunnat, solut ja palvelutyöt muodostavat *verkostomaisen* rakenteen, jossa johtajien tehtävä on pikemminkin valtuuttaa kuin rajoittaa. Tämän seurauksena niiden seurakuntahallintokin on avoimempi eikä niin johtajakeskeinen.

Megaseurakunnissa liikkeelle lähettäminen tarkoittaa sitä, että jäsenet palvelevat seurakunnan ohjelmaa, mutta metaseurakunnissa juuri *palveleminen* on seurakunnan *ohjelma*. Megaseurakunnat painottavat "suurta rakennusta": juuri siellä tapahtuu kaikki, millä on mitään todellista merkitystä. Metaseurakunnat taas painottavat sitä, että *jokaisen jäsenen* täytyy olla seurakunta siellä missä he ovatkaan, ja rakennukset ovat vain tätä päämäärää palveleva keino.

Metaseurakunnissa ihmiset ovat tärkeämpiä kuin ohjelmat, ja tämä näkyy kaikista selvimmin soluissa. Solut eivät ole ainoastaan osa seurakunnan ohjelmaa, vaan ne ovat paikkoja, joissa jäseniä kasvatetaan, varustetaan ja valtuutetaan tekemään seurakunnan työtä. Metaseurakunnissa jokainen jäsen palvelee, ja johtajien ensisijainen rooli on varustaa pyhiä palveluksen työhön – tehdä, kasvattaa ja lähettää opetuslapsia Matteuksen evankeliumin luvun 28 mukaisesti.

Jumalan kirkkaus seurakunnassa

Metaseurakunnissa ymmärretään, että liikkeelle lähettäminen on Jumalan kansan valmistamistatehtävää varten. Metaseurakunnissa kyse on ennen kaikkea opetuslapseudesta, ja ne perustuvat palvelemiseen. Megaseurakuntien strategia taas saattaa synnyttää kristillisyyden kilpailuttamista. Koska megaseurakuntien motto on "suurempi on parempaa", vaikuttaa usein siltä, että niiden perimmäinen päämäärä on ainoastaan kasvaa suuremmaksi eikä niinkään se, että ne tuottaisivat opetuslapsia ja valtuuttaisivat ihmisiä Kristuksen palvelutyöhön.

Megaseurakunnat eivät yleensä ole sitoutuneita mihinkään kirkkokuntaan, ja vain harva niistä toimii jonkin perinteisen kirkkokunnan sisällä. Jo pelkästään niiden valtava koko riittää syyksi sille, että niissä syntyy usein tunne omasta ylemmyydestä ja itsenäisyydestä. Metaseurakunnissa taas ymmärretään verkostoitumisen periaate, ja niissä voidaan vaivatta laajentaa tuota periaatetta, niin että voi muodostua *kansallisia* ja *kansainvälisiä* verkostoja.

Verkostoituneissa seurakunnissa *keskusjohtoisuus* ja *paikallinen* aloiteoikeus ovat hyvässä tasapainossa. Niissä osataan hyödyntää sitä, että ne ovat sekä suuria että toisaalta lukuisista erilaisista osasista – soluista, seurakunnista ja palvelutöistä – muodostuvia kokonaisuuksia. Seurakunnan suuren koon vuoksi ihmisillä on mahdollisuus kokoontua tuhansien muiden kanssa pyhiin kokouksiin ja jumalanpalveluksiin, ja toisaalta taas eri pienten osasten kautta ihmiset voivat todella tuntea yhteenkuuluvuutta, heille voidaan tarjota sielunhoitoa ja heitä voidaan ravita ja lähettää liikkeelle.

Kaikkein tärkeintä kuitenkin on, että verkostoituneissa seurakunnissa jokaista yksittäistä jäsentä arvostetaan ja pidetään arvokkaana, ja heidät nähdään henkilöinä, joilla on suuria mahdollisuuksia – he eivät ole ainoastaan "lukuja" tai "penkinlämmittäjiä".

Verkostoituneissa seurakunnissa ajatellaan, että seurakunnan tehtävä on tuoda ihmisen piileviä kykyjä ja

Seurakuntaverkostot

mahdollisuuksia esiin ja vapauttaa niitä Kristuksen voimassa, jotta Kristuksen lähetyskäsky voisi täyttyä.

Kaikki nämä eroavaisuudet – sekä kylämäisten seurakuntien ja kaupunkiseurakuntien välillä että megaseurakuntien ja metaseurakuntien välillä – auttavat meitä ymmärtämään, miten Herra haluaa seurakuntien järjestäytyvän, jotta niistä voisi tulla varteenotettavia Kristuksen todistajia. Edellä esitelty tapa toteuttaa seurakuntaa voisi olla hyvä yleismalli sille, kuinka 2000-luvun seurakunta voisi toimia tehokkaasti.

Verkostoitumisen hyödyt

Kristityt ovat kiistatta vahvempia, jos he seisovat rinta rinnan ja tekevät työtä yhdessä. Tämä vaatii suvaitsevaisuutta siinä tavassa, jolla suhtaudumme eri opillisiin painotuksiin, joita oman ryhmämme ulkopuolella tulee vastaan. Toisaalta meidän tulee aina myös puolustaa rakkaudellisella tavalla niitä olennaisia ja perustavanlaatuisia uskonoppeja, jotka löytyvät Raamatusta. Todellista yhteyttä ei voi olla, jos näiden olennaisten totuuksien suhteen tehdään kompromisseja. Tätä periaatetta käsitellään yksityiskohtaisemmin tämän kirjan osassa 13.

Psalmin 133 lupaus on annettu veljeksille, joilla on *yhteinen, sopuisa* elämä, ja siinä kerrotaan, että juuri senkaltaiselle elämälle "Herra on antanut siunauksensa". Tämän lupauksen tulisi saada joka ikinen kristillinen seurakunta, johtaja ja palvelutyön edustaja pohdiskelemaan verkostoitumisen tärkeyttä. Jumala ei koskaan tarkoittanut, että meidän tulisi toimia yksin tai erillään muusta Kristuksen ruumiista. Tuhoisa taipumus korostaa itsenäisyyttä on tyypillistä langenneelle synnilliselle luonnolle, ja seurakuntien verkostot ovat tärkeässä asemassa siinä, että tätä taipumusta kyetään vastustamaan. Meidän ei koskaan tulisi antaa minkäänlaisille erottelemista kannattaville asenteille tilaa seurakunnan elämässä. Tehtävämme on sellaista varten liian kiireinen ja maailma liian kadotettu. Meidän tulee ennen kaikkea keskittyä osoittamaan kansoille, että yhden yhteisen Kristuksen ruumiin todellisuus

Jumalan kirkkaus seurakunnassa

on läsnä ja toiminnassa omalla paikkakunnallamme, omassa maassamme ja maailmanlaajuisesti kaikkien kansojen keskellä.

Nykypäivän verkostoituneet seurakunnat
Uuden testamentin verkostoitumisen periaatetta sovellettaessa täytyy pitää mielessä, että kelloja on mahdotonta kääntää takaisin Uuden testamentin aikoihin. Kirkkohistorian 2000 vuoden seurauksena maailmassa on nykyään yli 6000 kirkkokuntaa ja vielä sitäkin useampia itsenäisiä seurakuntaryhmittymiä, -suuntauksia ja -perinteitä. Jos kuitenkin haluamme vastata Jeesuksen rukoukseen yhteyden puolesta (Joh. 17), täytyy jokaisen seurakuntaryhmittymän nähdä itsensä osana suurempaa kokonaisuutta – Kristuksen ruumiin jäsenenä, eikä itsenäisenä, muista seurakuntaryhmittymistä erillisenä yksikkönä.

Yksi tapa toteuttaa tätä on verkostoituminen. Verkostoitumalla voidaan todellisella ja konkreettisella tavalla ilmaista riippuvuutta toisista ja yhteyttä toisiin. Seurakunnat voivat verkostoitua paikallisella ja kansallisella tasolla, ja ne voivat myös olla osa kirkkokuntien sisäistä tai useiden kirkkokuntien yhteistä verkostoa. Verkostoitumisen ytimessä on nöyryyden ja hyväksymisen periaate eli pyrkimys nähdä, ettei "meidän ryhmämme" ole koko Kristuksen ruumis maan päällä ja että olemme kaikki saman kokonaisuuden toinen toisestaan riippuvaisia osia – lyhyesti sanottuna siis tiedostaa, että tarvitsemme toinen toistamme. Kuten Johannes sanoo (1. Joh. 1:3), "meillä on yhteys Isään ja hänen Poikaansa Jeesukseen Kristukseen". Tällaisen maailmanlaajuisen yhteyden täytyy väistämättä sisältää kumppanuutta, jotta yhteinen näky – tehdä Kristus tunnetuksi koko maailmalle – voisi toteutua.

Verkostot voivat toimia sekä virallisesti että epävirallisesti, ja niillä voi olla joko ei-hallinnollinen tai hallinnollinen rakenne.

Ei-hallinnolliset verkostot sisältävät sellaisia epävirallisia ja virallisia verkostorakenteita, jotka kunnioittavat paikallisten seurakuntien omaa identiteettiä ja päätäntävaltaa mutta

Seurakuntaverkostot

jotka tarjoavat samalla raamit laajemmalle neuvonnalle, suunnittelulle, toiminnalle ja näylle.

Verkostoituneet seurakunnat taas ovat *hallinnollisia* rakenteita. Ne pyrkivät yleensä kehittämään kaikkia verkostoituneen seurakunnan ominaispiirteitä omassa kaupungissaan tai jollakin maantieteellisellä alueella. Mielenkiintoinen huomio on, että sanaa "seurakunta" ei Uudessa testamentissa milloinkaan käytetä kansallisessa tai kansainvälisessä yhteydessä. Vaikka kansalliset ja kansainväliset verkostot saattavatkin hyödyllisellä tavalla antaa opetusta, rohkaisua ja apostolista ohjausta paikallisseurakunnille, niistä ei koskaan pitäisi muodostua hallinnoivia auktoriteetteja. Verkostoituneilla seurakunnilla on hallinnollinen rakenne nimenomaan niiden omissa kaupungeissaan tai omilla alueillaan. Verkostoituneissa seurakunnissa:

- ◆ osaset ryhmitellään virallisesti, niin että niistä muodostuu kaupunki- tai alueellisen seurakunnan ilmenemismuoto, joka toimii verkostoitumisen periaatteen mukaisesti

- ◆ osaset ovat yleensä yhteydessä apostoliseen johtajuuteen, joka muovaa kokonaisuutta ja antaa sille suuntaa

- ◆ johtajat kootaan jokaisesta erillisestä osasesta, ja heidän joukossaan ilmenevät kaikki viisi Efesolaiskirjeen jakeen 4:11 esittelemää palveluvirkaa

- ◆ pyritään ilmaisemaan ekklesiaa kaikilla tasoilla: kahden ja kolmen hengen kumppanuussuhteista koko verkostoituneen seurakunnan yhteisiin pyhiin kokouksiin

- ◆ muodostetaan myös suhteita oman paikkakunnan sekä muiden paikkakuntien muihin ryhmittymiin ja seurakuntiin – jotta voitaisiin ilmentää täydellistä yhteyttä Kristuksessa.

Jumalan kirkkaus seurakunnassa

Metaseurakuntamallin mukaisten seurakuntaverkostojen rakentaminen on nykypäivänä paitsi toivottavaa myös välttämätöntä. Emme saa kuitenkaan koskaan aliarvioida tämän polun valitsemiseen liittyviä haasteita tai sitä hintaa, mikä sen valitsemisesta pitää maksaa. Tuo polku on nimittäin suurimmalta osin niiden perinteisten seurakuntamallien hylkäämistä, joita noudatetaan niin monin paikoin maailmassa ilman minkäänlaista kyseenalaistamista. Seuraavat periaatteet ovat yhteenveto verkostoituneen seurakunnan ydinajatuksista, ja niistä ilmenee myös se haaste, jonka Pyhä Henki nykypäivän seurakunnille asettaa:

- ◆ täydellinen alistuminen Kristukselle, seurakunnan päälle, sekä halu toimia hänen ruumiinsa jäseninä yksin hänen ohjeistuksensa mukaan

- ◆ seurakuntien perinteisen johtajuusmallin, jossa johtaja on "paimen-opettaja", korvaaminen mallilla, jossa johtajistossa on kaikkien viiden palveluviran omistavia henkilöitä ja jossa johtajisto johtaa koko verkostoituneen seurakunnan kokonaisuutta

- ◆ sen ajatuksen hylkääminen, että pappeus on ainoastaan joidenkin yksittäisten ihmisten ammatti tai ura ja että nämä ihmiset tekevät Kristuksen työtä Kristuksen ruumiin jäsenten puolesta

- ◆ sen periaatteen hyväksyminen, että jokainen jäsen on työntekijä, ja sellaisten rakenteiden luominen, joissa tämä periaate voi kukoistaa

- ◆ sen ymmärtäminen, että seurakunta ei ole ainoastaan sunnuntaikokouksia vaan että se on jatkuva, päivittäinen ja pysyvä suhde, jota ilmaistaan palvelemalla Mestaria seitsemänä päivänä viikossa siinä paikassa, ammatissa ja elämäntilanteessa, johon hän on itse kunkin laittanut

- ◆ kuoleminen itsekkäille pyrkimyksille henkilökohtaisesti rakentaa Jumalan valtakuntaa ja omien lahjojen antaminen Mestarin käyttöön sen todellisen Jumalan

Seurakuntaverkostot

valtakunnan työn tekemiseksi, missä tehdään, kasvatetaan ja lähetetään opetuslapsia

- seurakunnan rakentaminen solujen kautta, jotka ovat Kristuksen ruumiin pienoiskokoisia konehuoneita

- toimiminen yhteyden hengessä ja kaikenlaisen itsenäisyyden sijaan Kristuksen ruumiin jäsenyyden ja siinä palvelemisen valitseminen.

Vain ottamalla omaksemme nämä periaatteet ja toimimalla yhteistyössä Pyhän Hengen kanssa voimme maan päällä ennen Kristuksen toista tulemista nähdä sellaisen tehokkaan seurakunnan syntyvän, josta kerrotaan seuraavassa osassa, tämän kirjan viimeisessä luvussa.

Osa 13

Lopun ajan seurakunta

On ehdottoman tärkeää pitää mielessä Jeesuksen sanat "minä rakennan seurakuntani" (v. 1938 käännös). Mitähän hän mahtoi sanoillaan tarkoittaa? Paavali opettaa, että Kristus rakasti seurakuntaa ja antoi itsensä sen puolesta, ja että Kristus on valmistamassa seurakuntaa pyhittämällä ja pesemällä sitä puhtaaksi Sanan vedellä, jotta hän voisi, Efesolaiskirjeen jakeen 5:27 sanoin, "asettaa sen eteensä kirkkaana, pyhänä ja moitteettomana, vailla tahraa, ryppyä tai virhettä". Juuri tämä Jeesuksella oli mielessään, kun hän puhui seurakunnasta. Hän on valmistamassa morsianta paluunsa hetkeä varten.

On helppoa opiskella Raamattua tämänkaltaisen kirjan avulla ja tehdä listaa kaikista niistä muutoksista, joita meidän täytyy "omassa" seurakunnassamme tehdä. Jos kuitenkin teemme ainoastaan niin, jätämme huomiotta sen mahtavan suunnitelman, joka Jumalalla on maailmanlaajuista seurakuntaa varten, sekä sen, kuinka tuo suunnitelma on täyttyvä. Jumalan suunnitelma, jota tässä kirjan viimeisessä osassa tarkastellaan, on rakentaa seurakuntaa sen näyn mukaan, joka Jeesuksella on seurakuntaa varten. Ensin kuitenkin haluan muistutella meitä seurakunnan todellisesta elämästä, jota ilman tuo suunnitelma ei koskaan voisi täyttyä – nimittäin Pyhästä Hengestä.

Pyhä Henki ja seurakunta
Edellä havaittiin, että "oma" seurakunnan ilmenemismuotomme toimisi tehokkaammin, jos vain pitäisimme ylistyksen, sana, todistamisen, hyvinvoinnin ja sodankäynnin oikeanlaisessa tasapainossa – tai jos meillä olisi raamatullisemmat rakenteet ja raamatullisempi tapa johtaa – tai jos painottaisimme

Jumalan kirkkaus seurakunnassa

seurakuntaelämän yhteisöllistä puolta enemmän ja tekisimme kasteesta ja ehtoollisesta keskeisempiä asioita.

Kaikki nämä asiat ovat kyllä tärkeitä, mutta itsessään ne ovat varsin hyödyttömiä. Jos haluamme toimia tehokkaasti ja loistaa Jumalan kirkkautta tässä maailmassa, meidän täytyy ennen kaikkea olla läheisempiä Pyhän Hengen kanssa. Juuri häntä seurakunta tarvitsee enemmän kuin mitään muuta.

Seurakunta syntyi Hengen vaikutuksesta helluntaina, kuten Apostolien tekojen luvussa 2 kerrotaan. Henki oli ollut opetuslasten kanssa jo ennen tuota hetkeä, mutta hän ei ollut heissä eivätkä he olleet hänessä. Helluntaina Jeesus kastoi seurakunnan Pyhän Hengen kasteella, ja tuosta hetkestä lähtien seurakunnalla on aina ollut pääsy Pyhän Hengen ja hänen voimansa luo.

Helluntain jälkeen opetuslasten täytyi oppia kuinka elää Hengessä, rukoilla Hengessä, vaeltaa Hengessä, turvata Henkeen, olla Hengen johdatuksessa – ja niin edelleen. On sula mahdottomuus, että Uuden testamentin seurakunta edes olisi olemassa ilman Henkeä. Ilman Henkeä meillä voi kyllä olla jonkinlainen organisaatio, mutta ilman häntä ei koskaan voi olla seurakuntaa.

Pyhä Henki on täysin oma persoonansa ja täysin Jumala – kirjassa *Hengen tunteminen* käsitellään kaikkea sitä, mitä Raamattu hänestä opettaa. Hän on aina Pyhä Henki, Jumalan Henki tai Kristuksen Henki – hän ei koskaan ole "seurakunnan Henki".

Henki on seurakunnan elämä ja Kristuksen ihmeellinen lahja seurakunnalle. Seurakunnan tulisi olla täynnä Henkeä, mutta yksikään seurakunta ei omista tai hallitse häntä. Sen sijaan hän haluaa täyttää seurakuntaa, omistaa meidät, opettaa meitä, ohjata meitä, valtuuttaa meitä, muuttaa meitä ja toimia yhteistyössä meidän kanssamme.

Emme voi rajata hänen toimintaansa

Seurakunta ei voi hallita Henkeä eikä myöskään rajata hänen toimintaansa. Emme voi vaatia häntä toimimaan tietyllä tavalla

Lopun ajan seurakunta

tai tiettyjen muodollisuuksien, sanojen tai luottamustehtävien kautta. Raamatussa on kyllä kerrottu selkeitä Henkeen liittyviä lupauksia, ehtoja ja periaatteita, mutta siellä tehdään myös selväksi, että "Jumalan tuuli tai henkäys" puhaltaa siellä, missä tahtoo.

Seurakunnan jokaisen ilmenemismuodon täytyy oppia kuuntelemaan Henkeä, kuulla, mitä hän tahtoo seurakunnille sanoa, ja olla kuuliainen hänelle. Perinteidemme tulee aina taipua hänen alaisuuteensa, sillä hänen pyrkimyksensä on jatkuvasti uudistaa meitä ja johdattaa meitä eteenpäin kohti kirkasta päämääräämme.

Emme omista häntä yksinoikeudella
Yksikään seurakunnan ilmenemismuoto ei voi väittää, että sillä olisi muita erityisempi suhde Hengen kanssa. Pyhä Henki on kaikissa uskovissa, joten yhdelläkään ryhmittymällä ei voi olla yksinoikeutta häneen.

Jotkut uskovat saatetaan kylläkin täyttää Hengellä, mutta tämä täyttyminen on tarjolla kaikille uskoville. Ei ole olemassa mitään sellaista erityistä suhdetta Hengen kanssa, joka olisi tarjolla vain joillekin tietyille seurakunnan jäsenille ja jota jotkut toiset eivät voisi saada.

Auttaja
Johanneksen evankeliumin jakeissa 14:16-18 Jeesus lupasi lähettää Hengen seurakunnalle *parakletokseksi*. Se tarkoittaa "kutsuttu kulkemaan vierellä", ja se voidaan kääntää sanoilla "auttaja", "rohkaisija", "lohduttaja", "neuvonantaja" tai puolestapuhuja". Hän on siis seurakunnan auttaja.

On elintärkeää, että turvaamme hänen apuunsa, sillä ilman häntä emme kykene tekemään Hengen maailmassa mitään. Ilman hänen apuaan emme kykene toimimaan tehokkaasti millään seurakuntaelämän alueella. Ilman häntä kaikki tekemisemme on merkityksetöntä ja tyhjää.

Ilman hänen apuaan emme esimerkiksi kykene:

Jumalan kirkkaus seurakunnassa

- rukoilemaan/ylistämään – Joh. 4:24
- todistamaan – Ap. t. 1:8
- palvelemaan – 1. Kor. 12:4–11
- rukoilemaan muiden puolesta – Ef. 6:18 ja Room. 8:26
- kulkemaan johdatuksessa – Room. 8:14
- voittamaan vihollista – Matt. 12:28 ja Ef. 3:6
- oppimaan – Joh. 14:26 ja 16:13.

Opettaja

Johanneksen evankeliumin jakeissa 14:17 ja 16:13 Jeesus lupasi, että Totuuden Henki johtaisi meidät tuntemaan koko totuuden – ja että hän kirkaistaisi Jeesuksen – ilmoittamalla meille kaiken, minkä hän Jeesukselta saa. Hän on siis seurakunnan opettaja.

Henki puhuu meille vain sen, minkä Jeesus jo on sanonut. Hän ei johda meitä mihinkään uuteen totuuteen, vaan hän opettaa meille asioita Jeesuksen ehtymättömästä ilmoituksesta ja johtaa meidät tuntemaan *koko* totuuden. Henki *ei lisää* Jeesuksen sanoihin mitään, vaan hän muistuttaa meitä siitä, mitä Jeesus jo on sanonut – Joh. 14:26 ja 15:15. Usein hän kuitenkin auttaa meitä näkemään Jeesuksen ilmoittamia asioita uudessa valossa tai raikkaalla tavalla.

Tämä *Hengen miekka* -kirjasarja tehtiin raamattukouluksi, joka painottaa Sanaa ja Henkeä, sillä Sana ja Henki ovat aivan äärimmäisen läheisessä yhteydessä toisiinsa. Henki on sidoksissa ikuiseen Jumalan Sanaan – ja kuten 2. Timoteuskirjeen jae 3:16 osoittaa, kaikki kirjoitukset syntyivät Hengen vaikutuksesta tai hänen henkäyksestään. Henki ei puhu ainoastaan kirjoitusten kautta, vaan hän puhuu meille monin eri tavoin. Mikään hänen sanomansa ei kuitenkaan koskaan ole ristiriidassa kirjoitetun ilmoituksen kanssa.

Tarvitsemme hänen apuaan voidaksemme ymmärtää Sanaa, mutta emme koskaan voi omistaa koko totuutta täydellisellä tavalla – Jumalan Sana on siihen aivan liian laaja ja meidän ymmärryksemme aivan liian vajavaista. Opettajamme antaakin meille jatkuvasti uusia näkökulmia joihinkin tiettyihin totuuden osa-alueisiin. Nämä ovat yleensä sellaisia, jotka olemme unohtaneet tai joita olemme lyöneet laimin ja jotka ovat erityisen ajankohtaisia siihen tilanteeseen, jossa juuri kyseisellä hetkellä olemme.

Todistaja

Johanneksen evankeliumin jakeessa 15:26 Jeesus opetti, että Henki todistaisi Jeesuksesta. Hän on siis "todistaja". Itse asiassa kaikki, mitä hän tekee, palvelee ainoastaan sitä tarkoitusta, että Jeesus tulisi kirkastetuksi – Joh. 16:14. Hän tulee seurakunnan vierelle ja auttaa sitä, niin että me, jotka olemme seurakunta, kirkastaisimme Jeesusta. Hän johtaa meidät tuntemaan koko totuuden – niin että me kirkastaisimme Jeesusta. Hän johdattaa meitä ja valtuuttaa meidät – niin että me kirkastaisimme Jeesusta, ja niin edelleen.

Hän laskeutui seurakunnan ylle helluntaina pääasiallisesti siksi, että opetuslapset tulisivat varustetuiksi ja valtuutetuiksi toimimaan tehokkaina todistajina. Hän kyllä täytti heidät myös ilolla ja sai heidät olemaan yhtä ja pitämään toisistaan huolta, mutta ensisijaisesti hän täytti heidät voimalla, niin että he kykenivät lähtemään liikkeelle todistamaan Jeesuksesta.

Kaikki sellaiset Hengen kokemukset, jotka eivät saa meitä todistamaan aiempaa tehokkaammin Jeesuksesta, tulisi kyseenalaistaa. Henki haluaa seurakunnan avautuvan itselleen, niin että hän voisi pyyhkäistä pois pelkomme ja häpeämme ja täyttää meidät omalla rohkeudellaan ja omilla sanoillaan. Jeesuksesta todistaminen on niin tärkeää Hengelle, että hän antaa meille sekä voiman puhua että sanat, joita sanoa.

Pyhä Henki on ensisijaisesti kiinnostunut siitä, että Jumalan kansa, Kristuksen ruumis, toteuttaisi Jumalan sille antamaa tehtävää viedä evankeliumi kaikille kansoille. Jos meillä on pieninkään pisara myötätuntoa ympärillämme olevia ihmisiä kohtaan ja hitusenkaan intoa nähdä Jumalan kirkkauden

Jumalan kirkkaus seurakunnassa

loistavan, emme voi edes tehdä muuta kuin heittäytyä Hengen varaan ja pyytää häntä auttamaan meitä, jotta osaisimme todistaa vielä tehokkaammin ylösnousseesta Herrastamme.

Antaja
Ensimmäisen Korinttolaiskirjeen luku 12 opettaa, että Pyhä Henki on antelias antamaan lahjoja seurakunnalle, ja jakeissa 7–11 on listattu joitakin niistä lahjoista, joita hän alati haluaa antaa. Ensimmäisen Korinttolaiskirjeen luku 14 taas kertoo, että nämä lahjat on annettu seurakunnan rakentamiseksi, jotta seurakunta voisi toimia tehokkaammin. Jos todella otamme seurakuntaan liittyvät asiat vakavasti, meidän tulisi myös kiihkeästi tavoitella erilaisia lahjoja.

Ensimmäisen Korinttolaiskirjeen luku 13 antaa ymmärtää, että vielä lahjojakin tärkeämpää on rakkaus. Jae 1. Kor. 14:1 tekee kuitenkin selväksi, ettei meidän tule valita joko lahjoja tai rakkautta, vaan meidät on kutsuttu tavoittelemaan ja haluamaan niitä molempia – kuitenkin niin, että rakkaus on ensimmäisellä sijalla.

Jumalan tahto on, että Kristuksen seurakunta olisi mahtava lähetystyötä tekevä yhteisö, vahva Sanan vartija ja tehokas taistelujoukko – mutta se ei ole mitään näistä ilman rakkautta. Voidaankin itse asiassa sanoa, että seurakunnan hengellisen uudistumisen ja kypsyyden mittari on juurikin seurakunnan osoittaman rakkauden laatu, ei sen omistamien lahjojen määrä tai sen harjoittaman toiminnan laajuus.

Kun avaudumme Hengelle, hänen rakkautensa Isää ja Poikaa kohtaan täyttää meidät ja ohjaa meitä. Efesolaiskirjeen jakeissa 3:17–19 luvataan, että seurakunnan perustus ja kasvupohja on rakkaus ja että opimme tuntemaan Kristuksen rakkauden, joka ylittää kaiken tiedon. Juuri tämä on seurakunnan päämäärä.

Lisäksi kun Henki muuttaa meitä, alamme myös rakastaa toinen toistamme hänen rakkaudellaan. Kohdat Ef. 4:25–32 ja 1. Tess. 5:19–22 osoittavat, että rakkaudettomuutemme murehduttaa Henkeä ja tuottaa hänelle surua. Tästä voidaan päätellä, että Henki todella kaipaa sitä, että seurakunta tunnettaisiin siitä, että se osoittaa Jumalan itsensä uhraava rakkautta.

Lyhyesti sanottuna seurakunta ei olisi mitään ilman Pyhää Henkeä, sillä Henki juuri on seurakunnan elämä – Kristuksen elämä, joka ilmenee yhteisesti Kristuksen ruumiissa ja joka tekee mahdolliseksi sen, että seurakunta kykenee olemaan Kristuksen edustaja maailmassa.

Kristuksen täyteys

Kun vaellamme Hengessä ja Hengen kanssa, voimme olla varmoja siitä, että hän johdattaa meitä kohti seurakunnan kirkasta päämäärää, josta kerrotaan Efesolaiskirjeen luvussa 4. Tämä päämäärä on Kristuksen täyteys.

Jotta voisimme ymmärtää edellisen virkkeen merkityksen, meidän täytyy ensin tarkastella Efesolaiskirjeen lukua 1, jossa Paavali yhdistää täyteyden siihen, että Kristus on ruumiin pää (j. 22–23). Paavali on ensin listannut totuuksia, joita hän haluaa efesolaisten tietävän ja tuntevan, ja tuon pitkän luvun päätteeksi hän sanoo, että Jumala "on asettanut kaikki hänen [Kristuksen] jalkainsa alle ja antanut hänet kaiken pääksi seurakunnalle" (v. 1938 käännös).

Tämä on hyvin merkittävä ilmoitus, eikä olekaan ihme, että Paavali halusi lukijoidensa todella ymmärtävän sen merkityksen. Paavali kertoo ensin, että kuolleista noussut Kristus on korotettu kaikkea muuta korkeammalle, että hänet on tehty pääksi ja että hänelle on annettu valta kaiken yli sekä tässä ajassa että tulevina aikoina. Sitten Paavali kuitenkin lisää, että Jumala teki Kristuksesta kaiken pään lahjana seurakunnalle. Tämä tarkoittaa sitä, että juuri seurakunnassa nähdään ja tunnustetaan ensimmäisenä se, että Kristus on kaiken pää.

Eräänä päivänä koko maailmankaikkeus on näkevä ja tunnustava Kristuksen arvovallan ja hänen asemansa kaiken päänä, mutta me voimme elää sitä todeksi jo nyt. Eikä ainoastaan elää sitä todeksi, vaan meidät on myös kutsuttu julistamaan sitä maailmalle, jotta maailma voisi myös nähdä

Jumalan kirkkaus seurakunnassa

sen ja kumartua hänen edessään. Tämä herättää kuitenkin kysymyksen "kuinka?". Tähän kysymykseen Paavali vastaa jakeessa 23.

Paavali yhdistää päänä olemisen täyteyteen ja sanoo, että seurakunta, jonka pää Kristus on, on "Kristuksen ruumis ja hänen täyteytensä, hänen, joka kaiken kaikessa täyttää". Aivan kuten Kristus on jo nyt kaiken pää, vaikka se näkyykin vasta siinä, että hän on seurakunnan pää, samoin Kristuksen läsnäolo, joka täyttää koko maailmankaikkeuden, ilmenee ensin hänen ruumiissaan, seurakunnassa.

Kristuksen täyteys tai kirkas läsnäolo voidaan nähdä ja se voi ilmetä ainoastaan siellä, missä hänen valtansa tunnistetaan ja tunnustetaan. Efesolaiskirjeen luvussa 4 viedään tätä luvun 1 opetusta vielä pidemmälle, mutta jotta sen merkitys voidaan ymmärtää, täytyy ensin olla selvillä Paavalin kirjeen rakenteesta. Efesolaiskirje, kuten monet muutkin Paavalin kirjoittamat kirjeet, on jaettu kahteen pääosioon. Ensimmäinen osio, luvut 1-3, käsittelee hengellisiä totuuksia - pääosin sitä, mikä asemamme Kristuksessa on ja mitä omistamme hänessä. Sitten luvusta 4 eteenpäin Paavali siirtyy kirjeensä käytännönläheiseen osioon ja kutsuu meitä vaeltamaan ensin esittelemiensä hengellisten totuuksien mukaisesti.

Efesolaiskirjeen toinen osio alkaa jakeesta 4:1 seuraavilla sanoilla: "Minä, joka olen Herran vuoksi vankina, kehotan teitä siis elämään saamanne kutsun arvoisesti." Paavali kehottaa meitä elämään hengellistä kutsuamme todeksi ja ilmaisemaan sitä käytännöllisellä tavalla elämässämme.

Tämä tarkoittaa sitä, että hänen opetuksensa Efesolaiskirjeen jakeissa 4:11-16 maalaa kuvan siitä, miltä seurakunnan tulisi näyttää *maan päällä*, ja siihen sisältyy myös lupaus siitä, että suunnitelma, joka Jumalalla on seurakuntaa varten, täyttyy. Juuri tällaiselta lopun ajan seurakunta näyttää, ja se toteutuu ennen Kristuksen paluuta. Jeesus ei tule takaisin noutamaan väsynyttä, uupunutta, syntistä, kuollutta ja hyödytöntä seurakuntaa. Hän tulee takaisin

Lopun ajan seurakunta

noutamaan kirkasta seurakuntaa, joka tunnustaa kaikessa hänen asemansa päänä ja jossa hänen läsnäolonsa ilmenee kokonaisvaltaisesti.

Juuri tämännäköinen kuva seurakunnasta jokaisella Kristuksen ruumiiseen kuuluvalla uskovalla, hengellisellä johtajalla ja työntekijällä tulisi olla mielessään. Se on kuva valmiista lopputuloksesta, Jumalan rakkaan seurakunnan kirkkaasta päämäärästä. Jeesus sanoi rakentavansa seurakuntansa, ja hän todella tarkoitti sitä. Hän ei jätä työtään puolitiehen, vaan valmistaa ruumiinsa täyteen aikuisuuteen ennen aikojen loppua. Ja juuri tämän vuoksi me kykenemme täyttämään sen työn, jonka Jumala on meille antanut tehtäväksi: kykenemme evankelioimaan menestyksekkäästi koko maailman ja tekemään kaikista kansoista hänen opetuslapsiaan.

Pyhä Henki saattaa valmiiksi sen, minkä hän aloitti helluntaina. Hän tekee seurakunnasta tehokkaan ja toimivan, niin että aikuisuuteen kasvanut morsian on valmis, kun Jeesus palaa. Jeesus lupasi rakentaa seurakuntansa, ja Efesolaiskirjeen luku 4 osoittaa, että tuo rakennus tulee valmiiksi.

Koska seurakunta on Kristuksen ruumis, se on Jumalan edustaja tässä maailmassa. Kristuksen työ voi toteutua maan päällä ainoastaan hänen ruumiinsa kautta. Jos ruumis ei ole aikuisuuteen kasvanut, vahva ja terve, Kristuksen työ ei toteudu. Mutta jos ruumis on vahva ja se on kasvamassa aikuisuuteen, Jumalan työ voi toteutua maan päällä.

Kuten edellä havaittiin, Efesolaiskirjeen jakeissa 4:11–16 kerrotaan, että seurakunta on saavuttava Kristuksen täyteyden. Tämä tarkoittaa sitä, että vielä eräänä päivänä seurakunta ilmentää täydellisellä tavalla maan päällä Kristusta kaikessa hänen täyteydessään. Kuten myös havaittiin, tämä antaa lisäpainoarvoa Efesolaiskirjeen jakeelle 1:23, jossa seurakuntaa kuvataan sanoilla "hänen täyteytensä".

Jeesus on antanut seurakunnalleen apostoleita, profeettoja, evankeliumin julistajia, paimenia ja opettajia nivomaan Jumalan kansan yhteen, jotta kaikki jäsenet yhdessä

Jumalan kirkkaus seurakunnassa

tekisivät palveluksen työtä. Juuri tämä rakentaa Kristuksen ruumista. Näiden johtajien on tarkoitettu jatkavan tätä työtä, seurakunnan rakentamista, niin kauan, kunnes seuraavat neljä asiaa toteutuvat.

1. Yhteys
Seurakunta pääsee yhteyteen uskossa (v. 1938 käännös). Tällä ei tarkoiteta Hengen aikaansaamaa yhteyttä, joka alkoi ristiltä ja joka on jo olemassa, vaan yhteyttä oleellisimmissa uskon opeissa ja kypsää ymmärrystä siitä, kuka Kristus on.

Tämä ei tarkoita sitä, että kaikki kristityt uskoisivat täysin samalla tavalla kaikista asioista, vaan pikemminkin sitä, että koko seurakuntaruumiissa ilmenee vahvaa yhteyttä kaikissa oleellisissa uskoon liittyvissä asioissa.

2. Täysi tunteminen
Aikuisuuteen kasvanut seurakunta saavuttaa täyden Jumalan Pojan tuntemisen. Tällä ei tarkoiteta sitä, että ainoastaan tuntisimme hänet paremmin kuin nyt, vaan että saamme tuntea hänet täysin. Tämä täysi tunteminen tarkoittaa sitä, että tunnemme Kristuksen ja elämme häntä täysin todeksi elämässämme.

Filippiläiskirjeen jakeissa 3:8–16 Paavali kaipaa saada tuntea Kristuksen, hänen ylösnousemisensa voiman ja hänen kärsimystensä syvyyden, ja Filippiläiskirjeen jakeissa 2:5–11 hän kehottaa meitäkin omistamaan tällaisen mielen, joka Kristuksella oli. Paavali tarjoaa vuoristorataa muistuttavan kuvauksen Jumalan Pojasta, joka ensin tyhjensi itsensä, otti orjan muodon ja hyväksyi kuoleman ja joka sitten korotettiin niin korkealle, että kaikkien olevaisten kaikkialla täytyy polvistua hänen edessään.

Seurakunta alkaa saavuttaa tätä täyttä Jumalan Pojan tuntemista, kun se lakkaa haluamasta voimaa itsensä tähden ja alkaa kaivata sitä, että saisi ajatella ja olla kuin Jeesus – kun alamme kaivata sitä, että saamme olla osallisia sekä hänen voimastaan että hänen kärsimyksistään. Voimme olla varmoja siitä, että jossakin vaiheessa aivan pian saamme kokea tämän täyden todellisuuden kaikilla seurakuntaelämän alueilla.

3. Täysi aikuisuus
Aikuisuuteen kasvanut lopun ajan seurakunta muodostaa täydellisen ihmisen – saavutamme täyden aikuisuuden ja täyden kypsyyden. Silloin emme enää ole lapsia, joita voidaan heitellä sinne tai tänne, vaan olemme vahvoja ja kypsiä Kristuksessa. Huolimatta siitä, mitä jotkut ihmiset sanovat, seurakunta ei ole kuolemassa tai haihtumassa pois – se on saavuttamassa täysi-ikäisyyden!

Seurakunta, josta Uudessa testamentissa voidaan lukea, on pikkulapsivaihetta elävä seurakunta. Lopun ajan seurakunta taas on täysi-ikäinen, aikuisuuden saavuttanut väkevä seurakunta. Jos alkuseurakuntakin kykeni saavuttamaan niin paljon, kuinka paljon enemmän voikaan lopun ajan seurakunta saada aikaan?

Jos raamatullisilla lupauksilla on mitään totuusarvoa, voimme todellakin odottaa, että tuleva raamatullinen seurakunta saa kokea valtavan Hengen vuodatuksen, joka johtaa tehokkaaseen maailmanlaajuiseen evankeliointiin. Viemme evankeliumin kaikille kansoille. Jumalan kirkkaus loistaa kaikkialla maailmassa. Seurakunta on täynnä kirkkautta Jeesuksessa Kristuksessa.

4. Kristuksen täyteys
Kuten todettu, Efesolaiskirjeen jae 4:13 jatkaa Efesolaiskirjeen jakeiden 1:22–23 teemasta ja osoittaa, että aikuisuuteen kasvanut seurakunta täytetään itse Kristuksen täyteydellä. Tämä tarkoittaa sitä, että olemme niin täynnä Jeesusta ja hänen Henkeään, että kykenemme tarkoin edustamaan häntä maailmassa – aidosti loistamaan hänen kirkkauttaan – ja saavuttamaan kaiken, mitä hän on pyytänyt meitä tekemään. Hän ilmaisee itsensä niin täydellisesti seurakunnassa, että vaikuttaa jopa siltä kuin hän todella olisi täällä maan päällä ja eläisi ruumiissaan. Toistan nyt hieman itseäni, mutta minä

Jumalan kirkkaus seurakunnassa

todella uskon, että Jeesus tulee ensin seurakuntaansa ja vasta sitten noutamaan seurakuntaansa. Enkä tarkoita tällä sitä, että olisi kaksi Jeesuksen toista tulemista! Tarkoitan yksinkertaisesti sitä, että Henki ilmaisee Kristuksen läsnäolon niin vahvasti lopun ajan seurakunnassa, että vaikuttaa siltä kuin Kristus jo olisi täällä. Varmastikin juuri tätä tarkoittaa se, että olemme hänen ruumiinsa maan päällä.

Tämä raamatullinen, aikuisuuteen kasvanut seurakunta on oleva täynnä hänen voimaansa, hänen viisauttaan, hänen rakkauttaan ja hänen arvovaltaansa. Se on osoittava maailmalle hänen armonsa ja pyhyytensä täyteyden. Jumalan kirkkaus on ilmenevä täysin niin meissä kuin myös meidän kauttamme.

Kristusta täynnä oleva lopun ajan seurakunta on ruumis, jonka jäsenet ovat uskottavia ja aktiivisia todistajia joka puolella maailmaa, jokaisessa kansassa ja kulttuurissa. En tarkoita tällä sitä, että meidän pitäisi odottaa siihen saakka, jotta voisimme todistaa tehokkaasti Kristuksesta. Me voimme ja meidän täytyykin aloittaa tämä työ jo nyt, omassa elämässämme ja seurakunnissamme, samalla kun odotamme lopun ajan seurakunnan esiin tulemista ja valmistaudumme sitä varten. Jumalan suunnitelma seurakuntaa varten on todellakin sellainen näky, jonka eteen kannattaa tehdä töitä ja jonka toteutumista kannattaa rukoilla – unelma, jonka puolesta kannattaa elää ja kuolla. Pieninkin askel, joka edistää sen toteutumista, on äärettömän arvokas.

Kun elämme totuudesta ja rakkaudessa, kasvamme täydellisesti kiinni Kristukseen – häneen, joka on pää ja joka liittää yhteen koko ruumiin ja pitää sitä koossa. Jokainen jänne vahvistaa osaltaan jokaista yksittäistä osasta, niin että jokainen osanen voi toimia tarkoituksensa mukaisesti. Näin seurakunta kasvaa, kunnes se on täysin ja lopullisesti rakentunut rakkaudessa.

www.ingramcontent.com/pod-product-compliance
Lightning Source LLC
Chambersburg PA
CBHW031106080526
44587CB00011B/849